中国农业知识产权协同创新机制优化研究

Research on the Optimization of the Collaborative Innovation Mechanism of Agricultural Intellectual Property in China

陈祺琪　著

中国社会科学出版社

图书在版编目(CIP)数据

中国农业知识产权协同创新机制优化研究/陈祺琪著. —北京：中国社会科学出版社，2020.7
ISBN 978-7-5203-6604-5

Ⅰ.①中… Ⅱ.①陈… Ⅲ.①农业—知识产权—中国 Ⅳ.①D923.4

中国版本图书馆 CIP 数据核字(2020)第 093188 号

出 版 人	赵剑英
责任编辑	李庆红
责任校对	李　莉
责任印制	王　超

出　　版	中国社会科学出版社
社　　址	北京鼓楼西大街甲 158 号
邮　　编	100720
网　　址	http://www.csspw.cn
发 行 部	010-84083685
门 市 部	010-84029450
经　　销	新华书店及其他书店
印　　刷	北京君升印刷有限公司
装　　订	廊坊市广阳区广增装订厂
版　　次	2020 年 7 月第 1 版
印　　次	2020 年 7 月第 1 次印刷
开　　本	710×1000　1/16
印　　张	19
字　　数	265 千字
定　　价	109.00 元

凡购买中国社会科学出版社图书，如有质量问题请与本社营销中心联系调换
电话：010-84083683
版权所有　侵权必究

出 版 说 明

为进一步加大对哲学社会科学领域青年人才扶持力度，促进优秀青年学者更快更好成长，国家社科基金设立博士论文出版项目，重点资助学术基础扎实、具有创新意识和发展潜力的青年学者。2019年经组织申报、专家评审、社会公示，评选出首批博士论文项目。按照"统一标识、统一封面、统一版式、统一标准"的总体要求，现予出版，以飨读者。

全国哲学社会科学工作办公室

2020年7月

摘 要

创新驱动发展，农业科技创新作为引领现代农业发展的第一动力，有力地推动了农业现代化的进程。自 2004 年始，连续 16 个中央一号文件的持续出台表明了政府对"三农"问题的重视。在政策的调节及驱动下，我国粮食总产量曾一度出现"十二"连增现象，虽近几年略有波动，但基本实现供需均衡。粮食产量的稳定增长为农业生产结构调整、农村生产力的解放与发展及农业现代化的建设奠定了深厚的物质基础。我国农业科技创新已略显成效，但伴随着经济增长速度的减缓，农业资源环境压力的加大、农产品生产成本的上升及农产品有效供给保障能力提升后劲的乏力等，我国农业生产仍存在一系列问题，必须改变现有的农业科技创新体系，重视并充分发挥创新主体的协同作用。

然而，已有相关研究深度有待扩展；针对农业知识产权的研究多以现状与对策为主，缺少深层的量化分析内在机理；针对协同创新的研究相对较少，且多倾向于宏观层面的科技协同，对农业知识产权协同创新的研究更为稀少；针对不同创新主体的研究，更是忽略了主体差异化、格局演化与协同创新的问题。事实上，农业科技创新主体格局已发生变化，自 2011 年，企业的农业科技创新能力迅速提升，尤其是以植物新品种为代表的农业知识产权创新已超越科研机构和高校。

此外，随着经济全球化及知识经济的深化发展，知识产权在国际贸易与竞争中的地位日益凸显。作物良种作为农业科技的重要物化成果，对提升农业综合生产能力作用明显。因此，本书以植物新品种为例，探讨农业知识产权协同创新问题，具体而言，在对相关支撑理论与文献进行梳理的基础上，本研究首先分析了农业知识产权创新的理论效用，论证了农业知识产权创新的现实必然性，并分析了农业知识产权创新的现状，找出现存农业知识产权创新的问题；然后，在归纳总结农业知识产权创新时序演进特征及空间分布格局的基础上，量化了农业知识产权创新的实践公平性；接下来，识别了农业知识产权创新的收敛性，量化了其收敛速度，并基于此分析了农业知识产权创新的制约因素；进一步地，分析了农业知识产权协同创新的微观机理，界定了创新主体的科学内涵，并分析了不同主体参与协同创新的影响因素；再次，基于对现有农业知识产权协同模式的分析，提出优化思路和原则，并构建了"政产学研用+中介"的农业知识产权协同创新模式；最后，在借鉴国外相关经验的基础上，结合研究结论，提出推进中国农业知识产权协同创新的对策设计。

关键词：农业科技创新；农业知识产权；植物新品种；协同创新；收敛性

Abstract

Innovation drives the development. As the first driving force to lead the development of modern agriculture, agricultural science and technology innovation promote the process of agricultural modernization. Since 2004, there has been issued 16 central documents marked as No. 1. These documents has showed that the government pays attention to the "three rural" issues. With the adjustment of policy, the total grain output once appeared the phenomenon of continuous increase in 12 consecutive years although it fluctuated slightly in recent years. However, it basically realized the balance of supply and demand in China. The stable growth of grain production have established the foundation for the adjustment of agricultural production structure, the liberation and development of rural productivity and the construction of agricultural modernization. Agricultural scientific and technological innovation has achieved certain results in China. However, With the slowing down of economic growth, the increasing pressure of agricultural resources and environment, the rising cost of agricultural production and the lack of the ability to guarantee the effective supply of agricultural products, there are still a series of problems in China's agricultural production. So we must change the existing agricultural scientific and technological innovation system, pay more attention to the synergy of innovation main body.

However, the depth of the existing research should be extended. The researches on agricultural intellectual property rights were mainly based on the current situation and countermeasures, lacking of deep quantitativeanalysis of the internal mechanism. There were relatively few researches on collaborative innovation. Most of the existing researches tended to the science and technology collaboration at the macro level. There were few research on collaborative innovation of agricultural intellectual property rights. The research on different innovation subjects ignored the problems of subject differentiation, pattern evolution and collaborative innovation. In fact, the main structure of agricultural scientific and technological innovation has changed from 2011. The innovation ability of agricultural science and technology of enterprises has been improved rapidly, especially the innovation of agricultural intellectual property represented by new plant varieties has surpassed scientific research institutions and universities.

In addition, with the development of economic globalization and knowledge economy, the position of intellectual property rights has increasingly prominent in international trade and competition. As an important physic-chemical achievement of agricultural science and technology, crop varieties play an important role in improving agricultural comprehensive production capacity. Therefore, the subject discussed the collaborative innovation of agricultural intellectual property taking new plant varieties as an example. Specifically, on the basis of combing the relevant supporting theories and documents, firstly, the subject analyzed the theoretical utility of agricultural intellectual property innovation, demonstrated the practical inevitability of agricultural intellectual property innovation, analyzed the current situation of agricultural intellectual property innovation, and found the problems of existing agricultural intellectual property innovation. Then, this book quantified the practical fairness of agricultural intellectual property innovation on the basis of summarizing the evolution characteristics and spatial distribution pattern of agricultural intellectual property innovation. Next, we identified the convergence of agricultural intellectual property innovation, quantified its convergence speed, and analyzed the constraints of agricultural intellectual property innovation. Furthermore, the book analyzed the micro mechanism of collaborative innovation of agricultural intellectual property, defined the scientific connotation of innovation subjects, and analyzed the influencing factors of different subjects' participation in collaborative innovation. What is more, we put forward the optimization ideas and principles and designed the collaborative innovation mode of "government, industry, education, research and application + intermediary" based on the analysis of the existing collaborative mode of agricultural intellectual property. Finally, the book put forward the countermeasures to promote the collaborative innovation of agricultural intellectual property in China based on the experience of foreign countries and combined with the research conclusions.

Key words: Agricultural Science and Technology Innovation; Agricultural Intellectual Property Right; New Plant Varieties; Collaborative Innovation; Convergence

目　　录

第一章　导论 ……………………………………………………（1）
 第一节　选题的依据和意义 ………………………………（1）
 第二节　相关研究综述 ……………………………………（5）
 第三节　研究思路和框架 …………………………………（29）
 第四节　研究方法和创新之处 ……………………………（33）

第二章　农业知识产权创新的现实必然性及实践现状 ………（36）
 第一节　农业知识产权创新的机理分析 …………………（36）
 第二节　农业知识产权创新的现实必然性 ………………（59）
 第三节　农业知识产权创新的实践现状 …………………（70）

第三章　农业知识产权创新的时空差异及公平性解析 ………（105）
 第一节　农业知识产权创新的理论支撑 …………………（106）
 第二节　数据来源与方法选择 ……………………………（107）
 第三节　农业知识产权创新的时序演进与空间分布 ……（110）
 第四节　农业知识产权创新的实践公平性 ………………（121）
 第五节　结论和政策建议 …………………………………（138）

第四章　农业知识产权创新的制约因素解析 …………………（144）
 第一节　研究依据 …………………………………………（144）
 第二节　理论基础、方法选择与数据处理 ………………（145）

第三节　农业知识产权创新的收敛性 …………………… (153)
　　第四节　农业知识产权创新的影响因素分析 ……………… (163)
　　第五节　结论和政策建议 …………………………………… (173)

第五章　农业知识产权协同创新的微观机理 ………………… (177)
　　第一节　创新主体的理论分析 ……………………………… (177)
　　第二节　创新主体的科学内涵 ……………………………… (181)
　　第三节　创新主体协同创新因素分析 ……………………… (190)
　　第四节　创新主体格局演化分析 …………………………… (197)

第六章　农业知识产权协同创新模式构建 …………………… (201)
　　第一节　现有协同创新模式 ………………………………… (201)
　　第二节　协同创新的冲突与治理 …………………………… (207)
　　第三节　协同创新机制优化的思路和原则 ………………… (214)
　　第四节　模式的设计与构建 ………………………………… (217)

第七章　国外农业知识产权协同创新的经验与启示 ………… (220)
　　第一节　国外农业知识产权协同创新的支撑体系 ………… (221)
　　第二节　国外农业知识产权协同创新的启示 ……………… (230)

第八章　推进中国农业知识产权协同创新的对策设计 ……… (235)
　　第一节　完善并更新现有政策法规，构建农业知识产权
　　　　　　协同创新的政策保障机制 ………………………… (236)
　　第二节　构建并发挥农业知识产权协同创新的财政调控
　　　　　　机制，缩小区域差异 ……………………………… (238)
　　第三节　明晰农业科技创新成果的产权机制，激励创新
　　　　　　主体的积极性 ……………………………………… (240)
　　第四节　构建农业知识产权创新成果的有序化交易平台，
　　　　　　实现创新的经济价值 ……………………………… (241)

第五节　优化多元主体协同创新机制，提升农业科技协同
　　　　创新实力 ………………………………………… (243)

结束语 ……………………………………………………… (245)

参考文献 …………………………………………………… (256)

索　引 ……………………………………………………… (283)

Contents

Chapter 1 Introduction ··· (1)
    Section 1 Basis and significance of topic selection ············· (1)
    Section 2 Overview of relevant research ························ (5)
    Section 3 Research ideas and framework ························ (29)
    Section 4 Research methods and innovations ···················· (33)

Chapter 2 Analysis of the necessity and current situation of the innovation of agricultural intellectual property ················ (36)
    Section 1 Mechanism analysis of innovation of agricultural intellectual property ························· (36)
    Section 2 The practical necessity of innovation of agricultural intellectual property ························· (59)
    Section 3 Practice status of innovation of agricultural intellectual property ························· (70)

Chapter 3 Analysis of the space-time differences and fairness of agricultural intellectual property innovation ······ (105)
    Section 1 Theoretical support for innovation of agricultural intellectual property ························· (106)

Section 2	Data sources and method selection	(107)
Section 3	Temporal evolution and spatial distribution of agricultural intellectual property innovation	(110)
Section 4	The practice fairness of agricultural intellectual property innovation	(121)
Section 5	Conclusions and policy recommendations	(138)

Chapter 4 Analysis of restrictive factors of agricultural intellectual property innovation (144)

Section 1	Research basis	(144)
Section 2	Method selection and data processing	(145)
Section 3	Convergence of agricultural intellectual property innovation	(153)
Section 4	Analyses of the factors influencing the innovation of agricultural intellectual property	(163)
Section 5	Conclusions and policy recommendations	(173)

Chapter 5 Micro mechanism of collaborative innovation of agricultural intellectual property (177)

Section 1	Theoretical analysis of innovation subject	(177)
Section 2	The scientific connotation of innovation subject	(181)
Section 3	Analysis on the factors of collaborative innovation of innovation subjects	(190)
Section 4	An analysis of the evolution of the pattern of innovation subjects	(197)

Chapter 6 Construction of collaborative innovation mode of agricultural intellectual property ·············· (201)

Section 1 Existing collaborative innovation mode ············ (201)
Section 2 Conflict and governance of collaborative innovation ·································· (207)
Section 3 Ideas and principles for optimizing the mechanism of collaborative innovation ······················ (214)
Section 4 Design and construction of collaborative innovation pattern ······································· (217)

Chapter 7 Experience and enlightenment of collaborative innovation of foreign agricultural intellectual property ······································· (220)

Section 1 The supporting system of collaborative innovation of foreign agricultural intellectual property ············ (221)
Section 2 Enlightenment of collaborative innovation of foreign agricultural intellectual property rights ············ (230)

Chapter 8 the design of countermeasures to promote collaborative innovation of agricultural intellectual property in China ···················· (235)

Section 1 Improve and update the existing policies and regulations, and build a policy guarantee mechanism for innovation of agricultural intellectual property rights ······································· (236)
Section 2 Construct and give full play to the financial control mechanism of agricultural intellectual property innovation in order to reduce regional differences ············ (238)

Section 3　Clarify the property right mechanism of agricultural scientific and technological innovation achievements and encourage the initiative of innovation subjects ………………………………………… (240)

Section 4　Build an orderly trading platform for agricultural intellectual property innovation achievements to realize the economic value of innovation ………………… (241)

Section 5　Optimize the mechanism of multi subject collaborative innovation to enhance the strength of agricultural science and Technology Collaborative Innovation ……………………………………………… (243)

Conclusion ……………………………………………………… (245)

References ……………………………………………………… (256)

Index …………………………………………………………… (283)

第一章

导　论

第一节　选题的依据和意义

一　选题的依据

创新驱动发展，农业科技创新作为引领现代农业发展的第一动力，有力地推动了农业现代化的进程。16个中央一号文件的持续出台强调了"三农"的重要性，更验证了农业的根本出路在于科技，农业科技应当成为支撑与引领农业发展的核心动力。[①] 2019年中央一号文件强调加快突破农业关键核心技术，打造产学研深度融合平台，强化企业技术创新主体地位，支持企业牵头实施技术创新项目；继续组织主要粮食作物和畜禽良种联合攻关、加强农业领域知识产权创造与应用等。2018年中央一号文件强调建立产学研融合的农业科技创新联盟，实施质量兴农战略。党的十九大、十三届人大会议均强调企业创新主体地位，构建产学研深度融合的技术创新体系，加快创新成果转化应用。然而，我国农业科技创新能力和效率均有待提升，当前，农业生产仍存在科研投入不足、创新主体偏少且积

---

① 陈祺琪、张俊飚、程琳琳、李兆亮：《农业科技资源配置能力区域差异分析及驱动因子分解》，《科研管理》2016年第37卷第3期。

极性不高、科研创新与生产实际脱节、农业科研成果不能有效转化为实际生产力、市场机制发挥作用不足等问题。因此，必须改变现有的农业科技创新体系，重视并充分发挥农业科技创新主体的作用。

　　就经济发展的大背景而言，随着经济全球化进程的推进以及知识创新的迅速发展，知识经济时代悄然而至，知识产权在国际竞争与贸易中的地位更加凸显；由新经济增长理论可知，知识的积累是促进经济增长的原动力，是提高生产力的核心要素；因此，知识在经济增长过程中发挥着不容小觑的作用。具体而言，从宏观层面看，由于具有产权和知识两方面的属性，知识产权具备经济、社会资源的特征和功能，已逐渐成为一种不可或缺的要素。[①] 从微观角度看，知识产权更是国家或具体产业竞争的有力武器，可以提升产业整体的创新能力，巩固其市场竞争优势，进而促进产业结构的调整、转型与升级。因此，应重视农业领域知识产权的创新与应用，以提升农业发展的核心竞争力。

　　就我国农作物种业的发展现状而言，作为农业生产和用种大国，农作物种业是我国战略性、基础性核心产业，是促进农业长期稳定发展、保障国家粮食安全的根本。由《国务院关于加快推进现代农作物种业发展的意见》《国务院办公厅关于深化种业体制改革提高创新能力的意见》《全国现代农作物种业发展规划（2012—2020年）》及《主要农作物良种科技创新规划（2016—2020年）》等相关政策文件可知，农作物育种科技具备了从基础研究、应用研究到成果推广等创新与应用能力，基本满足了农业生产对品种的需求。然而，与发达国家相比，我国农作物种业的发展仍处于初级阶段，现行农作物良种科技创新体制机制难以满足现代种业发展的需求，农作物良种科技原始创新能力薄弱、种业企业创新不足且缺乏商业化育种能力、良种繁育与产业化推广脱节以及管理缺乏统一规划和协调。因此，迫切需要创新发展模式，整合资源，形成科研分工合理、产

---

① 杨中楷、刘则渊：《论知识产权的资源属性》，《科技管理研究》2005年第8期。

学研紧密结合、运行高效的良种科技创新机制。

鉴于此,在当前国际外部输入性风险上升和国内下行经济压力加大的经济形势下,基于农业知识产权创新的现状、时空特征以及制约因素,探讨新时期农业知识产权协同创新机制优化问题,研究创新主体关系及格局演化、农业知识产权协同创新机制构建与优化,无疑成为深化农业现代化进程的重大理论与政策问题。上述问题的解决是提高农业科技创新水平的有效途径,也应是农业经济管理研究领域的重点问题。根据研究设计,本书试图达到以下5个方面的研究目的:(1)以农业知识产权中的植物新品种保护为研究切入点,分析农业知识产权创新的现实必要性与实践现状;(2)研究农业知识产权创新的时空差异,并对其公平性进行解析;(3)识别农业知识产权创新的制约因素;(4)分析农业知识产权创新主体关系与演化格局;(5)优化农业知识产权协同创新机制与政策保障体系。

二 研究意义

文献分析可知,已有研究将农业科技创新与农业知识产权置于相互隔离的地带,更忽视了种质资源在农业科技创新中的地位,且研究深度有待扩展;针对协同创新的研究相对较少,且多倾向于宏观层面的科技协同,对农业知识产权协同创新的研究更为稀少;针对不同创新主体的研究,更是忽略了主体差异化、格局演化与协同创新的问题。因此,对知识产权视角下我国农业科技协同创新机制进行研究,从研究视角看,既能将农业科技创新问题很好地融入新经济时代中,又能从农业生产的源头剖析农业的根本出路;从研究内容与方法来看,利用多种方法组合分析农业知识产权协同创新问题,是对现有文献的深化与扩展(理论意义)。研究构建农业知识产权协同创新机制与政策管理体系,在为农业科技创新问题研究提供新视角的同时,也服务于农业知识产权协同创新机制的完善与构建(现实意义)。具体而言,主要体现在以下三个方面。

(1)就研究背景而言,对我国农业知识产权协同创新机制的研究具有明显的迫切性与必要性。研究知识产权视角下农业科技协同创新能力的机制优化及政策设计是发展现代农业,提高农业科技自主创新与研发能力,增强国际竞争力的迫切需求。众所周知,当前农业生产面临着资源约束不断增加、农产品生产成本持续走高、农产品有效供给后劲不足以及国际知识产权竞争日益激烈等一系列约束条件。① 农业持续健康发展更依赖于农业科技创新的力量,政府及相关主体也多次强调创新和知识产权的重要性。因此,基于农业知识产权视角,对我国农业科技协同创新问题进行研究,有利于提升我国农业发展的核心竞争力,对构建农业科技创新体系具有重要的战略指导意义。

(2) 就研究内容而言,对我国农业知识产权协同创新机制优化的研究是对现有研究的深化扩展。本书将知识产权、农业科技创新、种质资源结合起来,以植物新品种为例,对知识产权视角下农业科技协同创新问题进行研究,在探求我国农业发展根本动力的同时,以农业发展的源头为切入口,将农业发展置于整个知识经济的大背景下,有利于客观地构建我国农业发展的科技保障体系。此外,相较于已有研究而言,本书以定性研究为切入点,以植物新品种为例,基于对农业知识产权创新现实必要性与实践现状、时空差异及公平性、制约因素的研究,结合创新主体关系识别与格局演化,构建我国农业知识产权协同创新的政策机制,实现了定性与定量的结合,理论与实证的统一。

(3) 就研究的现实作用而言,对知识产权视角下我国农业科技协同创新能力的研究是对现有文献的拓展,在了解我国农业知识产权创新的现状、时序演进特征、空间差异以及关键因素的基础上,研究创新主体关系及格局,并优化农业知识产权协同创新机制与政策保障体系,有助于增加我们对农业科技协同创新的认知。相较于

---

① Chen, Q. Q., Zhang, J. B., Zhang, L., "Risk Assessment, Partition and Economic Loss Estimation of Rice Production in China", *Sustainability*, Vol. 7, No. 1, 2015.

已有文献以现状分析及特征归纳为主的研究，本研究内容较为饱满，研究结论在一定程度上可为相关部门制定农业科技创新决策提供一定的参考或依据，有助于决策的客观化、具体化及科学化。

第二节 相关研究综述

基于研究整体布局及具体章节内容，同时考虑到研究实证分析部分，如考察农业知识产权创新影响因素时，构架模型需要相关经济理论的支撑，因此，本节从相关理论基础、农业科技创新、农业知识产权与农业科技协同创新四大方面对相关文献进行梳理与归纳，继而对现有研究进行简单的评述，为后续研究的展开奠定基础。

一 相关理论基础

（一）经济增长理论

"经济"一词最早出现在古希腊学者色诺芬（Xenephon）的《经济论》（也译为《家政论》）一书中，该书强调了农业的基础性作用以及农业对国家经济发展的重要性，是关于经济增长研究的最早论著。[1] 然而，就对整个经济增长理论发展的作用而言，1776年亚当·斯密（Adam Smith）的《国民财富的性质及原因的研究》（以下简称《国富论》）一书更具有里程碑式的作用。原因在于，较于之前的论著，《国富论》较为系统且科学地阐述了经济增长的问题，并在一定程度上引发了学者们对经济增长研究的热潮。学者们的研究主要集中于经济增长的源泉和动力、经济增长的内在机制与外部影响以及经济增长的持续性三大方面。[2] 因此，本书将结合西方

---

[1] 杨佳斯、葛敬豪：《浅析西方经济增长理论四个历史时期主要代表思想》，《商》2011年第5期。

[2] 郑予洪：《关于经济增长理论的简明述评》，《商业经济》2013年第2期。

经济增长理论演化发展的历程,从三个方面阐述经济增长理论的主要观点。

1. 古典经济增长理论

亚当·斯密是古典经济增长理论的代表人物之一,他认为社会分工会促进劳动生产率的提高,进而带动经济的增长;此外,增加劳动数量,尤其是生产性劳动的数量也可以促进经济的增长,且在此过程中资本积累的作用也不容小觑。原因在于,资本积累的增加是资本存量扩大的直接产物,而资本存量的增加会在一定程度上引起劳动数量的增加,进而直接促进经济的增长。[1] 总之,亚当·斯密指出了社会分工与资本积累对经济增长的重要作用,为经济增长理论的发展奠定了良好的基础。大卫·李嘉图(David Ricardo)是古典经济增长理论的另一位代表人物,其经济学观点颇受亚当·斯密《国富论》的影响。李嘉图将收入分配与经济增长联系起来[2],以土地资源为例,分析地租、工资与利润的关系,识别影响其分配比例的外部要素,并论证了在一定时限内,经济增长将趋于停止的观点。实质上,相对于亚当·斯密,李嘉图也十分重视资本积累及劳动量变动对经济增长的影响,但当把土地要素纳入影响因素时,考虑到土地要素存在边际收益递减的规律,此时劳动量的增加以及资本的积累对经济的正向影响将会减小。因此,李嘉图认为经济增长不是无止境的,长期看,经济增长将趋于停止。

总之,18世纪70年代至19世纪70年代约一个世纪的时间,古典经济学家建立了经济增长理论的研究框架。[3] 然而,任何事物均存在两面性,古典经济学也不例外,在经济增长理论发展的长河里虽硕果累累,但也饱受争议。其中,1870—1930年经济增长理论发展

---

[1] 郑予洪:《关于经济增长理论的简明述评》,《商业经济》2013年第2期。

[2] 杨佳斯、葛敬豪:《浅析西方经济增长理论四个历史时期主要代表思想》,《商》2011年第5期。

[3] 杨依山:《哈罗德—多马模型的重新解读》,《山东财经学院学报》2010年第6期。

较为缓慢，1936年约翰·梅纳德·凯恩斯（John Maynard Keynes）的《就业、利息和货币通论》（以下简称《通论》）的发表，才将人们的注意力重新拉回到经济增长的研究中。《通论》的发表引起了经济学界的轰动，之后，许多学者投身于经济增长问题的研究中。著名的哈罗德—多马模型也是在凯恩斯理论的基础上产生的。实质上，哈罗德—多马模型是后人对哈罗德模型和多马模型的简称。主要原因在于，哈罗德模型和多马模型的假设基本一致，仅有的差别在于变量设置的不同，但二者变量的设置又互为倒数，故哈罗德模型和多马模型本质是一致的。具体而言，哈罗德—多马模型的假设主要涉及四个方面：第一，经济体系只生产一种合成商品，且该商品既可以用来消费，又具有资本存储的价值；第二，生产投入仅需要劳动和资本积累两种要素，其中，劳动供给是同质的[①]，且以固定比率增长；第三，生产规模收益不变，即产出增加的百分比无差异于投入增加的百分比；第四，不存在生产技术进步，模型中用固定不变的系数对生产技术进行量化，具体模型设置如式（1-1）。

$$G_w = S/V，且 S = X/Y，V = K/Y \qquad (1-1)$$

式（1-1）中，G_w 为稳态增长率，S 为储蓄率，V 为资本产出比率，K 表示资本存量，X 为储蓄量，Y 为产量。此外，哈罗德用 G 表示国家实际增长率，用 G_n 表示自然增长率（由人口和技术变动而引起的一个国家最大的增长率）。哈罗德认为若想保持经济长期增长的状态，必须满足 $G = G_w = G_n$。[②][③] 相对而言，多马模型则是将资本产出

[①] 杨依山：《哈罗德—多马模型的重新解读》，《山东财经学院学报》2010年第6期。

[②] Harrod, R. F., "An Essay in Dynamic Theory", *The Economic Journal*, Vol. 193, No. 49, 1939.

[③] Harrod, R. F., *Towards a Dynamic Economics Some Recent Developments of Economic Theory and Their Applications to Policy*, Macmillan, London, 1948, p. 79.

比率换为了资本生产率或投资率,且资本生产率是资本产出率的倒数[①],故其实质等同于哈罗德模型。

哈罗德—多马模型具有简单、扼要的特点,反映了资本主义经济发展过程中一些经济变量之间的关系。然而,此模型的假设存在一定的不合理性,比如,忽视了技术进步对经济发展的作用,否认了生产要素的可替代性等,而且模型达到均衡的条件较为苛刻,因此,该模型常被经济学家形象地称为"刃锋上的增长"。即便如此,哈罗德—多马模型仍被界定为经济增长理论的第一次革命,因为它借助数理工具对经济增长进行规范式的研究,并为近代经济增长模型的发展奠定了基石。[②]

2. 新古典经济增长理论

如前文所述,哈罗德—多马模型的基本假设备受一些经济学者的质疑,因而,后续经济增长模型的发展多是基于对该模型假定的修改或者是对该模型的拓展。比如,部分学者将储蓄率、人口增长率、劳动增长率或资本产出比内生化,当然,也有学者将储蓄率与资本产出比同时内生化。事实上,学者们对哈罗德—多马模型的改进构成了新古典经济增长理论。[③] 新古典经济增长理论以索洛、斯旺、米德和萨缪尔逊为代表。[④] 其中,在哈罗德—多马模型基础上,将技术外生化的索洛模型认为技术进步是经济增长的源泉。实质上该模型是在经典的柯布—道格拉斯生产函数式(1-2)基础上发展而来。式(1-2)中,Y_t 表示 t 年的产出,K、L 分别为对应资本与劳动投入要素,A_t 表示 t 年的技术水平,α、β 为模型参数,分别表示资

[①] Domar, E.D., "Capital Expansion, Rate of Growth, and Employment", *Econometric*, Vol.14, No.2, 1946.

[②] 杨依山:《哈罗德—多马模型的重新解读》,《山东财经学院学报》2010年第6期。

[③] 徐士元、何宽、樊在虎:《对科技进步贡献率测算索洛模型的重新审视》,《统计与决策》2014年第4期。

[④] 郑予洪:《关于经济增长理论的简明述评》,《商业经济》2013年第2期。

本与劳动的弹性。

$$Y_t = A_t K^\alpha L^\beta \quad (1-2)$$

索洛（1957）将技术变量引入柯布—道格拉斯生产函数，并对生产类型加以限制，得到了索洛中性技术进步函数。[①] 实质上柯布—道格拉斯生产函数是索洛中性技术进步函数的一个具体表现形式，索洛中性技术进步函数的一般形式如式（1-3），具体表现形式为式（1-4）。比较式（1-3）与式（1-4）可知，$A(t) = A_0 e^{\lambda t}$，其中 A_0 为常数，表示基期的技术发展水平，λ 为科技或技术进步率。

$$Y = A(t) F(K, L) \quad (1-3)$$

$$Y = A_0 e^{\lambda t} K^\alpha L^\beta \quad (1-4)$$

对式（1-4）取对数，并对时间 t 求导可得式（1-5），即经典的索洛增长速度方程，其中，$\lambda \times (Y/\Delta Y) \times 100\%$ 表示科技进步贡献率，也就是所谓的索洛余值。

$$\Delta Y/Y = \lambda + \alpha \times (\Delta K/K) + \beta \times (\Delta L/L) \quad (1-5)$$

相较于哈罗德—多马模型，索洛增长模型放弃了资本与劳动力固定比例的假设，并假定劳动力与资本是可以相互替代的，且经济发展中存在技术进步，因此经济的增长可通过改变资本产出比或提高技术进步贡献率来实现。当然索洛模型也存在一定的不足，比如，该模型仅将技术作为外生变量，因此，在一定程度上不能很好地解释长期经济增长的关键与来源；该模型认为技术与资本、劳动是相互独立的要素，且技术是有刻度、可测量的[②]；另外，模型认为储蓄率总是能全部转化为投资[③]，这与现实生活也不相符。

---

① 徐士元、何宽、樊在虎：《对科技进步贡献率测算索洛模型的重新审视》，《统计与决策》2014 年第 4 期。

② 赵辉：《新古典经济增长理论的发展脉络及评述》，《生产力研究》2010 年第 12 期。

③ 揭水利、陈恩：《西方经济增长与发展理论视角下发展我国经济的战略抉择》，《经济问题探索》2010 年第 1 期。

3. 新经济增长理论

新经济增长理论是在完善与改进新古典经济增长理论的基础上发展而来，其核心思想是将技术内生化，因此，内生经济增长理论是新经济增长理论的主要内容。新经济增长理论的代表性人物主要包括保罗·罗默（Paul Romer, 1990）、阿罗（Arrow, 1962b）、宇泽弘文（Hirofumi Uzawa, 1961、1965）、卢卡斯（Lucas, 1988）、巴罗（Barro, 1991）等。[①] 此外，就新经济增长理论探索经济增长的源泉而言，该理论主要包括准内生技术理论、内生技术理论以及制度创新理论。[②]

其中，准内生技术决定理论以阿罗（Arrow, 1962b）为代表，阿罗"在实践中学习"（Learning Spillover）的模型假定技术是经济增长的内生因素，并论证了经济收益递增的过程。内生技术决定理论以罗默为代表，罗默的两个模型在内生经济增长理论发展中起到了承上启下的作用，是内生经济增长理论的经典模型。罗默的第一个模型继承了阿罗在实践中学习的模型，把知识变量引入了经济增长模型，并对知识要素进行分类，他认为经济体系中的厂商具有自身独特的专业化知识，与此同时，厂商所处的整个行业具有一般性的知识（知识的综合），若结合两种知识，则会促使技术与人力资本的增加，进而带动资本与劳动收益的增加。[③] 罗默的第二个模型仍从社会分工的角度论证经济增长的源泉，但此模型将经济增长的源泉具体化，并明确指出经济增长的源泉是由有形资本、非技术劳动、人力资本和技术构成的投入增加。[④] 在具体模型设置时，罗默用一个连续区间内不同投入的集合表示有形资本，并论证了知识是经济增

---

① 吕业清：《中国农业科研、推广投资与农业经济增长的关系》，博士学位论文，新疆农业大学，2009年。

② 郑予洪：《关于经济增长理论的简明述评》，《商业经济》2013年第2期。

③ 同上。

④ 胡炳志：《罗默的内生经济增长理论论述》，《经济学动态》1996年第5期。

长最重要的动力。① 因此,罗默模型是内生经济增长理论的基础模型。② 总结可知,准内生技术理论和内生技术理论多是考量知识、技术、人力资本等要素对经济增长的影响,忽略了市场及制度的作用。而制度创新决定理论则弥补了此方面的空白,该理论认为市场并不总是完全信息的,存在一定的交易费用;有效的经济组织对经济发展至关重要,此外,科学的产权和相应的激励制度有利于促进经济增长,因此需要明确相应的产权,并建立与之呼应的激励机制。

总之,较于之前的经济增长理论,新经济增长理论从不同的研究视角探讨了经济增长的源泉与机制,促进了经济增长理论的进一步发展与完善,在一定程度上为国家制定财政政策和相关产业政策提供了可参考的理论依据。此外,虽然新经济增长理论放宽了已有经济增长理论的经济假设,但其自身仍具有一系列的研究假设条件,比如,为了取得模型的效果,将技术、知识、资本等相关要素,特别是将一些不同质要素糅合并纳入模型中,要素定义存在一定的模糊性,因此,在一定程度上降低了其经济增长解释的信度;由于该模型过分强调知识与技术对经济增长的作用,忽略了制度与市场对经济增长的重要性,因此,新经济增长模型仍具有很长的发展道路。

(二) 技术创新理论

1. 技术创新理论的起源及发展

国外有关创新的理念可以追溯到1912年经济学家约瑟夫·熊彼特的《经济发展理论》,熊彼特首次提出创新,对其内涵给予充分的解释,并把创新的概念同经济发展结合起来,强调创新在经济发展中的重要作用,正式提出技术创新理论,但熊彼特并未明确技术创新的范围。③ 后至1939年,熊彼特在其著作《经济周期》中对创新

---

① 郑予洪:《关于经济增长理论的简明述评》,《商业经济》2013年第2期。
② 胡炳志:《罗默的内生经济增长理论论述》,《经济学动态》1996年第5期。
③ [美]熊彼特:《经济发展理论》,何畏译,商务印书馆1990年版,第87—88页。

理论进行了补充。他认为创新是企业为获得最大生产利润而进行的生产要素重组，主要有五种表现形式，比如，生产一种全新的产品或开发已有产品潜在的新功能；改变现有的生产运作方法或管理结构；使产品或服务进入一个新的领域，即寻找一个新的市场，并开发此"新大陆"；设法控制产品原材料的供应商或直接控制其供应来源，或寻找新的供应来源（Schumpeter，1934、1939、1942）；实现工业运作组织的变革，打破现有行业相关的市场格局，甚至是垄断局面。[①]

此外，熊彼特利用技术创新模型阐述了企业的创新活动，即上述五种生产手段的运用，不同于一般所述的发明活动，他强调了创新与发明的区别以及企业家在技术创新模型中的作用（Freeman，1982；Roy and Walter，1985）。熊彼特创新模型Ⅱ（即大企业创新模型）（Freeman，1982），较于之前的技术创新模型，该模型用大企业取代了企业家的位置[②]，明确企业创新的原因在于现有创新的已得利润或损失，具体创新的手段或方法仍然包括上述五种创新表现形式。不同之处在于，大企业创新模型中的技术创新包括内生和外生两部分，且内生技术创新主要由企业内部研发机构承担（Freeman，1982）。总之，熊彼特的创新理论及创新模型为技术创新理论的发展奠定了坚实的基础。自此，国外学者纷纷参与技术创新理论的研究，概括起来主要包括两个方向，一是技术创新经济学，以莫尔顿·卡米恩（Morton I. Karmien）、埃德温·曼斯菲尔德（Edwin Mansfield）以及施瓦茨（Scwharzt）为代表（许朗，2009；张淑辉，2014），该理论侧重于技术变革与技术推广；二是制度创新经济学，强调制度的变革，以制度变革的形成及其与经济增长的关系为研究对象，以

[①] ［美］熊彼特：《经济发展理论》，何畏译，商务印书馆1990年版，第73—74页。

[②] 邵建成：《中国农业技术创新体系建设研究》，博士学位论文，西北农林科技大学，2002年。

舒尔茨（Schultz，T.）、林毅夫等学者为代表。

2. 技术创新动力理论的发展

依据技术创新动力的源泉，即引起技术创新的因素个数，整个技术创新动力理论主要由一元论、二元论和多元论构成。其中，一元论主要由技术推动模式、市场需求拉引模式、行政推力动力机制模式、技术规范—技术轨道模式、社会需求与社会资源关系模式（简称N—R关系模式）构成。[①] 具体而言，1960年以前，技术创新动力理论以技术推动模式为主，该模式强调技术创新发展的动力来源于技术发明，而不是市场需求，原因在于创新主体通过适当的技术创新可以满足市场对产品或服务的需求。然而，以Rothwell（1994）为代表的市场需求拉引模式则恰恰相反，认为技术创新的动力是市场需求。行政计划推进模式是学者们对苏联技术创新模式的理论概述，该理论强调了政府在技术创新中的重要作用。技术规范—技术轨道模式由多斯（Dosi，1982）提出，该模式强调技术创新的主要动力是技术轨道，即长期根本性创新所构成的技术规范观念。N—R关系模式由斋腾优提出，该理论认为资源供给与社会需求存在的不协调性导致了技术的变革。[②]

由于学者们对单一因素推动技术创新的学说存在分歧，间接地推动了技术创新动力理论的发展。1979年莫厄里（Mowery）与罗森堡（Rosenberg）等学者提出了技术创新动力二元论"双重推动模式"，认为技术创新的发展是技术推动和需求拉动共同作用的结果。[③] 1988年芒罗（Manro）和诺雷（Noori）调查900个企业的科

---

① 张淑辉：《山西省农业科技创新的动力机制研究》，博士学位论文，北京林业大学，2014年。

② [日] 斋藤优：《技术开发论——日本的技术开发机制与政策》，王月辉译，科学技术文献出版社1996年版。

③ Mowery, D., Rosenberg N., "The Influence of Market Demand upon Innovation: A Critical Reviews of Some Recent Empirical Studies", *Research Policy*, Vol. 8, No. 2, 1979.

技创新活动发现，504个企业的创新源于技术和市场的共同作用结果。① 之后，随着学者们研究的不断深入，技术创新动力二元论不断遭到质疑，技术创新动力多元论应运而生。多元论认为除去技术推动和市场需求拉动创新之外，技术创新还受到其他因素的影响。事实上，归纳起来技术创新多元论以三元论、四元论以及五元论为主，其中三元论是将行政推动力，即政府的作用加入以技术推动与需求拉动为主导的二元论中；四元论则在三元动力的基础上添加了企业家创新偏好；五元论则在四元论的基础上引入了社会、技术和经济的组织作用②，注重考察组织结构变换对技术创新的影响。总之，时至今日，技术创新动力理论仍在不断的持续发展之中，了解该理论的发展历程，有利于将其更好地运用到实践生活中，进而带动技术创新，推动经济发展。

3. 技术空间扩散理论的发展

众所周知，由于受自然地理位置的限制，中国省域在自然资源以及农业生产气候条件上存在明显的差异，加之省域经济发展水平的不均衡性，一定程度上导致了区域间农业技术创新能力的差异。然而，由技术空间扩散理论可知，信息资源等技术投入要素具有一定的空间流动性，通过有效的政策引导，在一定程度上可以缩小区域间创新能力的差异。基于此，技术空间扩散理论受到学者们的特别关注。事实上，早在20世纪50年代，技术空间扩散理论的萌芽已经形成，当时，著名地理学家Hagerstrand的《作为创新过程的空间扩散》为空间扩散理论的发展奠定了基础。③ 之后，学者们开始研究技术空间扩散的模式，并寻找影响技术空间扩散的因素，进而模拟技术空间扩散的途径。

---

① 张淑辉：《山西省农业科技创新的动力机制研究》，博士学位论文，北京林业大学，2014年。

② 同上。

③ 周密：《技术空间扩散理论的发展及对我国的启示》，《科技进步与对策》2010年第27卷第6期。

在技术空间扩散模式的研究方面，以区域视角为主，主要包括创新源呈放射状波浪式的空间扩散模型以及由高到低的等级扩散模型。[①] 其中，波浪式空间扩散模型主要应用于落后地区间技术空间扩散的研究，等级扩散模型以 Pederson（1970）的研究最为典型，主要探讨不同等级之间的技术扩散问题。就技术空间扩散的影响因素而言，许多学者的研究证实了空间距离与技术空间扩散的程度呈负相关关系，即经济体之间的空间距离越大，其相互之间的技术空间扩散程度越弱。其中，Wolfgang（2002）分析了 1970—1995 年日本、美国、英国、法国以及德国对欧盟 9 个成员国的技术扩散情况，研究发现德国对 9 个欧盟成员国技术扩散高于美国及日本，即距离创新中心的远近对技术扩散效果具有一定的影响。Jonathan（1999）、Adam 等（1993）的研究也证实了技术在国家内部扩散率远高于其在国家间的扩散速率。此外，还有部分学者从其他视角阐述技术空间扩散的影响因素，如 Abramovitz（1986）、Adam（2001）研究了知识及其特性对技术扩散的影响；Barro 和 Gregory（1995）、Abramovitz（2005）分别考量了组织特性及社会资本对技术空间扩散的影响。当然还有部分学者基于技术空间扩散的途径展开研究，其中，Schumpeter（1934）认为发明、创新及传播组成了技术变化的全过程[②]；Mansfield（1963）则在 Schumpeter 研究的基础上论证了各个阶段技术对应的产业结构及市场等指标的特点。当然，技术空间扩散理论暗含区域创新呈俱乐部收敛特征，以 Abramovitz（1986）为代表的技术差距理论认为，区域间存在着技术差异，落后国家或地区可通过模仿先进国家或地区的高效技术获得赶超。

（三）经济收敛理论

经济收敛一直是经济学家关注的焦点。事实上，收敛的概念源

[①] 周密：《技术空间扩散理论的发展及对我国的启示》，《科技进步与对策》2010 年第 27 卷第 6 期。

[②] 同上。

于 Solow（1956）的新古典经济增长模型（俞培果、蒋葵，2006），并由 Baumol（1986）在分析 Maddison（1982）数据的基础上展开。具体而言，目前学者们对收敛性的分析主要包括三个方面：其一，σ 收敛，由 Friedman（1992）提出，该检验是较为直观且简单的收敛检验，当后期经济体的离差小于前期，则称之符合 σ 收敛；其二，绝对 β 收敛，以 Baumol（1986）、Barro 和 Sala-i-Martion（1991，1992）为代表，绝对 β 收敛暗含一个假定，即经济收敛的国家或地区具有完全相同的基本经济特征，在这样的特征前提下，经济体的增长率才与其离稳态的距离成反比；其三，条件 β 收敛，放松了绝对收敛的严格假定，考察具有异质特征的不同经济体的初始水平与增长率是否呈负相关。除此之外，Baumol 和 wolff（1988）提出俱乐部收敛，是指初始经济发展水平较为接近的经济集团内部的不同经济体之间，在具有相似结构特征的前提下存在区域收敛（李谷成，2009），且该检验通常与上述检验结合使用。

总之，经济收敛理论可以量化某一经济组织结构或经济体的发展趋势，并量化经济体区域差异的变动趋势。因此，基于上述经济增长理论，本书研究农业知识产权协同创新机制优化问题，试图以农业知识产权创新驱动农业生产与发展；基于技术扩散理论，本书研究中国农业知识产权创新的时空差异与公平性，切实从区域内、区域外两个视角量化农业知识产权创新的差异性，并基于整体效用最大化的原则，利用技术扩散效应，缩小区域差异，提升整体农业知识产权创新的实力；基于经济收敛理论，本书论述了中国农业知识产权创新的收敛性与制约因素，深层次剖析创新能力差异趋势及根源；继而在识别创新主体关系及格局演化趋势的基础上，构建农业知识产权协同创新政策保障机制。实质上，上述分析有利于更好地把握我国农业知识产权创新现状，进而依据其发展趋势构建提升我国农业知识产权协同创新的政策机制，以达到提升我国农业科技创新能力的目的。

二 有关农业科技创新的研究

(一) 国外农业科技创新研究综述

国外农业科技创新理论的发展始于20世纪60年代,且研究初期多集中于对农业科技创新理论的完善,如舒尔茨在《改造传统农业》中表明传统农业的改造必须引入新的生产要素,比如农业科技要素。[①] 究其原因,主要在于技术进步对农业生产要素效率以及农业产出收益率产生影响,因此,农业经济的增长和发展在一定程度上取决于农业科技进步的程度。

此外,基于可视化分析软件Citespace III(Chen,2006;Chen,et al. 2010)对文献分析可知,21世纪初期,农业科技创新问题便成为世界各国关注的焦点,尤其是2003年以后,农业科技创新问题更是得到了前所未有的关注,成为学者们(Feder,1985;Feder and Umali,1993)较为关注的热点问题之一。具体而言,2008年以前,农业创新、知识创新、技术推广成为学者们研究的热点;但近几年,学者们关注的焦点向农业科技创新体系适用性管理(Klerkx et al.,2010)、创新系统方法(Hounkonnou et al.,2012)、创新经纪人作用(Klerkx and Leeuwis,2009)、创新背景(Foley et al.,2011,Tilman et al.,2002)等方面转移。其中,气候变化、生态环境变化,特别是生态脆弱性对农业科技创新的影响成为研究的重点。因此,学者们试图构建一种科学的农业科技创新体系,使各方资源优化配置,并实现自然、社会和经济的协调发展。

总之,国际农业科技创新领域的基础研究以理论性研究(Lundvall,1992;Alston,et al.,1995;Rogers,1995,2003;Leeuwis and Van den Ban,2004)为主。比如,Lundvall(1992)以创新与互动理论为基础对国家创新体系进行研究;Rogers(1995,2003)详细

[①] [美]西奥多·W. 舒尔茨:《改造传统农业》,梁小民译,商务印书馆2010年版,第7—8页。

地阐述了创新扩散理论的起源和发展,通过一些实际案例验证了科技创新的作用,并探讨了扩散理论的基本范式及具体技术创新扩散终止的原因。在实证性研究方面,21世纪以来,国际农业科技创新领域的研究主要集中于农业技术扩散的过程、原因(适用性)及影响三个方面。

在农业技术扩散的过程方面,学者们多以某一地区为例,阐述具体技术的扩散过程。如 Basu 和 Leeuwis (2012) 以印度南部安德拉邦的杂交水稻技术为例,论证了技术扩散应基于完善的网络体系并结合有效的媒体宣传;Calatrava 和 Agustin (2011) 则以西班牙南部的橄榄园为研究点,详细地阐述了以农作物秸秆作为地膜覆盖技术的使用及扩散过程。

在农业技术推广的原因方面,学者们主要从宏观政策与微观主体两个视角展开研究。在宏观政策研究方面,Sulaiman 和 Hall (2002) 以印度农业技术推广为例,研究了农业科技创新领域中新技术、新观点、新理论难以推广的原因,结果表明农业科技创新体系主体与客体责任不明确、合作不紧密、技术使用者专业知识有限等是影响农业技术推广的重要原因;因此,必须重组农业科技推广机制,完善农业科技创新体系的建设。在微观客体研究方面,Koundouri 等 (2006)、Conley 和 Udry (2010)、Ito (2010) 立足于农户的角度,从农户社会学习能力、社会沟通能力与人力资本等方面,分析其对技术扩散的影响;Foster (1995) 则研究了人力资本,尤其是农户从实践中或他人处获得的经验对农户使用农业科技的影响;Meijer 等 (2015) 分析了农户内外因素对农业技术吸收的影响。

在农业技术创新的影响方面,Roling 等 (2004)、Amede 等 (2009) 研究了农业技术对农业生产力和农业创新能力的影响;Naseem 等 (2010) 主要探讨了科研体系中的私人投资对农业科技创新的影响。此外,Carletto 等 (2010)、Harvey 和 Pilgrim (2011)、Patto 等 (2015) 从农业生产的背景出发,充分考虑气候、能源变化以及经济全球化对农业生产、农业食品安全及农业科技创新的影响。

(二) 中国农业科技创新研究综述

相对而言，中国对农业科技创新的研究起步较晚，20世纪80年代初期，张培刚教授向国内介绍熊彼特的创新理论，拉开了中国学者研究创新问题的序幕（纪传如，2012；张淑辉，2014）。此后，众多学者对农业科技创新问题展开了研究，在研究初期，朱希刚（1997）对我国农业科技进步贡献率进行了测算；黄季焜（2000a、2000b）对农业科技投资体制、模式以及农业科技推广机制进行了研究；凌远云（1975）等依据农业科研体制本身的不足，阐述了农业科技体制改革的必要性及重要性。整体来看，学者们对农业科技创新领域的研究可以划分为两个方面。

一是农业科技创新基本理论的研究，主要集中于农业科技创新的内涵界定、现状分析及趋势特征、水平评估、问题及对策四大方面。其中，(1) 就农业科技创新内涵的界定而言，学者们（David et al. 1999；David，2001；蒋和平和刘学瑜，2014）分别从创新的主体、过程、体系建设与管理等方面展开研究。总之，农业科技创新的内涵可大致归纳为：基于农业科技的研发、技术的创新以及成果的扩散等途径，农业科技创新主体充分利用农业科技研发、衔接与应用系统，进而实现其农业经济的发展目标（纪传如，2012）。(2) 在农业科技创新的趋势特征方面，自20世纪80年代起，农业科技创新就引起了决策层与学术界的关注，尹艳等（2010）、黄文准（2011）等学者的研究也证实了农业科技创新的研究将持续升温，并得到社会各界的高度关注。(3) 在农业科技创新水平的评估方面，众多学者基于不同的研究视角，利用多学科的研究方法对该问题展开了深入的研究。比如，钟甫宁和孙江明（2007）探讨了如何科学地设立农业科技示范园区的评价指标体系；林伯德（2010）对农业科技创新能力评价的理论模型进行了探讨；李洪文和黎东升（2013）以湖北省为例，评价了区域农业科技的创新能力。(4) 就农业科技创新的问题及对策而言，农业科技创新问题突出表现在宏观决策和管理体制（郭文宝、马青，2011）、创新机制（马红霞、刘琪，

2010)、创新主体（纪绍勤，2005）、创新环境和条件等制约因素。当然，针对我国农业科技创新存在的问题，学者们依据自身的专业知识，从不同的角度给出了建设性的对策（吴林海，2009；万宝瑞，2012）。

　　二是农业科技创新主体意愿及行为的研究，主要集中于农业科研人员、技术推广人员、普通农户、科技特派员及企业的科技创新行为方面。(1) 农业科研人员的科技创新行为。研究发现科研体制的改革会对农业科研人员的积极性产生影响，政府可以通过调动农业科研人员参与科研创新的积极性提高科研成果的数量和质量（胡瑞法等，1999）；此外，虽然农业科技人才是农业现代化的主导力量，但针对当前农业科技人才有效需求不足的问题，可以通过建立"双轮驱动"人才培养机制，调整利益分配机制（刘洪银，2013；张淑辉，2014）。(2) 对农业技术推广人员参与科技创新行为的研究。朱烨等（2014）对基层农技人员农业科技入户工程的价值认同及其影响因素进行分析，研究表明基层农技人员对农业科技入户工程的价值认同程度不高；文化程度、月收入、地方政府对农业推广的重视程度、对科技政策的了解程度等是影响基层农技人员对农业科技入户认同程度的关键因素。(3) 在农户对农业科技认知及需求意愿分析方面。已有研究表明农户普遍表示愿意接纳与应用农业科技成果，但实际采用率不高；农户对农业科技的需求受其年龄、性别、文化程度、是否参与农业科技培训、家庭收入水平、耕地面积、增加农业收入的预期、农业技术的复杂程度、技术采用时考虑的因素、农业科技信息渠道是否畅通等因素的综合影响（徐金海，2011；张淑辉，2014）。(4) 对农业科技特派员科技创新行为的研究。相关研究表明科技特派员创新行为与其性别、年龄、受教育年限、职称、是否担任行政职务、科研工作年限和所在单位制度等因素有关，且科技特派员创新行为具有明显的地域差异（靖飞，2007；曾维忠、陈秀兰，2010；张淑辉，2014）。(5) 针对企业科技创新行为的研究。目前许多学者围绕农业企业，尤其是种业企业展开了大量的研究。从研究内容的结构来看，以"现状—问题—建议"的框架居多（李景、李秀丽，2014）。例如，钱虎君等（2010）通过分析种子企业科技创新现状，找出种子企业科技创新制约因素，并据此提出相应的对策建议。在现状对策的框架下，研究从多个视角展开，比如，宋晓琪（2008）基于风险控制与管理的视角，以水稻小穗头病害防治措施为例对种子企业自然风险控制及管理进行研究；张守萍和张憬（2010）、陈燕娟和邓岩（2011）从知识产权视角探讨了种子企业知识产权的重要性；邵长勇等（2010）基于粮食安全视角研究种子企业的发展战略；张钢仁（2013）基于利益相关者视角对种子企业社会责任进行研究；杨波（2014）基于TRIZ构建了影响科技型小微企业管理创新的概念模型，并从理论、政府和企业三个方面阐述了推动TRIZ应用于科技型小微企业管理创新的对策建议。

三 有关农业知识产权的研究

（一）国外农业知识产权研究

早在17世纪，西方国家就开始了对知识产权保护问题的探索（陈燕娟，2012）。随着粗放型农业生产增长空间的不断缩小，许多国家大力支持农业技术创新研究，并试图借助科力量促进农业发展、增加农业及其产品的国际竞争力。此外，伴随着知识经济的发展，农业企业，尤其是种质跨国公司之间的竞争愈演愈烈，各国政府更加注重知识产权制度的建设，在国际贸易和技术开发中积极推行知识产权战略（陈燕娟，2013）。具体而言，国外学者主要从农业知识产权的制度及保护政策两个方面展开研究。

其一，农业知识产权的制度影响。整体来看，学者们对农业知识产权制度的影响褒贬不一，存在明显的分歧。其中，部分学者认为农业知识产权制度具有明显的正向影响。Arrow（1962a）、Maskus和Smith（2001）认为知识产权制度明确了产权所有人，并基于保护知识产权的原则，赋予产权所有人合法的"垄断特权"，使其独享创新收益，进而调动研发者的创新积极性，为持续创新提供激励（陈燕娟，2012）。然而，也有一些学者认为农业知识产权制度具有一定的负面影响。Scherer（1967）和 Barzel（1968）认为研发者为提前获得相同研发结果或急于应用不成熟的技术，一方面会增加投入，进而导致成本上升；另一方面会在一定程度上造成资源的浪费，并降低资源的配置效率。Scotchmer（1991）、Takalo 和 Kanniainen（2000）认为知识产权制度为权利人提供了特殊保障，以至于在市场不稳定的条件下，品权人会选择不将技术投入市场，从而降低了技术的转化率，并阻碍了后续创新。[1]

其二，农业知识产权的保护政策。部分学者从宏观层面研究了农业知识产权保护的特点、现状及知识产权保护政策下国家政策的选择。如 Blakeney（1998）对农业知识产权的特点和保护法律进行了深入的探讨；Eaton（2002）探讨了 TRIPs 协议对各国农业知识产权保护政策的影响。[2] 部分学者还进一步探讨了农业知识产权保护政策的影响，如 Lele 等（1999）主要讨论了农业知识产权保护对技术研发和转让的影响；Srinivasan（2005）认为对跨国企业而言，不同程度的知识产权保护水平会衍生不同的投资方式；Seyoum（2006）的研究则更加深入，验证了专利保护水平与外国投资之间存在正向相关关系。

（二）中国农业知识产权研究

较于国外农业知识产权发展程度以及国内其他行业知识产权发展现状，我国农业知识产权制度建设起步较晚，但发展较为迅速（陈燕娟，2012）。整体看，学者们对农业知识产权的研究主要涉及六个方面。

第一，对农业知识产权保护现状及协调机制的研究。主要以现状、问题及对策为主，具体包括对农业知识产权机制形成的背景及

---

[1] 陈燕娟：《基于知识产权视角的中国种子企业发展战略研究》，博士学位论文，华中农业大学，2012 年。

[2] 同上。

我国农业知识产权保护体系现状的研究（刘圣民，1995；张晓妮，2011；徐卫等，2013；杨德桥，2013）、农业知识产权保护及其协调机制的研究（吴春梅，2003）。此外，部分学者还从微观层面探讨了不同区域及主体农业知识产权的发展概况，如侯春生等（2011）对广东农业知识产权现状的研究；祝宏辉和连旭（2013）对新疆生产建设兵团知识产权保护现状的研究；王海峰（2007）、杜琼（2012）、涂玉琴和熊小文（2012）对公益类科研机构知识产权保护存在的问题及其协调机制的研究等。

第二，对农业知识产权的量化评估及其保护制度影响的研究。在农业知识产权量化方面，赵喜仓和单兰倩（2013）构建了包括农业知识产权创造力指标、产出价值指标、运用指标、保护指标、管理指标5个一级指标以及20个二级指标的农业知识产权综合评估指标体系（如图1-1所示）。就农业知识产权及其保护制度的影响而言，主要涉及对国家经济利益的影响（贺骁勇，2008）、对中国农业竞争力的贡献（杨桔等，2014）、对农业科技创新与种业发展的影响（刘辉等，2010；刘辉和许慧，2010；赵鹏，2012）等。其中，赵鹏（2012）研究了知识产权保护与农业技术创新的二律背反，研究发现，中国处于鼓励自主创新与模仿先进技术的两难选择之中，且知识产权的保护程度取决于农业技术的差距程度，因此，若想促进农业知识产权保护与农业科技创新协调发展，必须促使二者形成辩证统一的关系。

第三，对农业知识产权战略管理的研究。部分学者对知识产权战略管理的内容、目标及其对科技创新的作用进行了深入探讨。比如邓宏光（2005）探讨了我国农业知识产权战略的具体内容；楼洪兴等（2006）探讨了我国农业知识产权战略的目标与对策；陈琴苓（2006）以农业科学院所为例，通过深入分析其知识产权战略，验证了农业知识产权保护制度对公共科研单位创新活动的促进作用。部分学者探讨了如何将知识产权运用到科技成果的保护方面，并对其进行产业化管理，如王海峰和张明军（2007）以农业科研单位离职

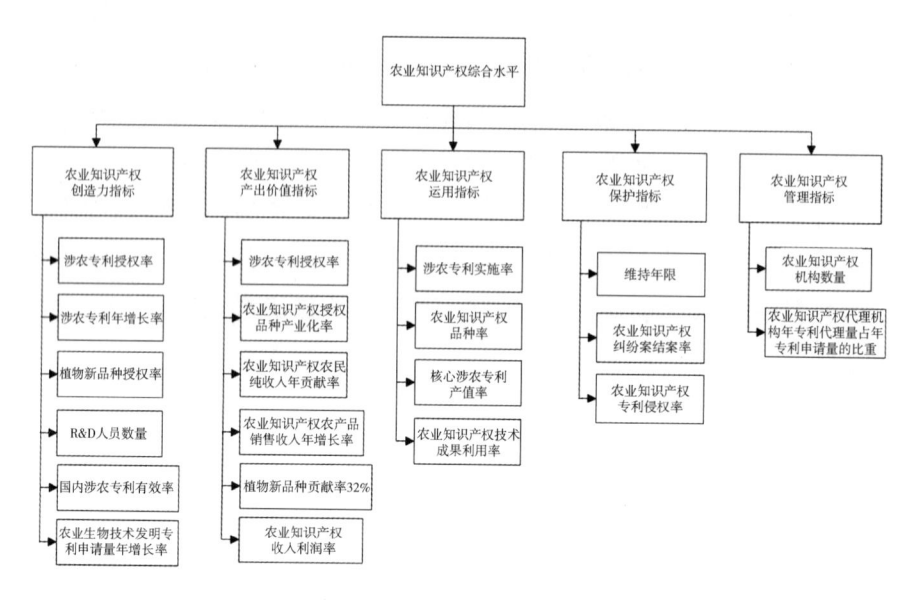

图 1-1 农业知识产权综合评价指标体系

资料来源：赵喜仓、单兰倩：《我国农业知识产权综合评价指标体系研究》，《科技管理研究》2013 年第 33 卷第 4 期，由笔者整理所得。

人员为研究对象，探讨了其科技成果的知识产权保护问题；杜丽珍（2010）将产业化引入知识产权保护的研究中，深入研究了我国农业知识产权的产业化模型（陈燕娟，2012）；高志英（2010）基于方法论的视角，探讨了农业知识产权价值评估的方法（陈燕娟，2012）。

第四，对植物新品种保护方面的研究。主要包括四个方面，其一，对植物新品种保护现状及发展趋势的研究（李松年，2001；高映，2008；聂洪涛，2011；许从建，2014）；其二，国际植物新品种保护对我国的影响，主要涉及国际植物新品种知识产权保护格局（邓武红，2007）、国外植物新品种保护经验（蒋和平和孙炜琳，2002；蒋和平，2002；林祥明，2005；牟萍，2008；陈亮等，2008；耿邦，2015）以及 UPOV 公约 91 与 78 文本（罗忠玲等，2005；廖秀健和谢丹，2010）对我国的影响；其三，有关植物新品种交易的研究，陈会英等（2011）利用调查问卷对我国14个省份植物新品种交易实施的动机、行为及绩效进行了描述性统计分析；其四，植物新品种保护及其制度的影响，主要涉及植物新品种保护制度对农业发展（陈超和林祥明，2004；刘洋等，2012）及技术创新（周宏和陈超，2004），种业发展（林祥明，2006）、种业集中度（李寅秋，2010）、种子价格及新品种种植面积（胡瑞法等，2006），农业创新主体（科研机构及公司）投入行为（刘辉等，2010），育种者创新与研发行为（李道国和谭涛，2006；黄武和林祥明，2007）、育种投资结构（展进涛等，2005）及科研（王缨等，2015），品种权人经济效益（吴立增等，2005）的影响。

第五，对农业技术专利保护的研究。主要涉及两个方面，其一，农业专利发展现状（罗忠玲等，2006；薛爱红，2010；祝宏辉和高晶晶，2013；张成亮等，2015）及趋势变动（刘丽军和宋敏，2012）的研究。其中，罗忠玲等（2006）归纳了美国农业生物技术研发及其知识产权保护制度的成功经验，以期为促进我国农业生物技术创新及其知识产权制度的完善提供经验借鉴；薛爱红（2010）对我国农业生物技术研发面临的知识产权风险和我国目前农业生物技术专利信息的管理现状进行了分析；刘丽军和宋敏（2012）以中国1985—2010年受理的全部农业专利为样本，研究专利数量飞涨背景下不同申请时期、申请主体和技术领域下的中国农业专利质量及变化趋势。其二，农业专利申请影响因素研究；马兆（2009）、张蕾等（2009）研究了我国农业专利申请的影响因素；曹克浩和卢向阳（2010）探讨了新专利法对农业生物技术专利申请的影响。

第六，有关农产品地理标志的研究。主要涉及四个方面，一是从宏观层面研究我国地理标志现状及其法律保护制度。如王寒和陈通（2008）分析了我国农产品地理标志发展现状；孙亚楠和胡浩（2014）剖析了我国地理标志农产品市场发展的问题及对策；吴彬和刘珊（2013）、陈杨（2015）对地理标志的法律保护制度进行研究。二是针对区域或具体农产品地理标志的研究。如孙志国等（2012、

2011a、2011b)、谢向英（2011）对省域茶类地理标志进行研究。三是对农户使用地理标志行为的研究（王磊、赵瑞莹，2012）及生产地地理标志经济效益的分析（占辉斌和俞杰龙，2015）。四是农产品地理标志的分布特征及影响。主要涉及地理标志对区域（孙庆忠，2012；雷雨，2012）或具体品种（苹果等）经济效益的研究（周曙东和张西涛，2007），农产品地理标志的空间分布特征及影响（刘华军，2011；赵金丽等，2015）。

四 有关农业科技协同创新的研究

根据文献的梳理，针对农业科技协同创新的研究主要集中于内涵界定、模式分析与绩效分析三个方面。

1. 有关农业科技协同创新内涵界定。最早的协同创新概念由生态学家提出，主要用于研究植物与植食性昆虫相互作用及对进化的影响（Ehrlich and Raven，1964；庞洁等，2015）；Norgaard 是第一个将协同创新概念运用于社会文化与生态经济领域的学者（Norgaard，1994）；后续不断有学者以协同创新视角研究相关主体的协同演化过程（Moore，1996；Mckelvey，1997）；虽然，学者们从不同的研究视角对协同创新的概念进行界定（庞洁等，2015、王农等，2016），但概括起来农业科技协同创新是指以农业生产增值为核心，促进农业经济可持续、健康、绿色发展为目标，各个创新主体与多种因素共同协助、相互补充，凭借产学研、科教推、集群创新、创新联盟等多种创新模式，整合创新资源，优化资源配置，实现协同创新效率最优化的组织形式或创新行为。

2. 在农业科技协同创新模式分析方面，学者们的研究多集中于开放网络、产学研、官产学等创新模式，如 Lee 等（2012）肯定了协同创新的创新模式，Baldwin 等（2011）认为开放协同创新将逐步取代生产者创新；D'Este 等（2013）探讨了校企合作的形成机理，Hemmert 等（2014）探讨了产学研合作的信任机制，谢雨鸣等（2013）对企业协同创新模式进行细分，李军等（2018）探讨了中小企业集群协同创新机制；学者们大多肯定了官产学协同创新模式的正向积极作用（徐盈之、金乃丽，2010；Ivanna et al.，2014），其中，徐盈之、金乃丽（2010）还强调了该模式的空间溢出效应，Chen 等（2013）则基于高校的运营资金来源，分析了经费支出对官产学协同创新绩效的影响；也有学者介绍了国外一些国家的协同创新实践经验，以优化中国协同创新机制的构建，如周小丁等（2014）、邱密与李建军（2014）分别介绍了德国与荷兰 Rondeel 的协同创新经验。

3. 对农业科技协同创新绩效评估的研究。现有研究对农业方面科技协同创新绩效评估的研究较少，多是基于宏观层面对大科技协同创新绩效评估的研究。如解学梅等（2014）认为协同机制与环境在企业协同创新模式与效应关系中起正向调节作用；俞立平等（2018）研究发现高技术产业创新速度对创新成果的贡献显著，且协同创新与研发人员投入绩效有待提高；刘志华（2014）利用云理论的区域科技系统创新绩效模型，量化了我国 31 个省域的科技协同创新绩效水平，认为我国省域协同创新绩效整体水平较低，且呈层次化特点。

五　文献评述

综上所述，国外学者对经济增长理论、技术创新理论以及经济收敛理论的研究起步较早，且较为成熟。目前国外农业科技创新领域研究的重心逐渐由对具体农业技术扩散、推广的研究转向更为系统、全面的研究领域，即围绕绿色创新展开研究，且学者们的研究更加关注农业科技创新的经济、社会和自然的综合效益，试图探讨不同创新水平下农业科技创新方法及体系的适用性，更加注重创新经济人在整个农业科技创新体系建设中的作用。国外学者对农业知识产权的研究主要集中于农业知识产权制度对创新的影响方面，部分学者认为知识产权制度为持续创新提供激励机制；部分学者认为农业知识产权制度会导致研发资源过度配置，阻碍后续创新，降低技术转化率。此外，学者们在总结归纳农业知识产权保护特点的基础上，还较为关注农业知识产权保护政策对国际技术转移与扩散、国际贸易和国外投资的影响。

国内学者对技术创新等相关理论的研究起步略晚，多是借鉴国外先进的理论与经验。在农业科技创新研究方面，宏观层面的研究主要涉及农业科技创新体系的构建、运行机理的分析、创新能力的测评等；微观层面的研究主要涉及农业科技人员、推广人员、特派员的科技创新行为分析，农户科技需求意愿的分析以及企业科技创新行为分析。国内学者对农业知识产权的研究主要集中在农业知识产权制度的现状及影响研究，农业知识产权的评估及影响研究，农业知识产权的战略管理和运营策略研究，植物新品种保护研究（植物新品种保护现状及发展趋势，国际植物新品种保护对我国的影响，植物新品种交易实施的动机、行为及绩效，植物新品种保护制度对农业发展、种业发展、技术创新、育种研发、育种者与品种权人行为的影响），农业技术专利保护研究（农业专利发展现状及趋势变动的研究、农业专利申请影响因素研究）以及农产品地理标志研究（我国地理标志现状及其法律保护制度现状、区域或具体农产品地理标志的研究、农户使用地理标志行为的研究、农产品地理标志的分布特征及影响研究）六个方面。

总体来说，国内外学者的相关研究均取得了较为丰硕的研究成果，学者们的研究或从理论上丰富了农业科技创新的理论基础，或以实际的案例阐述了具体技术的扩散过程及影响因素，或以具体实证探讨了农业知识产权的相关问题，或从实践上对某一区域某一协同创新模式进行分析，均为以后相关领域的研究奠定了坚实的基础。然而，已有研究仍存在可以拓展的空间，比如，（1）在研究视角方面，虽然许多学者认识到农业科技创新、农业知识产权以及植物新品种的重要性，但很少有学者将三者结合起来，深入探讨知识产权视角下农业科技创新的相关问题。（2）在研究内容方面，现有文献较少涉及知识产权视角下农业科技协同创新问题，且缺乏多元主体协同创新的综合决策研究，忽略了宏观管理机制与微观运行机制的协调发展；已有研究多是以"现状—问题—对策"的形式，单纯地论述知识产权对农业科技创新的影响。(3) 在研究方法方面，现有的研究多是利用传统计量方法对相关问题展开研究，忽视了空间因素对知识产权视角下农业科技创新的影响。

因此，在一定程度上，基于知识产权的视角，以植物新品种为例，探讨农业科技协同创新的问题，将研究重点从分析个别主体农业知识产权创新转移到对不同主体协同创新，注重宏观管理机制与微观运行机制的协调发展，并针对国际农业科技协同创新机制建设受区域、局域限制的现实特点，构建中国特色的农业知识产权协同创新机制管理决策的创新，仍具有很大的扩展空间。

第三节 研究思路和框架

一 研究思路

本书的研究思路大致如图 1-2 所示，具体而言，先基于对国内外文献的追踪与梳理，简单地回顾研究所需的相关经济理论；再对农业知识产权创新的基础知识进行梳理，论证农业知识产权创新的现实必然性和实践运行现状；然后，以植物新品种为例，剖析了农业知识产权创新的时序演进特征及空间分布差异，并通过实证解析区域差异的根源；继而，论证农业知识产权创新的收敛性及收敛速度，并找出制约其发展的关键性因素；接下来，识别农业知识产权创新主体关系及格局演化趋势，并优化农业知识产权协同创新机制；最后，在借鉴国外经验的基础上，结合研究结论，有针对性地提出知识产权视角下我国农业科技协同创新能力的提升策略，以借助知识产权提升我国农业的核心竞争力与国际竞争能力，进而促进我国农业持续健康的发展。

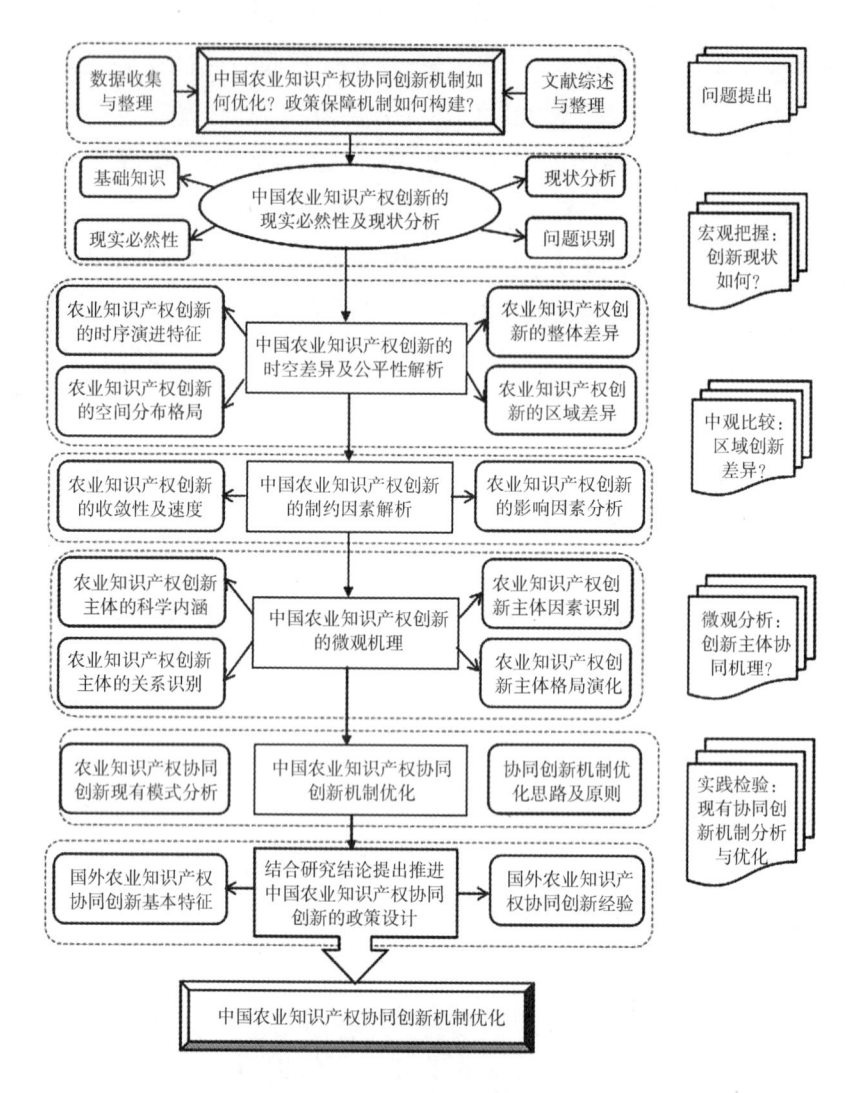

图 1-2　研究技术路线

二　研究框架

结合上述研究思路,本书共分为八章,每章具体内容如下:

第一章为导论部分。在对农业发展约束条件及背景进行梳理的基础上,详细地阐述了基于知识产权视角,以植物新品种为例,研究我国农业科技协同创新问题的依据与意义。基于相关的经济理论，在梳理国内外相关文献的基础上，对文献做了简要评述，引出研究的整体布局及思路，并阐述了研究的主要内容、方法以及整个研究设计中可能存在的创新点。

第二章为农业知识产权创新的现实必然性及实践现状。主要从农业科技创新、农业知识产权以及植物新品种创新三个方面概述了农业知识产权创新的基础知识。分析了农业知识产权创新的现实必然性，主要包括分析农业生产的制约因素，阐述农业知识创新的战略意义，量化农业知识产权创新对农业经济发展的影响三个方面。分析了农业知识产权创新的现状，具体包括，从农业科技资源和农业知识产权创新两个角度论证农业知识产权协同创新的现实基础以及总结概述农业知识产权创新存在的问题。

第三章为农业知识产权创新的时空差异及公平性解析。从布局上看，主要包括农业知识产权创新的理论支撑、数据来源与方法选择、农业知识产权创新的时序演进与空间分布、农业知识产权创新的实践公平性以及研究结论和政策建议五个部分。具体而言，在对支撑区域差异及经济发展不均衡相关理论进行分析的基础上，简述了基础数据的来源及 Dagum 分解的基尼系数；从全国、不同创新主体、不同区域等视角，总结归纳了农业知识产权创新的时序演进特征和空间分布格局；从区域内与区域间两个角度对农业知识产权创新整体差异进行分解，测算了区域内、区域间创新差异对整体差异的贡献度及贡献率，找出导致我国农业知识产权创新差异的主要原因；基于研究结论，提出相应的政策建议。

第四章为农业知识产权创新的制约因素解析。基于经济收敛理论，在对全国、东中西三大地区以及西北、西南、华东、华北、中南与东北六大区域农业知识产权创新进行检验的基础上，基于不同时段、不同区域的视角，对其进行绝对检验；依据新古典经济增长理论、累积因果理论、内生经济增长理论、技术空间扩散与技术差距理论构建了验证农业知识产权创新条件收敛的面板模型，并对全国、东中西三大地区以及六大区域创新能力的影响因素进行比较分析，以找出影响我国农业知识产权创新差异的主要因素，并对建模的相关理论进行验证；基于研究结论，有针对性地提出了缩小区域农业知识产权创新差异，提升我国农业知识产权创新的政策建议。

第五章为农业知识产权协同创新的微观机理。从理论层面对目前有关创新主体的研究进行概述；分析了创新主体的科学内涵，即创新主体的定义、特征与逻辑关系；分析了不同创新主体参与农业知识产权协同创新的影响因素；最后论证了以公司与个人或企业为核心主体格局演化的理论逻辑、历史发展与实现需求。

第六章为农业知识产权协同创新模式构建。依据评价现有模式——提炼机制优化思路、明确机制优化原则——构建协同创新模式的逻辑思路，对现有农业知识产权协同创新模式进行了分析；分析了农业知识产权协同创新的冲突及其原因，并提出治理方法；明确农业知识产权协同创新机制优化的基本思路和原则；构建"政产学研用+中介"的农业知识产权协同创新模式，并优化其运行机制。

第七章为国外农业知识产权协同创新的经验与启示。归纳总结了国外农业知识产权协同创新的支撑体系，以美国、日本、欧盟等国家或地区为例，对其农业科技创新体系运行的特征进行总结与归纳，解析其农业科技创新的政策保障体系，并简单地分析了其农业科技创新成果的转化机制，进而阐述了上述做法与经验对提升我国农业知识产权协同创新的启示。

第八章为推进中国农业知识产权协同创新的对策设计。基于当前我国农业生产发展的背景，结合前文的实证结论以及国外农业科技创新，尤其是农业知识产权协同创新经验对我国的启示，从政府宏观调控、市场调节机制以及微观主体协同三个层面构建提升我国农业知识产权创新的政策机制。从政策保障体系、财政调控机制、产权协调机制、市场经济调节机制、创新主体协同五个方面论述如何构建我国农业知识产权协同创新的提升策略。

第四节 研究方法和创新之处

一 研究方法

研究采用理论分析与实证分析相结合的多元化研究方法,较为系统地探究知识产权视角下我国农业科技协同创新问题,具体方法如下。

1. 文献研究法。通过查阅众多国内外相关期刊论文与学术专著,从中总结和吸收农业科技创新,尤其是知识产权创新的一般规律,并借鉴国内外研究已有的成果和方法,完成文献综述及相关研究动态的评述,为研究的进一步开展奠定基础。此外,积极查阅相关的网站及数据库,比如相关的政府机构官网、国际种子联盟(ISF)数据库、国际植物新品种保护联盟(UPOV)数据库、中国农业部植物新品种保护办公室数据及农业科学院知识产权研究中心数据等,并实时关注相关政策法规的变动情况。

2. 计量经济学方法。在识别农业知识产权创新与农业经济发展的关系时,利用单位根检验、协整分析、因果关系检验等方法;在量化农业知识产权创新对农业经济发展的影响时,构建了分布滞后模型,利用阿尔蒙(Almon)多项式法和普通最小二乘法估计参数。在分析农业知识产权创新的空间差异时,利用 Dagum 分解的基尼系数,从区域内、区域外两个角度剖析农业知识产权创新差异的驱动因子。在量化农业知识产权创新的变化趋势及影响因素时,构建收敛模型,并借助 Moran's I 等空间计量方法测算相关影响因素的空间自相关性。

3. 比较分析及归纳演绎法。就比较分析法而言,在对农业知识产权植物新品种创新现状进行分析时,基于国内、国外两个视角阐述了植物新品种创新的现状及差异;在量化农业知识产权创新的空间差异时,从区域内、区域间两个角度量化其对整体差异的贡献度与贡献率。就归纳演绎法而言，第七、第八章在梳理国外农业科技创新、农业知识产权创新、植物新品种保护经验的基础上，结合研究结论，基于我国农业科技创新，尤其是植物新品种创新的现状及特点，有针对性地提出了我国农业知识产权协同创新的提升策略。

二 创新之处

相较于已有研究，本研究的创新之处主要体现在三个方面：

第一，从研究视角看，本书基于知识产权的视角，以植物新品种为例，探讨农业科技协同创新问题，研究视角较为新颖。已有研究至多是将农业科技创新、知识产权保护及植物新品种中的两个主体进行有效组合，比如研究知识产权保护对农业科技创新的影响（刘辉、许慧，2010）、植物新品种保护制度对技术创新（周宏、陈超，2004）、农业创新主体科研行为的影响（黄武、林祥明，2007；王缨等，2015），鲜有研究将三者结合起来。本书基于知识产权的视角，以植物新品种为例，对农业科技创新问题展开研究，既将农业科技创新融入新的国际背景中，考虑知识产权保护对农业发展的重要性；又从农业发展的源头出发，深入分析植物新品种创新的现状及特征，并量化其对农业科技创新的影响。

第二，就研究方法而言，本书综合利用文献分析法、比较分析及归纳演绎法与计量经济方法，并将空间因素融入传统的计量经济方法中，体现了方法应用的多元化。相较于已有研究多以定性分析为主，本书所涉方法由文献分析法、比较分析法、归纳演绎法、空间计量与多种计量经济方法构成。其中，就计量经济方法而言，利用单位根检验、协整分析、因果关系检验等方法识别农业知识产权创新与农业经济发展的关系，继而构建了农业知识产权创新与农业经济发展的分布滞后模型，并利用阿尔蒙（Almon）多项式法与普通最小二乘法量化了农业知识产权创新对农业经济发展的影响。然后结合技术扩散理论及经济收敛理论，在对我国及教学机构、科研机构、公司与个人创新主体农业知识产权创新时序演进动态特征进行归纳总结的基础上,利用 Dagum 分解的基尼系数研究农业知识产权创新的空间差异,并从区域内、区域间两个角度对整体差异进行分解。利用收敛性模型量化农业知识产权创新的变动趋势及影响因素,将空间计量与传统的计量、统计知识结合,深入分析知识产权视角下农业科技协同创新能力的影响因素。

第三,从研究内容来看,以农业知识产权中的植物新品种为例,对农业科技协同创新问题进行研究,是对已有研究的深化与扩展。已有针对知识产权的研究多是停留在对知识产权保护现状分析层面,仅部分研究涉及知识产权趋势变动特征及影响。本书以农业知识产权中的植物新品种为主要研究对象,对农业知识产权协同创新问题进行研究。具体而言,在对农业知识产权创新基础知识进行梳理的基础上,总结归纳了农业知识产权创新的现实必然性,论证了农业知识产权的实践运行现状;量化了农业知识产权创新的时空差异及公平性;分析了农业知识产权创新的收敛性,对其收敛速度进行测算,对其影响因素进行分析。从界定创新主体内涵,识别创新主体关系、演化格局及影响因素三个方面论证了农业知识产权创新的微观机理;在分析中国现存农业知识产权协同模式基础上,归纳总结协同创新机制优化的基本思路和原则,并实现模式的创新;在总结归纳国外农业知识产权创新经验的基础上,结合研究结论,构建了我国农业知识产权协同创新的对策设计。

第 二 章

农业知识产权创新的现实必然性及实践现状

基于前文的介绍与疏理，本章在详细地阐述农业科技创新相关理论的基础上，将农业生产发展纳入当今知识经济快速发展的背景中，继而深入探讨了农业知识产权的内涵、特征及作用。此外，考虑到本书实证部分是以植物新品种为例，探讨我国农业知识产权创新问题，因而重点论述了植物新品种的理论基础。本章共包括三节，第一节为农业知识产权创新的机理分析，从农业科技创新、农业知识产权创新和植物新品种创新三个方面进行论述；第二节为农业知识产权创新的现实必然性，从实证分析角度量化农业知识产权创新对农业经济发展的作用；第三节为农业知识产权创新的实践现状，主要梳理了农业知识产权创新的政策支撑以及现实的创新基础，并剖析了实践运行的障碍与问题。

第一节 农业知识产权创新的机理分析

一 农业科技创新的相关概述

（一）农业科技创新的内涵

1. 农业科技

人们习惯上将科学与技术统称为科技，事实上科学与技术两者既相互区别又相互联系。① 前者主要解决理论问题,是指以自然现象及其规律为研究对象的自然科学,后者则更着眼于实际问题,其泛指立足于科学原理及生产实践经验,为实现特定功能而协同组成的各式工具、设备及工艺体系。科学技术作为第一生产力,在人类社会的发展与进步中扮演着不可替代的角色。当然,农业科技对农业生产发展的作用也不容小觑。事实上,农业科技是科技的一个具体表现形式,是科技与产业结合的产物。类似于科技的定义,农业科技是农业生产领域的科学与技术的统称,不仅指法律明文规定的各类农业技术,即应用于农业行业的各类科研成果和实用技术,还包括农业生产组织的管理方法及对其特定知识的运用。本书沿用钟甫宁(2000)的观点,将农业科技归纳概括为揭示农业生产领域发展规律的知识理论体系,包括在生产实践中应用农业发展规律所获得的各种实践应用成果。农业科技产生于自然再生产与经济再生产相统一的农业生产,与此同时,基于农业生产的需求,农业科技得到不断的发展。在实现我国传统农业向现代农业的转变发展中,农业科技在农业实现机械化、科学化、水利化与电气化的过程中扮演着不可或缺的角色。

农业科技的研究与应用有别于其他领域的科学技术,主要原因在于农业科技具有一系列特定的属性:其一,农业科技区域性较强。② 农业生产的地域性必然要求农业科技的研究与应用结合当地的自然资源条件及社会经济发展水平;其二,农业科技周期性较长。基于作物的生长特性,农业具有生产周期长且季节性强的特性,这就使农业科技从研发到科技成果检验再到成果推广需要经历较长的周期;其三,农业科技综合性强。农业生产综合了自然与社会经济等因素的影响,一定程度上促使农业科技发展基于社会经济发展背

---

① 郑翔峰:《科学技术与先进文化关系的理性思考》,硕士学位论文,福建师范大学,2006年。

② 陈建伟:《新农村建设需民生科技支撑》,《经济日报》2012年2月1日第13版。

景,并依赖于其他相关学科的发展;其四,农业科技应用具有较明显的分散性。我国现行的农业生产模式仍以规模小且分散经营的家庭联产承包制为主,上述农业生产模式限制了农业科技应用推广的规模,因此,农业科技的推广多是以分散性为主;其五,农业科技保密性相对较差。农业的生物特性使农业技术成果极易遭受泄密。[①]

此外,就农业科技对农业的促进作用而言,主要体现在以下四个方面:第一,有利于提高自然资源开发利用的效率。农业科技进步在深度上有利于物尽其用,提升资源的利用效率,促使有限的资源产生更多、更优的产品;在广度上有利于将闲置的资源得以充分地利用。第二,有助于农业结构的优化与升级。农业技术革命在推动农业产品、产业与技术结构升级的同时,有利于通过延长农业生产的价值链,增加附加价值。第三,有利于提高农业劳动者的素质。农业科技的进步有利于推动作为农业科技成果需求及应用主体的农业劳动者生产技能的提高。[②] 第四,有利于生态环境的改善。农业科技进步在一定程度上可以减少农业生产对环境资源的消耗,降低生产性废弃物的排放与污染。

2. 农业科技创新

科技创新涵盖原创性的科学研究与技术创新两个方面,泛指创造及采用新知识、新方法和新技术以及通过革新生产方式与组织管理模式等手段,开发制造新产品或提供新的服务,改善产品或服务质量的过程(黄文准,2011)。在知识经济背景下,科技创新可分为知识创新、技术创新和管理创新三类(李柏洲、郭韬,2008)。知识创新通过核心的科学研究孕育新的概念范畴与理论学说,丰富人类的世界观与方法论。技术创新以科技发明、创造及其价值的实现为核心,借助技术进步与应用创新等功能,进而达到解放生产力的目

---

① 钟甫宁:《农业政策学》,中国农业大学出版社2000年版,第157—158页。
② 张文:《加快农业科技创新 推进农业科技革命》,《农业科技管理》2001年第20卷第1期。

的（方丰、唐龙，2014）。就管理创新而言，从宏观层面看，管理创新为社会政治、经济和管理的制度创新；从微观层面看，管理创新是单个经济体的决策变动。管理创新通过宏观制度规范与引导（方丰、唐龙，2014），激发微观主体的创造性与积极性，优化社会资源配置并最终推动社会进步（郭新和，2012）。

作为农业生产领域的科技创新，农业科技创新在内涵界定上存在狭义和广义之分。狭义的农业科技创新强调以农业技术为主的创新，侧重于通过科技研发与区域性试验来获取最终的科技成果（李飒，2014），并满足特定农业生产的需要，实现技术与经济的双螺旋发展（张淑辉，2014）。简言之，狭义的农业科技创新主要是指能提高农业生产的社会、经济与生态效益的各式新产品、新发明、新技术与新手段（傅新红等，2003）。区别于狭义的农业科技创新的定义，广义的农业科技创新是指各类科研创新主体为满足现代农业发展的需要，以促进农业生产为目标，通过投入一定的资金与人员等农业生产要素产出有效的新知识与新技术的过程（张静，2011）。因此，广义的农业科技创新是一个不断创造新知识，发明新技术，并将其应用推广到农业生产实践，从而实现经济、社会与生态效益综合协调发展的过程（许朗，2009）。

就农业科技创新的过程而言，学者们的研究也较为丰富。比如，张淑辉（2014）认为农业科技的创新过程涉及农业科研的基础研究、应用研究、中间试验以及成果转化的全过程（详见图2-1）[1]，即从农业科技需求产生、农业科技资源投入、创新成果产出到转化为现实生产力的动态过程。[2] 总之，由于本书以知识产权视角下的中国农业科技创新能力为研究对象，因此，本书农业科技创新的界定均为

---

[1] 张淑辉：《山西省农业科技创新的动力机制研究》，博士学位论文，北京林业大学，2014年。
[2] 许朗、袁文华：《加快我国农业科技成果转化的对策建议》，《2003年海峡两岸生态学学术研讨会论文集》，2003年。

广义上的概念内涵。与此同时，前文所述的农业科技创新过程也适用于本书，并为本文研究的开展奠定了坚实的基础。然而，结合第一章中研究的整体设计框架以及拟解决的关键问题，本书结合当前知识经济发展背景及种子对农业经济发展的重要性，以植物新品种为例，探讨中国农业知识产权协同创新问题，尤其是植物新品种创新的时序演进特征、空间分布格局、区域差异、变动趋势及影响因素，进而探寻提升我国农业科技创新能力的策略。因此，厘清农业科技创新的特点、要素及其基本模式就显得尤为重要。

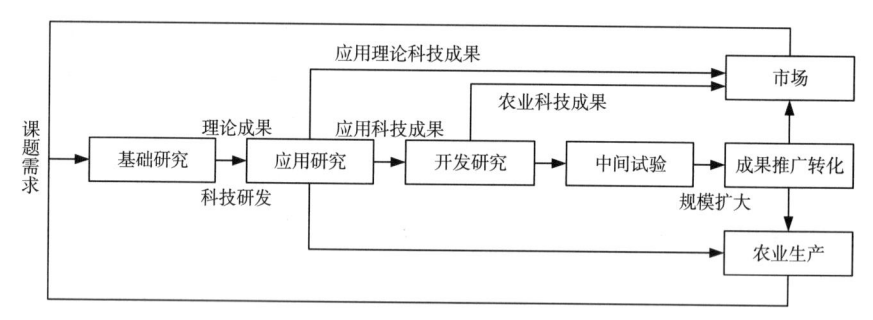

图 2-1　农业科技创新的过程

资料来源：参见张淑辉《山西省农业科技创新的动力机制研究》，博士学位论文，北京林业大学，2014 年。由笔者整理所得。

（二）农业科技创新的特点

如前文所述，基于农业生产活动的特殊性，农业科技相比其他领域的科学研究具有区域性、周期性、综合性与分散性等特点；加之农业科技创新是从农业科研的基础研究、应用研究、中间试验到成果转化的全过程，即涵盖了从农业科技需求产生、农业科技资源投入、创新成果产出到转化为现实生产力的动态全过程。[1] 因此，相较于其他领域的创新，农业科技创新具有鲜明的特点，主要包括四个方面。

---

[1] 许朗、袁文华：《加快我国农业科技成果转化的对策建议》，《2003 年海峡两岸生态学学术研讨会论文集》，2003 年。

1. 公共物品特性

就物品属性而言，尽管农业科技创新成果中有相当一部分成果为"私人产品"，如农业机械、种子、化肥、农药等农业生产资料和农业生物技术、加工技术及其他具有一定排他性与竞争性的农业专利成果。然而，不可否认，农业科技创新过程及成果中有很大一部分成果为"公共物品"，如农业基础设施建设、农业生态环境保护、农业减灾防灾工程以及部分农业科技创新成果。此外，由于农业科技创新成果供给的过程均需要大量的资本、人员等要素的投入，且其收益不具独占性，在成果消费上呈现出非竞争性与非排他性。因此，上述农业科技创新成果的外溢性较强，容易产生"免费搭便车"的问题。这也是农业科技创新过程需要政府支持与引导，并进行市场干预及调节的重要原因之一，当然，结合知识经济的发展，对农业科技创新成果进行产权界定，有利于利用知识产权保护农业科技创新成果。

2. 区域性与季节性

如前文所述，农业生产活动在时空上具有明显的季节性与区域性，不同地区的农业生产条件及其形成的社会经济背景均存在一定的差异。与此同时，随着区域经济发展水平的变化及农业生产条件的改变，农业生产活动也会产生变化，呈现出不同的时序演进特征。因此，无论从农业科技创新需求产生的背景、研究开发的条件，还是从其成果的应用与推广的过程来看，农业科技创新必须基于当地的区域资源情况、生态环境条件，并符合当地社会经济发展的阶段特征，即农业科技创新活动具备空间上的区域性。此外，在农业生产活动中，无论是草本、木本植物，还是畜禽、水产等，其生长发育均具有一定的周期与季节规律；加之农业科技的基础研究与应用研究的展开需结合农业生物的属性；因此，农业科技创新也具有一定的季节性。总之，基于农业科技材料的生物属性，农业科技创新不仅需要考虑当地的气候、地形、土壤、水文和生物等生态环境，还需要考虑当地的科技创新体制、市场发育、产业政策等社会经济因素。

3. 周期长且过程复杂

如图2-1所示，一方面，农业科技创新过程涉及基础研究、应用研究、中间试验及成果的应用与推广等多个环节，且相较于其他行业的科技创新，农业科技材料具有明显的生物属性，因此，农业科技创新的每个步骤环节均需要投入更多的时间，即整体看农业科技创新的周期较长。此外，由于农业科技创新过程中易存在周期重合，农业生产活动具有一定的周期性，因此，农业科技创新也呈现出明显的时滞性。另一方面，农业科技创新涵盖了农业生产的产前、产中与产后等多个领域，即农业生产活动的整个价值链都可能存在并形成相应的科技创新成果；此外，由于农业科技创新主要包括农业科研机构、农业高等院校、农业推广机构、农业企业以及广大普通农户等多个创新主体[①]，上述农业科技创新主体间存在一定的网络形状的交互关系，但主体间资源禀赋差异更为凸显，且单一主体有可能兼有科技供给方和科技需求方两种角色，加之农业科技创新的区域性特点，因此，农业科技创新过程呈现出较为复杂的属性。

4. 不确定性与高风险性

由于农业科技本身多以生命科学技术为主，并交叉资源环境、物理化学及工程学等科学技术，所以在农业科技创新整个长而复杂的周期内，创新主体不仅需要考虑自然科学因素，还需综合考虑社会、经济和政治等多种不确定性因素。除此之外，农业科技创新过程中的基础研究与应用研究多属于多学科交叉性的研究，且伴随着创新过程复杂、难度大，实验成功概率低的特点；在创新成果的试点及推广中，农业生产的自然与社会经济环境存在一定的时空差异性，使前期在实验室情况下表现良好的成果在现实应用中不尽如人意，可能的原因在于，科技创新主体对技术的适用性及其经济性问题考虑不充分。所以，农业科技创新有着较高的不确定性，并具有

[①] 高启杰：《农业技术创新若干理论问题研究》，《南方经济》2004年第7期。

由不确定性引发的高风险性。然而，区别于资本市场的特征，农业科技创新在具有高风险性的同时却并不总是产生较高的收益，这在一定程度上更加剧了农业科技创新的风险性。

(三) 农业科技创新的要素

1. 创新主体

纵观农业科技创新漫长而复杂的过程，主要包括新知识、技术的研究、开发、应用与推广等一系列环节。结合上述农业科技创新的特点可知，参与农业科技创新的主体众多，主要包括企业、事业及行政单位、个人等，但各个创新主体的功能与定位具有差异性。具体表现为：(1) 农业科研院所是农业科技创新重要的供给主体（张红云，2007）。各级农业科研机构与农业高等院校在承担创新农业科学知识、农业产品技术等重要任务的同时，也为农业科技研发及其成果的应用与推广培育了大批的科技人才。(2) 涉农企业与广大农户是农业科技创新的重要实施主体（李惠安，2008）。农业生产企业与广大农户作为终端科技创新成果的接受者，直接将农业科技创新成果运用到农业生产的田间地头。(3) 农业推广与服务机构是农业科技创新成果转化的重要主体（石肖琳，2008）；农业推广与服务机构通过提供培训、指导及咨询服务，将科技成果推广并普及于农业生产的各个环节，将科技成果转化为现实生产力，并以此促进农业的发展（祖冬琦等，2012）。(4) 政府是农业科技创新重要的引导主体（邢广智、李建军，2006）。政府通过制定相应的农业政策，提供一定的财政支持，为农业科技创新营造良好的政策环境，并引导农业科技创新研究的发展方向（张静，2011）。

市场环境下，各创新主体不断发挥并拓宽其在农业科技创新过程中的角色与作用，彼此相互连接为一个农业科技协同创新的网络系统（许朗，2009）。其中，农业科技院所在承担科技供给的同时，在纵向上不断开展农业科技的传播与普及工作，在横向上与涉农企业开展技术项目的合作，在创新企业生产技术的同时，不断提升其农业科技创新的综合实力。农业推广与服务组织作为连接农业科技供给方与需求方的中枢，将市场中农户的科技需求反馈给研发机构，并根据农户需求提供相关技术服务，进而提升科技创新的实际应用价值。农业科技创新主体中的涉农企业，相较于其他创新主体，得益于政策的引导、优惠与扶持，农业科技企业在农业科技创新中的地位日益凸显。农业科技企业通过自主研发、合作研发或买断农业新科技，提升其农业科技创新能力。政府作为农业科技创新的引导与监督方，为提升政策制定的科学性与合理性，在结合有关农业行政部门反馈意见的同时，通过征集农业科研机构与高等院校的项目建议，制定相关的农业科技政策。

2. 创新投入要素

农业科技创新投入要素主要是指在农业科技创新过程中所投入的各种社会资源，对于其具体构成存在广义与狭义两个层面的理解。广义上的投入要素包含人员、资金、物资、信息等（孙景翠，2011），其中，人员投入要素是指直接从事农业科技创新活动及间接为其提供服务的科研人员，且科技人员是农业科技创新中最具能动性的主导因素（武忠远，2006）；资金投入要素主要是指农业科技基础研究、应用研究中的研发经费，也包括农业科技创新成果传播的资金支撑；物资投入要素是农业科技创新开展的必要条件和硬件基础，主要指为农业科技创新提供支撑的实验平台、设备仪器等各种有形物质资源的综合；信息投入要素主要指农业科技创新主体在其创新过程中对内、对外收集、整理获取的各类知识、情报等资源。

狭义的投入要素主要是指人员与资金两项投入，两者是农业科技创新过程中最基本的投入要素。具体而言，人员投入要素主要是指农业科技创新过程中农业技术人员、农业研发人员、农业科技活动人员、农业科学家及工程师等；按照其执行部门可将其划分为研究机构研发人员、企业研发人员、高校研发人员和其他组织研发人员四类。就资金投入要素而言，按照其经费来源分为政府研发经费支出与非政府机构研发经费支出（企业研发经费支出、个人研发经费支出），当然部分经费来源也涉及国外研发经费支出和其他研发经费支出等（赵永辉、高金领，2009）；按照活动类型可分为基础研究研发经费、应用研究研发经费及试验发展研发经费三类（王孟欣、王俊霞，2008）。

3. 创新产出要素

农业科技创新产出可以作为鉴定农业科技创新成功与否的直接观测指标，对农业科技创新成果评估至关重要，主要包括农业科技创新过程中创造出的各种有形的物质产出及各种无形的知识与服务产出。与此同时，农业科技创新产出具有双重属性，既可以直接用于消费，又可以作为投入要素用于下一步的生产应用。沿用国家主体性科技计划的统计口径，农业科技创新的产出可直接表现为专利申请与授权情况，论文与科技著作发表情况，课题及项目完成情况；在创新过程中取得的新产品、新材料、新工艺和新装置等；间接产生的农业科技人才培养与引进交流、成果转让、新增产值、净利润额、实缴税金、出口额及国家科技奖励等。

需要特别说明的是，农业科技创新产出的专利成果是农业科技创新成果的重要组成部分之一，结合当前知识经济发展的大背景，加之跨国农业企业的不断发展，农业生产国际竞争不断加剧。基于此，运用农业知识创新，尤其是知识产权等武器保护农业科技创新中的知识创新成果显得尤为重要。此外，考虑到农业生产活动中种子育种研发对农业生产的重要性，本研究以植物新品种为例，探讨农业知识产权创新的优化机制及政策提升策略，有利于确保农业科技创新中以植物新品种为例的知识创新成果的安全性，进而提升我国农业科技创新能力，增强农业的国际竞争力。

（四）农业科技创新的基本模式

基于前文对农业科技创新内涵的界定，对其投入与产出要素的分析及对其特点的归纳总结，结合农业科技创新的过程及现行农业科技创新的发展概况，将我国农业科技创新诱导驱动因素划分为计划驱动模式、市场驱动模式和混合驱动模式三种类型。①

1. 计划驱动模式

顾名思义，计划驱动创新模式下，农业科技的选取与配置均由政府主导安排。比如，以农业科研机构与高等院所为例，作为农业科技创新的重要主体之一，科研经费在很大程度上由政府投资扶持，因此，在具体农业科技研发过程中，其部分农业科研活动是依照政府有关计划开展，成果多由政府构建的农业科技推广组织进行传播。正如前文所述，农业科技创新具有周期长，过程复杂，风险高等一系列特点，促使了计划驱动模式的产生，即计划与行政力量主导并支配农业科技创新的全过程。事实上，计划驱动模式的存在具有一定的必要性，比如，农业科技创新活动在政府支持下能更为有效地整合所获取的各方资源，当计划十分吻合经济发展需要时，该模式可以提高农业科技创新的效率，继而提升农业生产管理的水平，甚至对整个农业技术体系产生变革性的作用。此外，由于农业科技创新中基础性研究的周期较长、投入较高，企业等创新主体不愿意从事此类科研活动；然而，计划驱动模式却十分注重农业科技创新中的基础性研究，并确保其创新活动的高效开展。因此，在一定程度上，计划驱动模式适用于具有较强外部性和公共物品属性的科技项目。

2. 市场驱动模式

开展农业科技创新活动的目的之一是满足农户农业生产活动的需求，而市场在连接农户需求与企业科技创新成果供给中起到了不容小觑的作用，特别是当政府调节对农业科技创新作用不明显时，更需要市场机制对其进行调控，因此，市场驱动模式应运而生。实质上该模式强调农业科技创新始于市场需求，且企业是农业科技创新的重要主体。在市场经济中，农业生产过程中产生的科技需求诱

---

① 纪绍勤：《我国农业科技创新体系研究》，博士学位论文，中国农业科学院，2005年。

导创新主体开展相应的理论研究与技术攻关,从而形成市场针对性较强的农业科技创新成果。该模式中创新主体在经济利益驱动下具有较强的积极性与创造力,有利于形成市场导向下的自主创新、自负盈亏与自我发展的良性创新体制(陈会英、周衍平,2002)。然而,由于企业以经济利润最大化为目的,因此,在市场选择与调节下,部分经济效益不显著且外部性较强的农业科技创新研究易受到忽视,不利于农业科技创新的均衡、持续发展。

3. 混合驱动模式

由前文分析可知,计划驱动模式下农业科技创新由政府主导,且该模式适用于具有较强外部性和公共物品属性的科技项目;而市场驱动模式,以企业为创新主体,偏好创新周期短且收益回报高的应用型研究,因此,计划驱动模式与市场驱动模式在一定程度上不利于农业科技创新的持续健康发展。基于此,混合驱动模式应运而生,且该模式具有计划与市场两种资源配置手段相互结合的特点,其具体创新途径包括以下两点:其一,政府部门根据市场与社会发展需要制订并发布国家科技创新计划,创新主体可根据市场行情,并结合自身条件自主承接相应的项目计划;其二,科技创新主体自主拟定农业科技创新项目并向政府部门提交申请,若申请成功则该项目被列入国家农业科技创新计划并获得一定的资助。

混合驱动模式兼有计划驱动模式与市场驱动模式的优点,既发挥了创新主体的主观能动性,提升了农业科技创新的效率,又兼顾了基础性研究及其他外部性较强的科技项目的开展。因此,现有的国家科技计划,如973计划、国家科技支撑与科技攻关计划、国家自然科学基金项目以及863计划,均广泛采用混合驱动模式。[①] 基于此,混合驱动模式成为我国最主要的农业科技创新模式,但是该模式下企业由于逐利性和相对弱势的主体地位,其申请或承接国家科

[①] 徐建国、吴贵生:《国家科技计划与地方科技计划关系研究》,《中国科技论坛》2004年第5期。

技计划的数量远不及国家科研机构和高等院校，类型上也多以商业化技术应用型研究为主。因此，企业在整个农业科技创新中主体作用并不凸显，但企业科技创新的实力不容忽视，其对农业科技创新的发展至关重要。当然，上述种种也是我国政府出台文件强调增强企业农业科技创新主体地位的重要原因之一。

二 农业知识产权创新的相关概述

随着科技在农业生产领域的逐步渗透及不断发展，农业综合生产能力得到了很大的提升。此外，随着知识经济的发展，知识产权已然成为农业发展的重要战略资源并逐渐发挥着重要的作用。就农业科技创新而言，对农业科技知识产权成果的保护十分必要，主要原因在于农业科技知识产权保护是对人类农业智力成果，即农业科技创新成果的肯定与支持，恰当的发挥农业知识产权在农业科技创新中的作用，有利于提升我国农业在市场经济中的核心竞争力，稳固其在国际贸易中的地位与优势，进而促进农业持续健康的发展。

（一）农业知识产权的内涵

1. 知识产权

知识产权，又称知识所属权、智力成果权，狭义上是指依照法律赋予权利人对其创造的劳动智力成果在一定时间内所享有的专有权或独占权。[①] 广义上的知识产权定义将其客体延伸至信息，认为知识产权是民事主体对所拥有的、支配其创造性智力成果、商业标志以及其他具有商业价值的信息排斥他人干涉的权利。[②] 基于上述定义，知识产权的权能，即权利与内容，主要包括四个方面：（1）控制权。控制权是指权利人控制其权利保护对象的权利，它是行使其他权利内容的基本前提。（2）使用权。使用权是指权利人有使用其权利保护对象的权利，该权利可由权利人授权于他人。（3）处分权。

[①] 郑思成：《知识产权法教程》，北京法律出版社1993年版，第1页。
[②] 张玉敏：《知识产权的概念和法律特征》，《现代法学》2001年第5期。

处分权是指权利人具有按照自己意愿处置其已有权利的权利,包括设定质权、许可他人使用、转让及抛弃等权利。①(4)收益权。收益权是指权利人通过使用或处分其知识产权,获得财产收益的权利。

就知识产权的类型与范围而言,国际上的《世界知识产权组织公约》(以下简称"WIPO 公约")及《与贸易有关的知识产权协议》(以下简称"TRIPS 协议")对知识产权的类型与范围有着较为权威的规定。其中,WIPO 公约将知识产权列举为著作权、邻接权、发现权、外观设计权、商标权、商号权、反不正当竞争权和其他八类;TRIPS 协议中知识产权的范围包括版权与邻接权、商标权、地理标志权、工业品外观设计权、专利权、基础电路布局设计权、未披露的信息专有权七类。②③1986 年我国在《中华人民共和国民法通则》(以下简称《民法通则》)中首次以立法形式承认、界定并保护知识产权,并将其范围划分为专利、商标和版权三个方面。随着相关立法的不断完善,我国知识产权的范围得到不断地完善及拓展,目前已涵盖了著作权、专利权、商标权、地理标志权、商号权、其他商业标志权、植物新品种权、商业秘密权、集成电路布局设计权、反不正当竞争权、科学发现权、发明权、其他科技成果权以及关于传统知识的权利等。④

就知识产权的性质而言,主要可以从以下两个方面进行概述:其一,就知识产权的法律属性而言,它是一种民事权利。⑤无论是我国的《民法通则》还是国际上的 TRIPS 协议,均认定知识产权为

---

① 郝东升、王晓漫、王晓红:《知识产权的涵义及其法律特征》,《青年与社会:中外教育研究》2009 年第 12 期。

② 丁国卿:《论我国农业知识产权的法律保护》,《中小企业管理与科技》(上旬刊)2011 年第 8 期。

③ 关永红:《论知识产权权利体系的解构与重构》,《学习与探索》2012 年第 2 期。

④ 宋敏:《农业知识产权》,中国农业出版社 2010 年版,第 1—20 页。

⑤ 王晨雁:《对知识产权概念的质疑与反思》,《福建论坛》(人文社会科学版)2005 年第 9 期。

"私权",其产生、行使、保护、变更和终止应适用于民事法律的基本原则与基本制度。其二,就其物质属性而言,知识产权是一种无形财产权。① 知识产权的客体,即智力成果、商业标识及其他有价值的信息都属于无形的知识财产,因此,相比以动产或不动产为客体的有形财产权,知识产权的行使不能通过对其实施有形控制或占有而实现,行权过程中既不会发生有形损耗,又不会发生因知识产品消灭带来的事实处分和有形交付带来的法律处分。② 此外,基于上述论述,相对有形财产权而言,对知识产权的许可使用不受次数的限制。

2. 农业知识产权

类似于工业知识产权的定义,农业知识产权是指公民依法对其在农业生产与研究中的智力成果和商业标志享有的一系列权利的总称。③ 基于大农业的定义,农业知识产权涉及农业各个行业的产前、产中与产后的服务。因此,农业知识产权涵盖了工业知识的所有类型,但又有所侧重,并在以下五种类型中表现出较为明显的涉农特性:(1) 植物新品种权。该产权是指植物新品种所有人对其获权的品种,依法享受生产、销售及使用,并进行品种繁殖的专有权。④ (2) 涉农专利。此专利是指对创造性的农业生产方法和除动植物品种以外的农业生物材料所享有的专有权。(3) 农产品地理标志。由于农产品品种及其相关特征与其所在区域的自然及社会环境密切相关,并基于此形成了农产品地理标志。实质上,农产品地理标志是

---

① 张勤:《论知识产权之财产权的经济学基础》,《知识产权》2010 年第 20 卷第 4 期。

② 周安平、陈庆:《论知识产权的二阶性与知识产权请求权——基于"Idea—IP—IPRs"框架的分析》,《知识产权》2012 年第 8 期。

③ 张文珠、李加旺:《中国农业知识产权保护的现状与对策》,《中国农学通报》2003 年第 19 卷第 3 期。

④ 赵桂民、封娟:《我国植物新品种知识产权刑事保护研究》,《2008 第二届中国法治论坛会议论文》,2008 年。

用于标志农产品特有的产地属性,并以该地域冠名的特色农产品标志。①(4)农业商业秘密。农业商业秘密主要是指相关单位或个人对其拥有的、不宜公开且具有一定商业价值的农业技术信息和生产经营信息所享有的专有权。(5)农业传统知识。农业传统知识是人类在其长期的生产实践过程中创造的传统性知识、技术、诀窍和经验的总和,如中医、农作物传统种植方法、农副产品传统配方等;虽然不适用现行的知识产权法律制度,但仍属于农业知识产权的概念。②

(二)农业知识产权的特征

农业知识产权作为知识产权一个重要的子类,具备知识产权的无形性、专有性、地域性和时间性等一般特征。③与此同时,农业知识产权也有其与众不同之处,主要体现在涉农性、生物性、广泛性、易受侵犯性、不确定性与风险性五个方面。

1. 涉农性

农业知识产权是面向农业领域的知识产权,所涉及的权利客体都是农业领域中的智力成果、商业标识及具有价值的信息。④换言之,只要知识产权的规制对象或者客体归属农业领域,我们即可将其归类于农业知识产权。此外,相较于一般知识产权的主体,农业知识产权的权利主体具有明显的涉农性,其权利人主体一般包括农民专业合作组织、行业协会、农业科研机构、种子企业、从事农业育种或栽培的专业技术人员,甚至包括部分普通农户等。

---

① 杭冬婷:《基于农产品地理标志的农业产业集群发展探析》,《中国经贸导刊》2011年第6期。

② 宋敏:《农业知识产权》,中国农业出版社2010年版,第1—20页。

③ 赵喜仓、单兰倩:《我国农业知识产权综合评价指标体系研究》,《科技管理研究》2013年第33卷第4期。

④ 丁国卿:《论我国农业知识产权的法律保护》,《中小企业管理与科技》(上旬刊)2011年第8期。

2. 生物性

区别于工业知识产权客体多以工业品为载体的属性，农业知识产权的客体多附着于具有生命特性的生物介质上。① 这些生物材料不仅受人为定向控制的影响，其自身还具有一定的生物活性，如自我繁殖与变异，尤其在本书研究的植物新品种上表现尤为突出。从生物属性看，植物新品种多是基于已有的植物品种材料，在无人为干扰的自然条件下，原有植物品种通过自身繁殖、变异等有可能演化出新的植物品种。此外，虽然相对于人为干预的植物新品种的属性，上述新品种属性具有一定的不稳定性，但不可否认，这种植物新品种产生的方式确实是真实存在的。除此之外，在多变的自然环境下，农业知识产权载体的生物属性使该产权具有一定的不稳定性，比如，即便是通过认定的植物新品种，在认定之后也有可能发生原有特性、性状的改变。当然，我们有相应的法规处置这种变异品种，即将其归纳到非植物保护品种中，与此同时，相应的权利人不再享有对此品种的独占权。

3. 广泛性

广泛性主要是指农业知识产权的类型及范围较为广泛，在基本涵盖传统知识产权所有类型的同时又有所侧重。作为农业知识产权客体的农业智力成果，其相应的产权类型既包括传统知识产权范围内的版权、商标权、商号权、地理标志权、其他商业标志权、商业秘密权、专利权、防不正当竞争权、科学发现权和发明权等，又包括非现代知识产权法律框架内的传统知识等。与此同时，农业知识产权又侧重于与农业知识和信息密切相关的知识产权类型，比如农业专利、农产品地理标志及植物新品种权等。

4. 易受侵犯性

作为受农业知识产权保护的农业科技创新成果，在其研发与推

---

① 王冬冬、王文昌：《农业知识产权的定位及界定标准》，《山西农业大学学报》（社会科学版）2012 年第 11 卷第 11 期。

广过程中，有相当比例的农业科技创新活动在野外开展，即在田间地头通过实验研究展开；此外，当获得农业科技创新成果时，其成果的商业化试点与推广也多委托他人，由具体从事农业科技推广与服务的组织开展。因此，在一定程度上权利人难以完全有效地控制整个农业科技创新过程，致使部分创新成果易被他人盗取或者非法使用。在后期的追责维权方面，由于农业知识产权的载体多为活性的、具有季节性的生物材料，在案件起诉、证据采样与保全方面存在一定困难，加之对样本的判定需专业人士的配合，因此，农业知识产权不仅具有易受侵犯性，而且在侵权认定上也存在一定的困难。总之，上述论断从侧面反映出运用农业知识产权对农业科技创新成果进行保护的必要性。

5. 不确定性与风险性

农业科技创新具有周期长且过程复杂的特性，易受研究人员、技术、资金等投入因素和气候、地形、土壤、水文、生物等自然因素的综合影响，加之生物属性的多样性、可变异性等特性，导致作为农业知识产权客体的农业科技创新成果在研究开发过程中具有一定的不确定性，存在一定的风险性。此外，基于农业生产活动具备自然再生产与经济再生产交织的特点，因此，基于农业生产的农业知识产权在价值衡量上也存在一定的困难，增加了司法实践中农业知识产权侵权事件的频率与数额。除此之外，价值标准的不确定性及侵权人侵权成本远低于其申请获权的成本，也在一定程度上加剧了农业知识产权被侵权的风险。

(三) 农业知识产权的经济作用

1. 促进农业科技创新

我国农业的发展离不开科技创新的贡献，尤其在当前农业生产资源约束不断加大的背景下，我国农业产量连续多年的持续增长更是得益于农业科技创新的发展及应用。资料分析显示，2015年仅在粮食生产增长、农业结构调整以及农业发展方式转变等方面，农业科技进步贡献率超过 56%。① 农业知识产权以合法手段将农业知识财富"私权化",并通过赋予农业知识生产者对其成果在一定期限内商业利益的独占权,借由"垄断市场"回收其创新成本并形成丰厚的利润。换言之,农业知识产权的形成是对农业科研工作者的肯定及激励。此外,面对中国农业发展环境与资源的双重约束,在完善市场驱动和农业知识产权的激励制度下,农业生产会要求农业科技不断创新以适应新形势下农业发展的需要。因此,在当前知识经济全面发展及全球经济一体化的背景下,如何运用农业知识产权保护农业科技创新成果,进而促进其成果的有效应用就显得尤为重要。

2. 推动农业科技成果转化

知识产权制度下,知识财产借助市场制度得以有效的产权界定并作为商品在市场内进行交换,促使市场经济性诱导下的科技信息能够实现有效推广与传播。农业知识产权制度的确立能够将具有明显外部性的农业科技创新成果产权化,使商品化的农业科技成果通过有偿使用、转让和作价投资入股等途径转化为现实的生产力,而基础性的科技成果可通过合作研究产生新的科技成果,之后将其知识产权化并运用于农业生产之中,进而推动农业的现代化进程。②

3. 促进农业产业发展

得益于多样性的自然环境和悠久的栽培历史,中国形成了许多独具地域性的特色农产品,其中,农产品商标与农业地理标志战略在挖掘、培养与发展我国丰富的特色农产品产业方面具有独到的价值。③ 以商标或者地理标志为纽带,可将农户、农业合作组织及农业龙头企业有机结合,实现农业生产经营的产业化与规模化,进而提

---

① 《农业科技进步贡献率已超五成》2015 年 12 月 27 日,人民网,http://politics.people.com.cn/n1/2015/1227/ c1001-27980641.html,2016 年 1 月 28 日。

② 伍莺莺:《农业知识产权法律保护对策探析——以农业知识产权在生产实际中的应用为视角》,《农业科技管理》2010 年第 29 卷第 2 期。

③ 陈思、杨敬华、侯丽薇、任爱胜:《欧盟农产品地理标志登记保护制度分析》,《经济研究参考》2012 年第 11 期。

高农业效益,实现多方共赢。在龙头企业、农业合作社等组织的带领下,通过对其农业知识产权的集中授权、许可使用等组织分散农户开展规模化生产,进而推动农业产业的发展。

4. 提高农业市场竞争力

知识经济下市场的竞争日益表现为知识产权的竞争,一个经济体的竞争能力、经济实力等在很大程度上取决于其拥有的知识产权的数量与质量。以农业地理标志为例,地理标志产品本身的强制性国家标准是对其产品质量的保障,[①] 并且我国对于活动地理标志的农产品在检验、检疫与海关放行等方面均制定了许多优惠的政策,同时对假冒地理标志产品的行为也予以主动打击,这对提高我国农产品的品牌价值、扩大农产品出口具有重要意义。我国农业知识产权尽管起步较晚,但涉农专利、植物新品种权及农产品地理标志等知识产权保护对我国农业竞争力的提升已初显效果,伴随着相关制度的不断完善,农业知识产权将获得更大的发展空间。[②]

三 农业植物新品种创新的相关概述

(一) 植物新品种的概念及特征

依据《中华人民共和国植物新品种保护条例》的界定,植物新品种是指经过人工培育的或者对发现的野生植物加以开发,具备新颖性、特异性、一致性与稳定性,并有适当命名的植物品种。[③][④] 因此,植物新品种具有三个方面的实质性特征:一是特异性,是指该品种明显有别于现有的植物品种。其差异既可以是资料特征与特性

[①] 全永波、奚安娜、熊良敏:《海水产品地理标志保护的制度模式与对策思考》,《改革与战略》2009年第25卷第5期。

[②] 杨桔、万青、康愿愿:《农业知识产权保护对中国农业竞争力的贡献检验(1985—2011)》,《中国农学通报》2014年第17期。

[③] 王明琴:《入世后我国种业的法制化管理》,《农业经济问题》2003年第2期。

[④] 负苗苗:《完善我国植物新品种保护制度的研究》,硕士学位论文,吉林财经政法大学,2014年。

的差异，如颜色、花型及种子性状等，也可以为数量特征、特性的差异，如叶片数、株高、叶片长短等；二是一致性，是指该品种经繁殖后，除可预见的变异外，其相关特征均保持一致，其中，可预见的变异主要是指受外界环境因素影响下的品种特性或特征产生的变异；[①] 三是稳定性，是指该品种生物属性较为稳定，即经过实验考察或一定的生长周期，其特性仍保持相对稳定。

（二）植物新品种申请与授权流程

目前我国已经形成了包括"三法"和"三例"在内的知识产权保护体系（见图2-2），其中，"三法"是指《中华人民共和国专利法》《中华人民共和国商标法》以及《中华人民共和国著作权法》，"三例"则由《中华人民共和国植物新品种保护条例》《中华人民共和国集成电路布图设计保护条例》以及《中华人民共和国计算机软件保护条例》构成。事实上，目前我国知识产权保护体系已粗具规模，在促进我国经济发展中发挥了不可小觑的作用；然而，就其内容及构成而言，保护条例仍然占据了50%的比例，加之知识产权保护条例的法律约束明显小于《中华人民共和国专利法》《中华人民共和国商标法》以及《中华人民共和国著作权法》等知识产权法；因此，我国知识产权保护制度仍有很大的完善空间。

如图2-2，目前我国已经构建了较为完善的知识产权保护制度体系，其中植物新品种保护体系构建基础也初步形成，包括从中央到地方的不同部门及不同行业的植物新品种保护条例或规定。具体而言，20世纪90年代末《中华人民共和国植物新品种保护条例》（以下简称《条例》）颁布后，农业部便依据对《条例》的解读，并结合农业植物新品种的培育特性，制定《中华人民共和国植物新品种保护条例实施细则（农业部分）》《农业植物新品种权侵权处

[①] 陈晓妮、田源：《林业植物新品种保护管见》，《甘肃林业科技》2002年第27卷第2期。

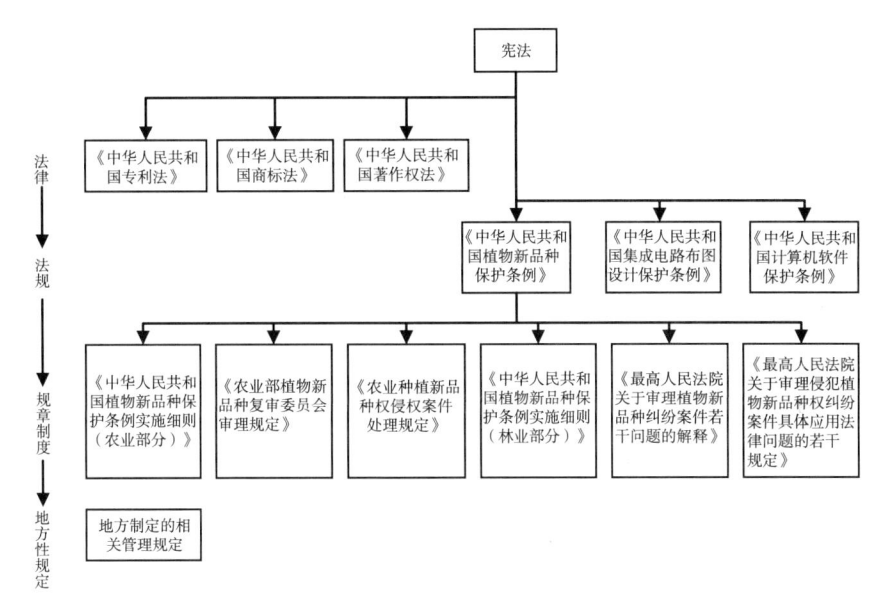

```
                            宪法
                             │
      ┌──────┬──────────┬────┴────────┐
      │      │          │             │
  《中华人民  《中华人民  《中华人民共和   │
  共和国专利  共和国商标  国著作权法》    │
  法》       法》                      │
                                      │
              ┌───────────────────────┼───────────────┐
              │                       │               │
         《中华人民共和          《中华人民共和      《中华人民共和
         国植物新品种          国集成电路布图      国计算机软件
         保护条例》            设计保护条例》      保护条例》
              │
   ┌──────┬───┼────┬──────┬──────┬──────┐
   │      │   │    │      │      │      │
《中华人民 《农业部植 《农业种植 《中华人民共 《最高人民法院 《最高人民法院
共和国植物 物新品种复 新品种权侵 和国植物新品 关于审理植物新 关于审理侵犯植
新品种保护 审委员会审 权案件处理 种保护条例实 品种纠纷案件若 物新品种权纠纷
条例实施细 理规定》  规定》   施细则（林业 干问题的解释》 案件具体应用法
则（农业部                   部分）》                     律问题的若干
分）》                                                   规定》

地方制定的相
关管理规定
```

（左侧纵向标注：法律 → 法规 → 规章制度 → 地方性规定）

图2-2 植物新品种保护制度与知识产权制度体系

理规定》等规章；[①] 与此同时，基于对《条例》的分析与学习，国家林业局在结合林业植物新品种属性的基础上，也制定了《中华人民共和国植物新品种保护条例实施细则（林业部分）》。

此外，需要特别注意的是，随着知识经济的发展及全球经济一体化进程的不断推进，跨国农业企业不断渗透到我国现行的农业生产发展中。虽然传统农业在借鉴与模仿外来技术的同时获得一定的发展，但不可否认，我国农业生产也面临巨大的挑战，比如，农业生产活动中的知识侵权事件屡见不鲜。基于此，《最高人民法院关于审理植物新品种纠纷案件若干问题的解释》《最高人民法院关于审理侵犯植物新品种权纠纷案件具体应用法律问题的若干规定》等制度应运而生，[②] 与此同时各省份陆续出台了相关的管理与规定。但是，

[①] 杨旭红：《澳大利亚〈植物育种者权利〉的特点及与我国〈植物新品种保护条例〉的异同》，《知识产权法研究》2005年第2卷第1期。

[②] 负苗苗：《完善我国植物新品种保护制度的研究》，硕士学位论文，吉林财经政法大学，2014年。

正如前文的分析，植物新品种保护条例只是隶属于我国农业知识产权法中的条例部分，在法律效力方面，我国植物新品种保护体系建设仍有很大的发展空间。

就植物新品种的审批机构而言，依照现行相关植物新品种保护法规与《条例》的规定，植物类型被划分为农业植物新品种类型与林业植物新品种类型两类，分别交由国务院农业、林业行政部门负责其相应的新品种权申请的受理、审查与授权。[①] 具体而言，农业部门主要负责农作物、草本花卉与果树（不含干果）等植物，林业部门主要负责林木、木本花卉和干果等植物。实质上，植物新品种的认定、复审、保护等工作主要由相应的（农业部或林业局）植物新品种保护办公室负责；与此同时，县级以上农业与林业部门通过组建相应执法保护机构打击侵权与假冒品种权行为。法院也设立了品种权司法保护体系，市场环境下的相关中间机构也开展品种权的代理、咨询与信息等服务，自律性维权组织也相继出现。总之，目前我国已经形成了包含多个主体（不同等级管理机构与行政单位、不同性质组织与服务机构）的植物新品种保护体系。

此外，基于国家林业局植物新品种保护办公室的资料，可以绘制出我国植物新品种权申请与授权的详细流程（见图2-3）。具体而言，由申请人向审批机构提出品种权申请而启动植物新品种审批程序，自提交申请文件后，历经形式审查、受理申请、初步审查、实质审查、授权并登记公告等环节。除此之外，依据所申请植物品种的属性，部分新品种在经历了实质审查后，还要经历实验生产检验的环节，以确保申请品种的稳定性与一致性。对于获得授权的植物新品种，除其他原因导致品种权转移或失效外，权利人对于藤本植物、果树、林木和观赏植物等品种权享有的保护期为20年，其他植

---

① 杨旭红：《澳大利亚〈植物育种者权利〉的特点及与我国〈植物新品种保护条例〉的异同》，《知识产权法研究》2005年第2卷第1期。

物类保护期为 15 年。① 需特别说明的是，本书不再展开论述植物新品种申请与受理的具体细则，详情请参阅《条例》第四章与农林业植物新品种保护的《实施细则》。

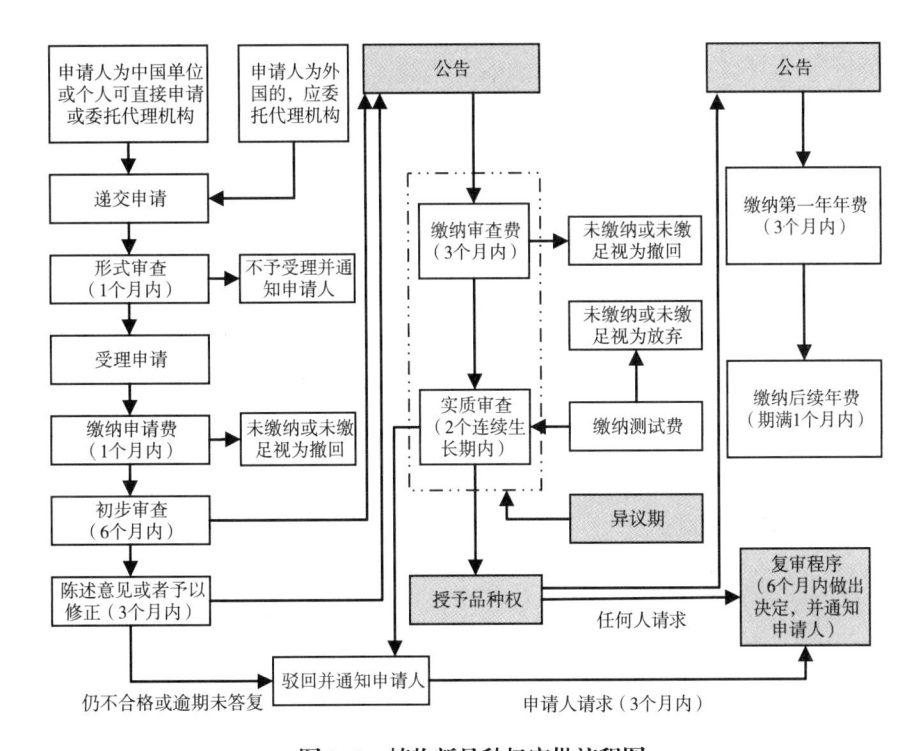

图 2-3 植物新品种权审批流程图

资料来源：国家林业局植物新品种保护办公室资料，由笔者整理所得。

第二节 农业知识产权创新的现实必然性

前文界定了农业知识产权创新的相关概念，并对相关机理进行分析。此外，基于农业生产的约束条件，研究论述了农业知识产权

---

① 李依麦：《湖南首例侵犯植物新品种权纠纷案受到审理》，《林业与生态》2012 年第 1 期。

创新的战略意义。为了更好地剖析农业知识产权创新的作用，识别其对农业经济发展的影响，本节将通过实证分析验证农业知识产权创新与农业经济发展的关系，并利用计量经济模型估算出其对农业经济发展的影响。

一　数据处理及研究方法

（一）数据来源及处理

本书植物新品种创新主要是指申请或获取植物新品种权的多少，即主要涉及植物新品种权申请量与授权量两个方面，均来自农业部植物新品种保护办公室及农业科院农业知识产权研究中心。此外，如前文所述，就集合的包含范围而言，农业科技创新产出包括农业知识创新成果，而农业知识产权又包含植物新品种权，故植物新品种权也隶属于农业科技创新产出成果，尤其是农业知识产权创新成果，所以本书以植物新品种创新产出来概述植物新品种的申请与授权情况。

然而，就区域创新能力的量化而言，国内外许多专家利用获取专利的申请量或授权量来表示区域科技创新能力，比如，Acs 等（2002）利用专利申请量来量化区域创新能力，但他也认为该方法存在一定的不合理性，比如，专利不能囊括所有的创新，也不能反映创新程度的差异等。[①] 因此，部分学者（Jaffe et al., 1993; Brian, 2001; Bode, 2004; 李习保, 2007; 魏守华等, 2011）认为专利授权量可以更好地体现区域的创新能力。鉴于此，本书也用植物新品种权，即其申请量与授权量来量化农业知识产权中植物新品种创新。需要特别说明的是，由于植物新品种申请具有一定的周期性，且其授权数量能较为真实地反映品种权人的获权数量与质量，所以，书中植物新品种创新（能力）并不是其相应申请量与授权量的简单加

[①] 王宇新、姚梅:《我国省域间技术创新能力的不均衡：2006—2008》,《中国科技论坛》2011 年第 7 期。

总，而是在结合我国植物新品种申请量与授权量时序特征的基础上，通过对二者进行加权平均获得。

具体而言，植物新品种创新（x），以植物新品种权来量化，以农林牧副渔大农业生产总值（y）表示农业经济发展水平。在数据处理时，一方面，为了消除价格波动对经济发展的影响，将农业生产总值全部换算为1998年不变价。选取1998年作为基期的原因在于，虽然1997年我国颁布了《中华人民共和国植物新品种保护条例》，但直至1999年，中国才加入UPOV，因此，折算为1998年的不变价有利于确保数据的完整性和有效性。另一方面，为了减少数据的异方差性和波动性，对变量进行对数化处理，这样既可以增加数据的平稳性，又不会影响变量之间的协整关系，[1] 对数化之后的变量，分别记为$\ln y$和$\ln x$。

（二）主要研究方法

就建模过程而言，基于时间序列数据建模方法（易丹辉，2011；于俊年，2009；李子奈、潘文卿，2005），在对变量进行建模之前，需利用单位根检验法（unit root rest）检验变量的平稳性；若变量属于同阶单整，则可验证变量是否存在协整关系；若变量之间存在协整关系，方可验证变量之间是否存在因果关系。层层检验的原因在于若变量属于非平稳序列，则易出现虚假回归或伪回归的现象，即模型回归可能具有较高的可决系数，但易出现与现实经济意义不符的结果。因此，在量化植物新品种创新对农业经济发展的影响时，必须如上所述进行变量的平稳性检验。

此外，基于植物新品种创新产出数据的特征，即品种权的申请周期较长，可能会出现本期申请，次年获权的现象，加之品种权的持有具有一定的年限限制，因此，前期获权品种可能对后期经济发展产生影响。鉴于此，在量化植物品种创新对农业经济发展的影响

---

[1] 陈祺琪、张俊飚：《农业科技人力资源与农业经济发展关系分析》，《科技管理研究》2015年第35卷第13期。

时，可初步假定模型中存在植物新品种创新的滞后变量。然而，并不能直接判定其具体滞后期数及滞后期植物新品种创新对农业经济发展是否具有正向作用力。因此，需要构建分布滞后模型，并借助阿尔蒙（Almon）多项式法确定自变量的滞后期数，继而利用普通最小二乘法（OLS）估计参数。实质上阿尔蒙法就是通过定义新变量，减少解释变量个数，以确保模型的自由度（李子奈、潘文卿，2005），主要包括以下两个步骤。

第一，构建分布滞后模型Ⅰ（式2-1）。

$$\ln y_t = \alpha + \sum_{i=0}^{n} \beta_i \ln x_{t-i} + \mu_t \qquad (2-1)$$

其中，i 表示滞后期，t 表示年份，文中研究年限为 2002—2014 年，需要特别说明的是，序列起始年份选为 2002 年的主要原因在于，下文对省域收敛性进行估算时，1999—2001 年省域数据存在大量空值，为了行文上下保持一致，确保数据的有效性和完整性，故研究期选为 2002—2014 年。此外，依据阿尔蒙变换，假定回归系数 $\beta_i = \sum_{k=0}^{m} \alpha_k (i)^k$，$i = 0, 1, \cdots, n$，且 $m < n$，主要原因在于根据阿尔蒙法，当 $m < n$ 时，有利于确保模型自由度，缓解模型多重共线问题。

第二，根据 $\ln y$ 和 $\ln x$ 的自相关系数可知，变量在滞后 2 阶或 3 阶后，可趋于平稳，但在阿尔蒙法中，一般情况下 $m = 2$，为了满足 $m < n$ 的条件，故模型滞后期为 3，则

$$\beta_i = \sum_{k=0}^{2} \alpha_k (i)^k = \alpha_0 + \alpha_1 i + \alpha_2 i^2, i = 0, 1, 2, 3 \qquad (2-2)$$

此时，将式（2-2）带入模型Ⅰ，可得模型Ⅱ，具体如式（2-3）所示：

$$\ln y_t = \alpha + \alpha_0 v_{0t} + \alpha_1 v_{1t} + \alpha_2 v_{2t} + \mu_t \qquad (2-3)$$

其中，$v_{0t} = \sum_{i=0}^{3} x_{t-i}$，$v_{1t} = \sum_{i=0}^{3} (i) x_{t-i}$，$v_{2t} = \sum_{i=0}^{3} (i)^2 x_{t-i}$。继而运用 OLS 估算模型Ⅱ（式2-3）中的参数 α_k，并将其带入式（2-2），即

可获得 β_i 的值；然后将 β_i 值带入分布滞后模型 I（式2-1），即可估算出植物创新能力对农业经济发展的影响。

二 实证分析

(一) 关系识别

1. 平稳性检验

基于上述方法，对植物新品种创新（$\ln x$）和农业生产总值（$\ln y$）进行单位根平稳性检验，结果如表2-1所示。其中，原始序列 $\ln y$ 的 ADF 统计值为-21.8507，远小于1%的临界值-5.5219，且 P 值小于1%，因此，可以在1%的置信水平下拒绝原假设，即判定 $\ln y$ 属于平稳序列。同理，根据 $\ln x$ 的 ADF 统计值和 P 值，可得出 $\ln x$ 亦在1%的置信水平下属于平稳序列。故原始序列 $\ln y$ 和 $\ln x$ 均属于同阶单整序列，可进行下一步的检验。

表2-1　　　　　　变量的单位根检验结果

变量	检验类型 (I, T, L)	ADF 统计量	1% 临界值	5% 临界值	10% 临界值	P 值	结论
$\ln y$	$(I, T, 3)$	-21.8507	-5.5219	-4.1078	-3.5150	0.0001	拒绝原假设*
$\ln x$	$(I, T, 0)$	-5.4929	-4.9923	-3.8753	-3.3883	0.0051	拒绝原假设*

注：①检验类型 (I, T, L) 分别对应截距项、趋势项与滞后阶段，且滞后阶数是在结合自相关函数检验的前提下，由 AIC 和 SC 最小准则确定；②*表示在1%的置信水平下拒绝原假设，即序列平稳。

2. 协整分析

基于上述平稳性检验结果，以 $\ln y$ 为因变量，$\ln x$ 为自变量，进行 OLS 回归，可得协整方程（式2-4），

$$\ln y = 7.6569 + 0.3472\ln x + e \qquad (2\text{-}4)$$

T 值　　（22.2913）（6.7656）

P 值　　（0.0000）（0.0000）

$R^2 = 0.8062$　　$\overline{R^2} = 0.7886$　　$F = 45.7735$　　$D.W. = 1.0405$

分析协整方程回归结果，由 R^2 和可调整的 R^2 的值可知，方程回归

结果较好；从变量的 T 值和 P 值看，常数项 C 和 $\ln x$ 均通过 1% 的置信水平检验；此外，结合检验指标 F 值及 $D.W.$ 值可知，模型（式2-4）整体模拟结果良好。因此，可基于模型（式2-4），检测变量间的协整关系。通过变换式（2-4），可得到残差 e 的表达式

$$e = \ln y - 7.6569 - 0.3472\ln x \tag{2-5}$$

对残差 e 进行单位根检验，结果如表2-2所示。残差 e 的 ADF 统计值为-6.0797，远小于1%置信水平下的临界值，故可拒绝原假设，判定残差 e 在1%的置信水平下属于平稳序列。即 $\ln y$ 与 $\ln x$ 存在协整关系，植物新品种创新对农业经济发展的弹性为0.3472，其经济意义可解释为，2002—2014年当植物新品种创新增加1%时，农业生产总值约增加0.35%。

表2-2　　　　　　　　残差 e 的单位根检验结果

变量	检验类型 (I, T, L)	ADF 统计量	1% 临界值	5% 临界值	10% 临界值	P 值	结论
e	(I, T, 3)	-6.0797	-4.9923	-3.8753	-3.3883	0.0024	拒绝原假设*

注：同表2-1。

3. 误差修正

通过协整回归，判定植物新品种创新与农业经济发展存在协整关系，即二者存在长期均衡关系。然而，现实生活中，植物新品种创新易受国际农业知识产权法规变动、国家政策导向、区域科技人力资源投入及技术吸收能力等多种因素的综合影响，因此，植物新品种创新与农业经济发展易呈现出短期动态或非均衡关系。借鉴杨传喜等（2011）的研究方法，采用误差修正模型考察变量间的短期动态关系（陈祺琪、张俊飚，2015）。主要原因在于误差修正方法将差分项引入模型，不仅可以消除模型可能存在的多重共线问题，还可以通过消除变量间的趋势因素，避免虚假回归或伪回归问题。① 经

---

① 陈祺琪、张俊飚：《农业科技人力资源与农业经济发展关系分析》，《科技管理研究》2015年第35卷第13期。

过多次模拟，建立如下 ECM 模型Ⅲ，详见式（2-6）。其中，Δ 表示差分算子，$\Delta \ln x(-1)$ 表示滞后 1 期的 $\ln x$ 的差分，$e(-1)$ 为滞后 1 期的残差值。

$$\Delta \ln y = 0.0422 + 0.0224 \Delta \ln x(-1) - 0.0156 e(-1) \quad (2-6)$$

T 值　　（22.7000）（2.4109）　　　（-0.5521）

P 值　　（0.0000）　（0.0424）　　　（-0.5960）

$R^2 = 0.5954$　$\overline{R^2} = 0.4942$　$AIC = -7.4714$

$SC = -7.3429$　$F = 5.8857$　$D.W. = 2.4557$

对误差修正模型Ⅲ（式2-6）回归结果中 R^2 和可调 R^2 的值、F 值和 D.W. 值、AIC 和 SC 值进行相应的检验可知，整体模型较为合理。从变量 T 值和通过 T 检验的概率 P 值看，常数项显著性最高，通过了1%置信水平下的检验；$\Delta \ln x(-1)$ 次之，通过了5%置信水平的检验；$e(-1)$ 显著性不明显，未通过10%的置信水平检验。究其原因可能正如前文研究方法部分所述，植物新品种创新的滞后期应该选择 3 期，但限于模型自由度的限制，模型Ⅲ（式2-6）只包含了滞后 1 期的植物新品种创新。然而，即便如此，模型中 $e(-1)$ 的符号为负值，这说明短期内，当植物新品种创新与农业经济发展发生偏离时，存在一定的调节机制使二者处于均衡状态。

4. 因果关系判定

由于前文已验证植物新品种创新与农业经济发展存在长期均衡与短期动态关系，因此，具备采用格兰杰（Granger）检验程序（格兰杰因果关系检验）的前提条件，即可进一步判断 $\ln y$ 与 $\ln x$ 是否存在因果关系，具体结果如表2-3所示。表中第1列为原假设，由于本书主要考察植物新品种创新与农业经济发展的关系，故共涉及两个变量，包含两个原假设；第2列为滞后阶段，表中滞后1阶的确定方法与前文一致，即在比较 AIC 与 SC 值基础上，经多次模拟确定；第3、4列为关系检验的统计指标，即 F 统计量和 P 值，借助这两个指标，可以很直观地判定是否拒绝原假设；表2-3中最后1列为统计检验结果,即在 5% 和 1% 的置信水平上拒绝原假设。因此,可判定 $\ln x$ 与 $\ln y$ 存在格兰杰因果关系,即植物新品种创新会影响农业经济发展,反之,农业经济发展水平的提高也会对植物新品种创新产生一定的影响。

表 2-3   Granger 因果关系检验结果

原假设	滞后阶段	F 统计量	P 值	结论
$\ln x$ 不是 $\ln y$ 的格兰杰原因	1	8.7275	0.0161	拒绝原假设 **
$\ln y$ 不是 $\ln x$ 的格兰杰原因	1	13.0816	0.0056	拒绝原假设 *

注:* 和 ** 分别表示在 1% 和 5% 的置信水平下拒绝原假设,即存在格兰杰因果关系。

(二)影响分析

由前文实证结果可知,植物新品种创新与农业经济发展存在一定的相互影响的关系。然而,二者作用力的大小,并未明确给出具体的数值,那么接下来将构建分布滞后模型,利用阿尔蒙多项式法与普通最小二乘法估算植物新品种创新对经济发展的影响力。具体而言,如前文研究方法,在确定了模型滞后期和阿尔蒙多项式变换的阶数之后,可直接利用 OLS 估算模型 II(式 2-3),继而可获得新变量 v_{mt}(m=0,1,2)系数的估计值,即 $\hat{\alpha} = 0.4042$,$\hat{\alpha}_0 = 0.2215$,$\hat{\alpha}_1 = -0.0930$,$\hat{\alpha}_2 = 0.0150$。然后将上述参数 α_k 的估计值带入(式 2-2),即可获得参数 β_i 的估计值

$\hat{\beta}_0 = \hat{\alpha}_0 = 0.2215$

$\hat{\beta}_1 = \hat{\alpha}_0 + \hat{\alpha}_1 + \hat{\alpha}_2 = 0.1435$

$\hat{\beta}_2 = \hat{\alpha}_0 + 2\hat{\alpha}_1 + 4\hat{\alpha}_2 = 0.0955$

$\hat{\beta}_3 = \hat{\alpha}_0 + 3\hat{\alpha}_1 + 9\hat{\alpha}_2 = 0.0776$

进一步地,将参数 β_i 的估计值带入模型 I(式 2-1),即可获得植物新品种创新与农业经济发展的分布滞后模型 IV,如式(2-7)所示。

$\ln y_t = 6.4042 + 0.2215 \ln x_t + 0.1435 \ln x_{t-1} + 0.0955 \ln x_{t-2} +$

$0.0776\ln x_{t-3} + \mu_t$ (2-7)

由分布滞后模型 IV（式 2-7）可知，2002—2014 年不仅植物新品种创新（$\ln x_t$）对同期农业经济发展（$\ln y_t$）具有正向影响，而且植物新品种创新滞后 1 期（$\ln x_{t-1}$）、2 期（$\ln x_{t-2}$）、3 期（$\ln x_{t-3}$）均对当期农业经济发展具有正向影响。具体而言，植物新品种创新当期及其滞后 1 至 3 期对农业经济发展的弹性系数依次为：0.2215、0.1435、0.0955、0.0776。其具体的经济意义可解释为，假定其他条件不变，当植物新品种创新提升 1 个单位时，农业生产总值将增长 0.2215；滞后 1 期的植物新品种创新增加 1%时，农业生产总值约增加 0.14%；滞后 2 期的植物新品种创新增加 1 个单位时，农业总产值增加 0.0955；滞后 3 期的植物新品种创新增加 1%时，农业生产总值约增加 0.08%。上述结论验证了模型假设，即滞后期的植物新品种创新仍会影响农业经济发展水平。

此外，需要注意的是，虽然模型 IV（式 2-7）中滞后阶段的植物新品种创新的系数均为正值，但并不意味着当植物新品种创新产出滞后期大于 3 时，其仍对农业经济发展具有正向作用。主要原因在于，一方面，相较于只含有当期植物新品种创新的协整回归方程（式 2-4），其植物新品种创新的系数为 0.3472，模型 IV（式 2-7）的植物新品种创新的系数减小了 0.1257，说明其作用力有可能被滞后期植物新品种创新分解，但结合滞后期植物新品种创新的系数可知，若增加滞后期，其系数不一定仍为正值。另一方面，植物新品种创新申请具有一定的周期，获权具有一定的维持年限，所以若滞后期增加，部分植物新品种授权可能并未获取。总结可知，上述分布滞后模型 IV 的滞后期选择较为合适，模型经济意义较为合理。

三 结论与启示

本书运用单位根检验法检验植物新品种创新与农业经济发展序列的平稳性，并利用格兰杰因果检验识别二者是否存在因果关系，最后构建分布滞后模型，利用阿尔蒙多项式法与普通最小二乘法量化植物新品种创新对农业经济发展的影响。研究发现，其一，对数化之后的植物新品种创新与农业生产总值的原始序列均属于平稳序列；其二，植物新品种创新与农业经济发展存在长期均衡关系，且植物新品种创新对农业经济发展的经济弹性为 0.3472，此外，当二者偏离均衡关系时，存在一定的协调机制，使二者均衡发展；其三，植物新品种创新与农业经济发展互为格兰杰因果关系；其四，植物新品种创新当期及滞后 1—3 期均对农业经济发展产生正向影响，且其对应弹性系数依次为，0.2215、0.1435、0.0955、0.0776。

基于上述结论，可从以下三个方面着手，提高植物新品种创新，进而促进农业经济的发展。首先，完善相关政策条例，并将之上升为法律层面，确保植物新品种创新产出的"软环境"。如前文所述，1997 年《中华人民共和国植物新品种保护条例》颁布，并于 2013 年进行修改；1999 年中国加入 UPOV，执行《UPOV 公约》；2000 年颁布了《中华人民共和国种子法》（以下简称《种子法》），《种子法》的颁布开放了地方种子市场，打破了国有种子公司垄断种子市场的局面，为有效地保护品种权、育种部门的权益和私人投资育种提供了可能。[①] 然而，与美、日、欧等发达国家和地区的相关立法相比，中国植物新品种权限制制度仍存在一系列的问题，比如，品种权限制措施不到位、限制力度不足等，[②] 因此，应结合当前农业经济发展水平，尤其是农业知识产权发展的特征与规律，完善植物新品种保护条例，并使之上升至法律层面，充分发挥其对提高植物新品种创新的正向作用。

[①] 黄颉、胡瑞法、Carl Pray、黄季焜：《中国植物新品种保护申请及其决定因素》，《中国农村经济》2005 年第 5 期。

[②] 耿邦：《美、日、欧植物新品种权限制的立法与借鉴》，《河南师范大学学报》（哲学社会科学版）2015 年第 42 卷第 1 期。

其次，完善现有植物新品种权保护体系，从数量和质量两个方面提高植物新品种创新产出，进而提升我国植物新品种创新。其一，简化植物新品种权申请与授权流程，从数量上保证植物新品种创新产出。依据《中华人民共和国植物新品种保护条例》可知，品种权的申请需经历审批机关的初步审查（6个月内完成）和实质审查，若有必要还要测试或考察品种试验成果。对于品种授权，必须满足一定的条件，比如，品种需具备特异性、一致性、稳定性等。此外，自申请人申请至品种保护期满，申请人需在申请期缴纳申请费与审查费，品种保护期限内缴纳年费，且当不符合授权条件或者后期测试失败时，授权机关不退还已缴纳费用。因此，植物新品种权申请与授权流程仍存在很大的简化空间，缩短申请与授权周期，可能会在一定程度上提高植物新品种创新产出。与此同时，应减少申请与获权期间的相关费用，特别是当申请不成功时，可适当退还已缴纳费用，以提高申请人的积极性。其二，植物新品种权的获取是农业科技创新成果转换的结果，植物新品种权的累计授权数及维持年限的增加，可从侧面反映植物新品种创新产出的质量。适当调整当前植物新品种创新主体研发重点，增加其育种研发的资金投入与技术支持，拓宽其育种研发的资金渠道，有利于增加植物新品种授权量，进而提升其累计授权量，从质量方面提升植物新品种创新产出。

最后，建立植物新品种权交易市场，提高植物新品种研发主体的知识产权意识。政府相关政策法规的完善对植物新品种创新主体的引导与激励作用较大；然而，政府调节并不能完全代替市场机制对植物新品种创新的影响，故应建立植物新品种权交易市场，充分发挥市场在植物新品种创新过程中的作用。具体而言，一是建立信息交互中枢，及时发布相关的植物新品种申请与授权情况，以减少信息不对称问题；二是培训专门的品种代理人并加强对代理机构的管理，以确保品种认证的有效性；三是设置专门的评估机构，评估品种权的市场机制,为品种权交易奠定基础;① 四是对品种权交易进行合同管理,使品种权交易有法可依;五是设置监管机构,督促品种权市场交易过程。此外,需要特别注意的是,当前侵权、假冒案件屡见不鲜,应对相关育种研发主体进行针对性的培训,并充分发挥电视、网络、手机等工具的宣传作用,提高创新主体的维权意识。

第三节 农业知识产权创新的实践现状

一 农业科技发展历程

回顾农业科技发展 60 余载的历程,自新中国成立以来,从提高农作物产量,促进科学种田的"农业八字宪法"(土、肥、水、种、密、保、管、工),到强调科技在生产力形成与发展过程中作用的"科学技术是第一生产力"的科学论断,再到用科学技术解决"三农"问题的"科技兴农"战略的实施,又到凸显农业科技地位的"农业发展的根本出路在于农业科技"的方向指引。总之,中国政府较为重视农业科技的发展,尤其注重农业科技在促进农业生产,提高农产品竞争力,增加农民收入等方面的作用。

据统计,从 2004—2019 年,中央政府连续 16 年以一号文件的形式聚焦和关注"三农"问题。特别是 2012 年的中央一号文件,更是首次直接聚焦于农业科技,强调了农业科技创新的重要性,即科技是保障农业持续发展及确保农产品有效供给的核心要素,也是在资源环境约束下,确保粮食安全生产,并逐步实现农业现代化建设的决定力量,因此,应确保农业科技投入的有效性,以充分发挥农业科技的作用。此外,随着创新主体作用凸显及其格局演化,近 3 年的中央一号文件强调调动创新主体的积极性,尤其要发挥企业的

---

① 孙炜林、王瑞波:《对提高植物新品种保护制度运行效率的思考》,《科学管理研究》2009 年第 27 卷第 1 期。

创新主体作用,构建产学研深度融合的协同创新机制。在政府政策引导与激励下,农业科研机构、高校、企业与个人等创新主体积极参与农业科技创新工作,一定程度上促使粮食产量及农民收入的持续增长。

在农业科技创新体系方面,自 1985 年《中共中央关于科学技术体制改革的决定》颁布以来,经过不断地摸索与修正,中国农业科技创新体系得到了不断地发展与完善。现阶段,我国逐渐形成了由农业科研体系(公共和私人)、农业技术推广体系、农业科技中介组织(农民教育培训体系及农业科技管理体系)等构成的农业科技创新体系。中国农业科技创新体系在市场化、商业化和产业化方面取得了较好的成绩,但不可忽视的是,该体系仍然存在一定的矛盾或瓶颈。[①] 以现代农业产业技术体系为例,李平(2012)研究表明现代农业产业技术体系的运行初显成效,但在经费管理机制、评价考核机制、关联主体协调机制等多个内部管理机制方面仍然存在一些不足;不同岗位序列和子体系绩效差异较大,且影响因素不同。

二 农业知识产权创新实践运行现状

基于研究设计,从整体层面的农业科技资源特征及农业知识产权中的植物新品种创新的时空分布特征两部分,来论证农业知识产权协同创新的基础。具体而言,第一部分以农业科研机构为例,归纳总结了中国农业科技资源(农业科研机构、人力资源、经费收入及支出、农业科技课题、发表科技论文、出版科技著作、知识产权创造)的分布特征;第二部分以植物新品种为例,详细的分析国外植物新品种创新现状,并归纳总结我国植物新品种创新的结构特征及空间分布格局。

---

① 纪绍勤:《我国农业科技创新体系研究》,博士学位论文,中国农业科学院,2005 年。

(一) 农业科技资源的时空特征

基于组织结构发展目标的差异，结合目前农业科技创新主体的作用及地位，本节以农业科研机构为例，对其科技创新资源现状进行梳理，有利于客观准确地了解中国农业科技资源的存量及分布格局，进而较为直观地判断中国农业科技的发展潜力。需要特别说明的是，根据农业部科技教育司定义，农业科研机构是指全国地市级以上（含地市级）农业部门属全民所有制独立研究与开发机构，不含情报机构。

1. 中国农业科研机构的分布特征

由农业部科技教育司统计资料可知，1993年中国农业科研机构数量为1142个，2014年却减少至1056个，年均降幅0.37%，整体呈微弱的递减趋势。具体而言，1993—2014年中国农业科研机构数量的变动趋势可划分为两个波动下降的阶段（1993—2002年、2002—2014年）。其中，1993—2002年中国农业科研机构数量由1142个降至1096个，年均降幅0.46%；2002—2014年中国农业科研机构数量年均降幅0.31%，此阶段农业科技机构数量先出现骤增现象，并于2003年达到研究期峰值1170个，后波动降至2014年的谷值（见图2-4）。当然，上述农业科研机构数量的增减是伴随着中国农业科研机构改革的进程而变化的[1]，即中国农业科研机构数量的变动实质上是中国农业科研机构改革的直接反映。

2014年，从管理系统看，隶属种植业、畜牧业、渔业、农垦、农机化的农业科研机构数量分别为646个、138个、106个、43个、123个，其占全国农业科研机构的比重依次为61.17%、13.07%、10.04%、4.07%、11.65%（见表2-4）。此外，无论从隶属关系（农业部属、省属、地方属），还是从区域划分的视角分析，种植业农业科研机构占中国农业科研机构的比重远高于其他管理系统农业

---

[1] 杨传喜、黄珊、徐顽强：《中国农业科研机构的科技运行效率分析》，《科技管理研究》2013年第4期。

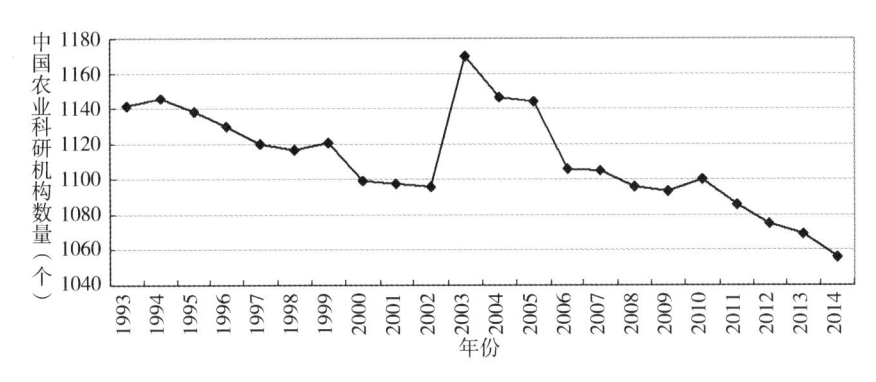

图 2-4　1993—2014 年中国农业科研机构的变动趋势

资料来源：农业部科技教育司：《全国农业科技统计资料汇编》，2015 年。由笔者整理所得。

科研机构所占比重。总结易知，在中国农业科研机构中，种植业农业科研机构独占鳌头，所占比重最高，畜牧业、渔业、农垦、农机化农业科研机构所占比重略低。显而易见，中国农业科研机构具有行业分布不均的结构特征。

从区域划分视角来看，参考陈祺琪等（2016）对我国区域的划分，将省域划分为东北、华北、华东、中南、西南及西北六个区域，其中，东北区包括辽、吉、黑 3 省；华北区包括京、津、冀、晋、蒙 2 省 2 市 1 区；华东区包括沪、苏、浙、皖、闽、赣、鲁 6 省 1 市；中南区包括鄂、豫、湘、粤、桂、琼 5 省 1 区；西南区包括渝、川、贵、云、藏 3 省 1 区 1 市；西北区包括陕、甘、青、宁、新 3 省 2 区。在东北、华北、华东、中南、西南及西北六大区域中，中南区农业科研机构数量最多，达 267 个，占全国农业科研机构总数的 25.28%；华东区农业科研机构数量占比 22.35%，居第 2 位；华北区与西北区的占比均为 13.54%，并列第 3 位，东北区与西南区分别以 12.97%、12.31% 的比重居第 4、5 位。此外，结合种植业、畜牧业、渔业、农垦、农机化管理系统分析可知，华北、华东、中南、西南、西北以及东北区种植业农业科研机构占比分别为 65.73%、64.41%、61.76%、60.77%、55.24%、54.01%，均远高于其他管理系统农业科研机构的比重。综上所述，中国农业科研机构在区域分布上存在明显的差异。

表2-4　　　　2014年中国农业科研机构的结构特征　　　　单位：个

	种植业	畜牧业	渔业	农垦	农机化	合计
合计	646	138	106	43	123	1056
农业部属	26	10	9	10	3	58
省属	299	76	41	20	27	463
地市属	321	52	56	13	93	535
华北区	94	27	7	0	15	143
东北区	74	18	16	6	23	137
华东区	152	20	38	4	22	236
中南区	168	24	35	15	25	267
西南区	79	17	6	5	25	130
西北区	79	32	4	13	15	143

资料来源：农业部科技教育司：《全国农业科技统计资料汇编》，2015年。由笔者整理所得。

2. 中国农业科技人力资源的时空特征

1993—2014年中国农业科研机构从事科技活动人员数量总体呈下降趋势，时呈波动状，1993年中国农业科研机构从事科技人员为7.43万人，2014年为6.87万人，较1993年减少56371人，年均降幅0.38%；2002年从事科技人员跌至谷底，仅为5.38万人。然而，从农业科研机构从事科技人员占其从业人员的比重看，2014年科技人员占比达75.74%，较1993年，高出15.34个百分点。总结可知，中国农业科研机构从事科技人员绝对数量总体呈减少趋势，但科技人员所占比重总体呈上升趋势。上述结论同我国科研体制改革的目标是一致的，是调整科研机构人员结构的直接产物。

从区域看，1993—2014年，华北、东北、华东、中南、西南以及西北六大区域农业科研机构从事农业科技人员变动趋势均呈"海鸥"状，即均在2000年降至各自谷值（见图2-5）。从科技人员绝对量看，华东区与中南区科技人员数量远高于华北、东北、西南与西北四区；从年均变动幅度看，东北、西北与西南区科技人员数量呈降低趋势，年均降幅分别为0.62%、0.48%与0.15%，华北区、华东区与中南区科技人员数量呈上升趋势，年均增幅分别为1.09%、0.61%与0.58%。就单一截面看，2014年华东区从事科技人员数达1.63万人，居第1位；中南、华北、东北、西南与西北区分列第2—6位。总之，无论从绝对量，还是年均变动幅度看，不同区域从事农业科技人员存在一定的差异性，且东部沿海地区（如华东区与中南区）科技人员数量略高于西北区与西南区。可能的原因是，华东区与中南区部分省市（如江、浙、沪、粤等）经济发展水平略高，加上地理位置的优越性，有利于吸引科技人员的流入。

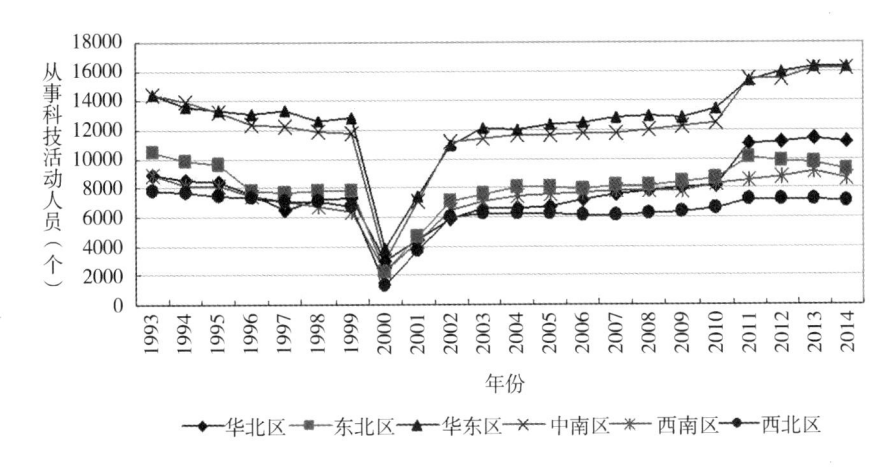

图 2-5 中国区域农业科研机构从事科技活动人员的变动趋势（1993—2014年）

资料来源：农业部科技教育司：《全国农业科技统计资料汇编》，2015年。由笔者整理所得。

3. 中国农业科技经费的结构特征

农业科技经费收入是农业科研机构得以有效运作的经济保障。1993—2014年中国农业科研机构经费收入总体呈稳定上升趋势，经费收入由1993年的22.64亿元增至2014年的25.36亿元，年均增幅达12.19%（见图2-6）。分析可知，科技活动收入是经费收入的主要组成部分，1993—2014年，科技活动收入占经费收入的比重均高于73.49%，2003年科技活动占比甚至高达96.24%；并且科技活动收入主要由政府资金（财政拨款与承担政府项目）和非政府资金（技术性收入与国外资金）投入两部分构成。

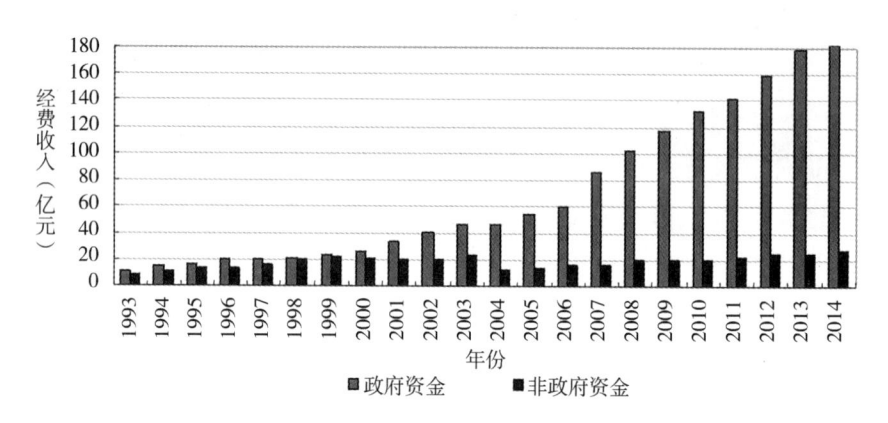

图2-6　1993—2014年中国农业科研机构经费收入的结构趋势

资料来源：农业部科技教育司：《全国农业科技统计资料汇编》，2015年。由笔者整理所得。

由图2-6可知，政府资金投入和非政府资金投入均呈增长趋势，但二者仍存在明显的差异。具体而言，政府资金投入由1993年的10.67亿元增至2014年的181.94亿元，年均增幅高达14.46%，且政府资金投入占经费收入的比重由1993年47.12%持续增至2013年72.16%，至2014年略降至71.74%。非政府资金投入由1993年的9.11亿元增至2014年的26.55亿元，年均增幅为5.22%，且其占经费收入的比重却呈下降趋势，时波动状，由1993年的40.24%降至2014年的10.47%。综上所述可知，非政府资金投入绝对量呈增长趋势，但其占科技活动收入的比重仍较低且呈下降趋势。近年来，随着政府对科技研发活动的日益重视，不断加大对科技活动的投入，一定程度上促使政府资金投入成为当前中国科技活动收入的主要来源。

农业科技经费支出可以直接反映农业科技研发的方向及扶持发展的行业。研究期内，无论从科技活动支出绝对量或其占年度内部经费支出比重看，中国农业科研机构科技活动支出均呈增长趋势。具体而言，从科技活动支出绝对量看，1993年中国农业科研机构科技活动支出22.33亿元，2014年增至187.11亿元，年均增长率达10.65%。从科技活动支出占年度内部经费支出比重看，科技活动支出占比呈增长趋势，2014年科技活动支出占比达79.25%。此外，从科技活动支出的构成①看，2014年日常支出费用101.34亿元，占比54.16%，居第1位；人员劳务费（含工资）70.43亿元，占比37.64%，居第2位；设备购置费最低，仅支出15.33亿元，占比8.19%，居第3位。

从隶属关系看，2014年农业部属、省属及地市属农业科研机构科技活动支出占其年度内部经费支出的比重均大于70.10%，且农业部属科技活动支出占比最高，达86.72%，省属与地市属分列第2、第3位。然而，从隶属农业科研机构科技活动支出占全国科技活动支出的比重看，省属农业科研机构科技活动支出比重占比54.08%，居第1位，农业部属与地市属分居第2、第3位。从管理系统分析，2014年种植业、畜牧业、渔业、农垦与农机化农业科研机构科技活动支出占其内部经费支出比重均大于68.80%，且种植业科技活动支出所占比重最高，达81.04%，居第1位；畜牧业以78.19%的比重居第2位；农垦与渔业分列第3、第4位，农机化比重最低，仅为68.83%，居第5位。此外，由图2-7可知，2014年中国农业科研机构科技活动经费多用于扶持与促进种植业农业科研机构科技活动，种植业科技活动经费支出占全国科技活动支出比重高达66.89%，远高于畜牧业、渔业、农垦与农机化农业科研机构科技活动支出比重。上述结论表明，无论从隶属关系还是管理系统看，中国农业科研机构科技活动经费支出均存在一定的不均衡性。

---

① 根据农业部科技教育司统计资料可知，中国农业科研机构科技活动支出主要包括人员劳务费（含工资）、设备购置费及其他日常支出三部分，其他日常支出是指除人员劳务费和设备购置费以外的其他费用，主要涉及社会保障支出、科研业务费、公务管理费、基建支出等费用。

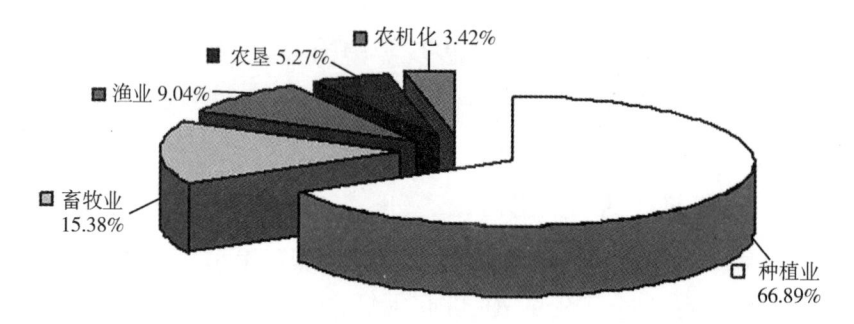

图 2-7　2014 年中国农业科研机构经费支出结构（按管理系统分）

资料来源：农业部科技教育司：《全国农业科技统计资料汇编》，2015 年。由笔者整理所得。

4. 中国农业科技产出的结构特征

农业科技产出是综合运用农业科技资源的直接结果，是反映农业科技发展水平的重要指标。一个国家农业科技竞争实力的高低在很大程度上依赖于其农业科技成果的丰硕程度。因此，依据现行农业科研机构科技评价体系，对其课题、发表科技论文、出版著作、专利受理和授权情况进行描述性统计分析，有利于把握现行中国农业科研机构的科技产出现状，了解当前中国农业科技资源配置情况。

（1）课题分布特征

1993—2014 年中国农业科研机构课题数、发表科技论文数、出版著作数均呈总体波动上升趋势（见图 2-8）。就课题而言，2014 年课题数达到峰值 28596 个，较 1993 年增加了 14502 个，年均增长率达 3.43%，于 2002 年跌至谷底，仅为 12260 个。从课题类型看，2014 年中国农业科研机构课题多属于试验发展类型，占比 42.42%，列第 1 位；研究与发展成果应用课题列第 2 位，占比 19.56%；应用研究课题、科技服务课题、基础研究课题分别以 16.39%、12.12%、9.51% 的比重分列第 3—5 位。从隶属关系分析，2014 年 62.11% 农业科研机构课题由省属农业科研机构获得，农业部属与地市属农业科研机构课题占比相差不大，分列第 2、第 3 位。从管理系统分析，2014 年种植业农业科研机构课题数仍独占鳌头，占比高达 71.50%，畜牧业、渔业、农垦与农机化农业科研机构课题数分别以12.76%、7.86%、5.46%、2.43%的比重分列第2—5位（见图2-9）。上述结论表明，无论从课题类型、隶属关系或行业分类看，中国农业科研机构课题分布均存在一定的差异性。

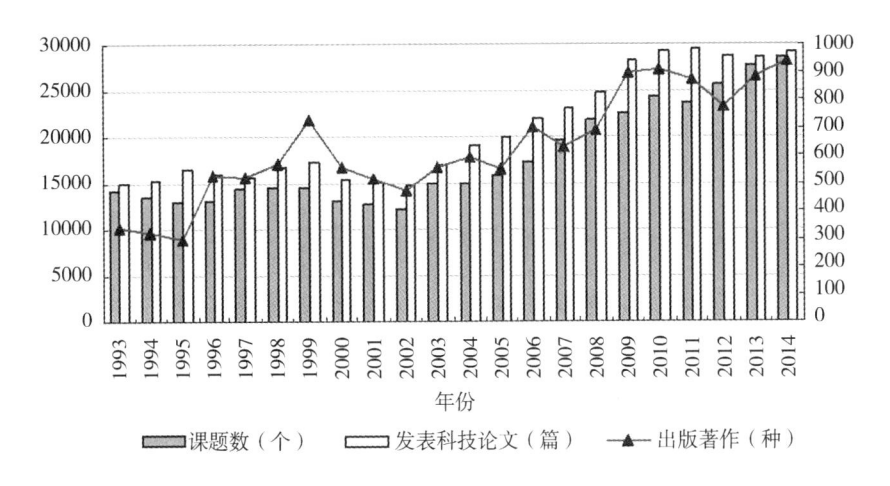

图2-8 中国农业科研机构科技产出情况（1993—2014年）

资料来源：农业部科技教育司：《全国农业科技统计资料汇编》，2015年。由笔者整理所得。

（2）发表科技论文概况

从发表科技论文的情况看，2014年我国农业科研机构发表科技论文29106篇，是1993年的1.96倍，年均增长率达3.27%。研究期内，2011年中国农业科研机构发表科技论文数量达到峰值29543篇，2002年为谷值，峰谷值相差2.02倍（见图2-8）。类似于我国农业科研机构课题的差异性，从隶属关系看，2014年省属农业科研机构在发表科技论文这一科研成果上占有绝对优势，发文15558篇，年度占比53.45%，居第1位，农业部属与地方属则占比较低，分列第2、第3位。从管理系统看，2014年种植业农业科研机构在发表科技论文方面仍具有较丰硕的成果，发文18191篇，年度占比62.50%；畜牧业以17.74%的发文比重列第2位，渔业与农垦比重均低于10%，分居第3、第4位，农机化发文量占比低于5%，仅为2.83%，居末位，且种植业发文量是农机化发文量的22.08倍（见图2-9）。显而易见，中国农业科研机构在发表科技论文这一产出指标上也存在一定的不均衡性。

(3) 出版著作概况

就出版著作而言，2014年中国农业科研机构出版科技著作942种，较1993年增加了605种，年均增长率高达5.02%。研究期内，1995年中国农业科研机构出版著作最少，仅为297种，2014年达到峰值，极差达3.17倍（见图2-8）。此外，较于课题与发表科技论文的差异性，2014年中国农业科研机构出版著作在隶属机构中的不均衡性有所缓和，省属农业科研机构出版著作453种，占比48.09%；农业部属出版著作占比40.23%；地方属占比11.68%。从管理系统看，2014年中国种植业农业科研机构出版著作621种，年度占比65.92%，居第1位；畜牧业以21.87%的占比居第2位；渔业与农垦占比分别为6.79%、4.46%，分列第3、第4位；农机化占比最低，仅为0.79%，居末位（见图2-9）。上述结论表明，中国农业科研机构在出版著作这一科研成果上存在差异，较于课题与发表科技论文的差异性，该差异在隶属关系上有所减小，但在管理系统上更加凸显。

(4) 农业知识产权创新概况

随着知识经济和经济全球化的快速发展，知识产权已经成为衡量一个国家创新能力及综合国际竞争力的重要标志[1]，更是将创新成果转化为国家发展战略资源的重要途径。[2] 农业知识产权主要包括植物新品种权、农业专利、农产品地理标志三个方面，通过对农业知

---

[1] 农业部植物新品种保护办公室农业部科技教育司：《农业知识产权论丛2007》，中国农业出版社2008年版。

[2] 中国农业科学院农业知识产权研究中心：《中国农业知识产权创造指数报告（2015）》，智农361网，http://www.ipa361.com，2020年3月18日。

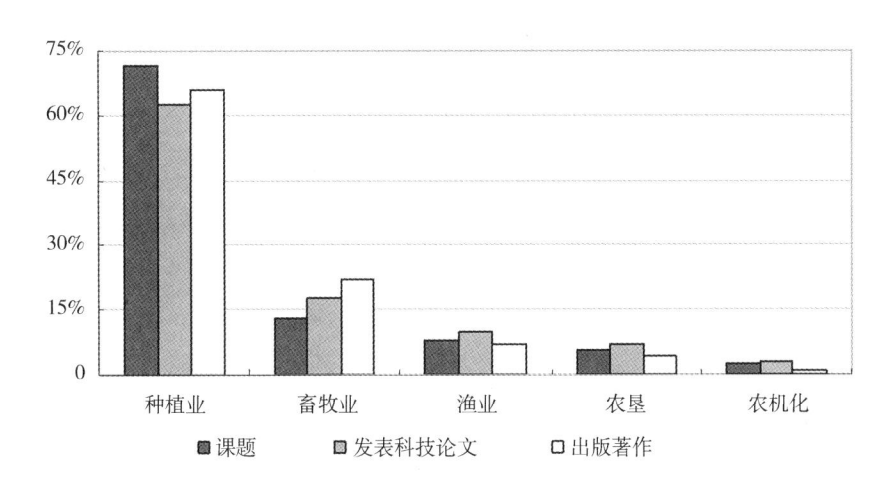

图 2-9 2014 年中国农业科研机构科技成果结构（按管理系统分）

资料来源：农业部科技教育司：《全国农业科技统计资料汇编》，2015 年。由笔者整理所得。

识产权制度的有效管理及应用，第一，可以保护农业科技创新成果，鼓励并激励具有创造和创新精神的人才，从而促进农业科技创新的发展；第二，可以提高农业科技成果产权化，促进农业科技成果的推广与应用；第三，对农业知识产权的集中许可使用，可促进农业产业化、规模化发展，提高农业生产的效益。

根据《中国农业知识产权创造指数报告（2015）》[①] 可知，2014 年，中国农业知识产权创造指数的总体增速较 2013 年有所减缓，但总体仍呈快速增长的态势。具体而言，2014 年中国农业知识产权创造指数为 109.54%，申请指数为 111.97%，授权量指数为 113.13%，维持年限指数为 103.75%，较 2013 年有所增长。上述数据表明，中国农业创新成果的申请及转化能力、农业创新成果的质量及有效维持年限均有所提升，中国农业科技创新呈现出良好的发展潜力及发展态势。

---

① 中国农业科学院农业知识产权研究中心：《中国农业知识产权创造指数报告（2015）》，智农 361 网，http://www.ipa361.com，2020 年 3 月 18 日。

从地域分布看，2014年山东、江苏、北京三个省（市）的农业知识产权创造指数仍居前三位，且其分维指标（申请量指数、授权量指数、维持年限指数）均接近于全国最高水平；宁夏、香港和青海仍位于后三位，且其分维指标远低于全国最高水平，差异明显。从教学与科研单位看，较2013年，除中国农业大学发展势头强劲，跃至第2位外，其他科研机构位次变化不大，中国科学院与中国农业科学院分居第1、第3位。然而，企业位次变化较为明显，排名前三位的依次为内蒙古伊利实业集团股份有限公司、中国机械工业集团有限公司和九阳股份有限公司。① 此外，通过比较中国科学院与内蒙古伊利实业集团股份有限公司的知识产权创造指数可知，企业在中国农业知识产权创造体系中仍属于弱势群体，中国农业知识产权创造多依赖于科研单位的创新能力。综上所述可知，中国农业知识产权创新呈现出良好的发展态势，但不容忽视的是，中国农业知识产权创新能力在地域上仍存在明显的不均衡性，且农业知识产权创新多集中于科研单位，企业作为重要的农业科技创新主体，并未发挥应有的作用。

（二）国内外植物新品种创新现状分析

前文以农业科研机构为例，归纳总结了中国农业科技资源（农业科研机构、人力资源、经费收入及支出、农业科技课题、发表科技论文、出版科技著作、知识产权创造）的分布特征。本部分将进一步以植物新品种为例，详细分析国外植物新品种创新现状，并归纳总结我国植物新品种创新的结构特征及空间分布格局。

1. 国外植物新品种创新发展现状

（1）UPOV植物新品种创新现状

国际植物新品种保护联盟（International Union for the Protection of New Varieties of Plants，UPOV）是依据国际植物新品种保护公约

---

① 中国农业科学院农业知识产权研究中心：《中国农业知识产权创造指数报告（2015）》，智农361网，http://www.ipa361.com，2020年3月18日。

而建立的政府间国际组织，总部设于日内瓦，现有成员国 70 余个。根据 UPOV 数据，1999—2014 年 UPOV 成员国植物新品种申请与授权量总体均呈增长趋势（见图 2-10），且每年累计有效植物新品种授权量呈稳定增长趋势。[①]

在植物新品种申请方面，2014 年 UPOV 成员国植物新品种申请量高达 15499 件，较 1999 年增加了 5570 件，年均增长率达 3.01%。1999—2012 年，UPOV 成员国植物新品种申请数呈波动增长趋势，自 1999 年的 9929 件，增至 2012 年的 13908 件，年均增长 2.63%，且于 2000 年、2006 年与 2012 年出现轻微下降趋势；2012—2014 年，UPOV 成员国植物新品种申请数呈直线增长，年均增长 5.56%。

在植物新品种授权方面，2014 年 UPOV 成员国植物新品种授权数为 11569 件，较 1999 年增加了 5076 件，年均增长 3.93%。研究期内，UPOV 成员国植物新品种授权情况可划分为波动上升（1999—2005 年）、稳定增长（2005—2010 年）、V 形波动（2011—2014 年）三个阶段。波动上升阶段，植物新品种授权数年均增长 4.59%，且于 2003 年与 2005 年出现下降趋势；稳定增长阶段，植物新品种授权数增加了 2615 件，年均增长率高达 5.51%；V 形波动阶段，植物新品种授权数由 2011 年的 11115 件持续降至 2012 年的 9822 件，继而保持增长趋势至 2014 年，年均增长率仅为 1.01%。

在植物新品种累计有效授权方面，研究期内，UPOV 成员国植物新品种累计有效授权数呈直线增长，2014 年达 106081 件，较 1999 年增加了 56924 件，年均增长率高达 5.26%。上述分析表明，随着知识经济的发展，在农业生产面临资源与环境的双重约束下，UPOV 成员国积极寻求农业生产的新出路，充分重视农业知识产权，尤其是植物新品种权在农业生产经营管理中的作用，不断完善相关

---

① 根据 UPOV 数据，其成员国植物新品种申请与授权数据并不均是始于 1999 年，但是考虑到中国是 1999 年加入 UPOV，为了更好地比较中国与其他成员国的差异，将研究起点选为 1999 年。

的政策法规，因此，一定程度上促使了植物新品种申请与授权量的增加。

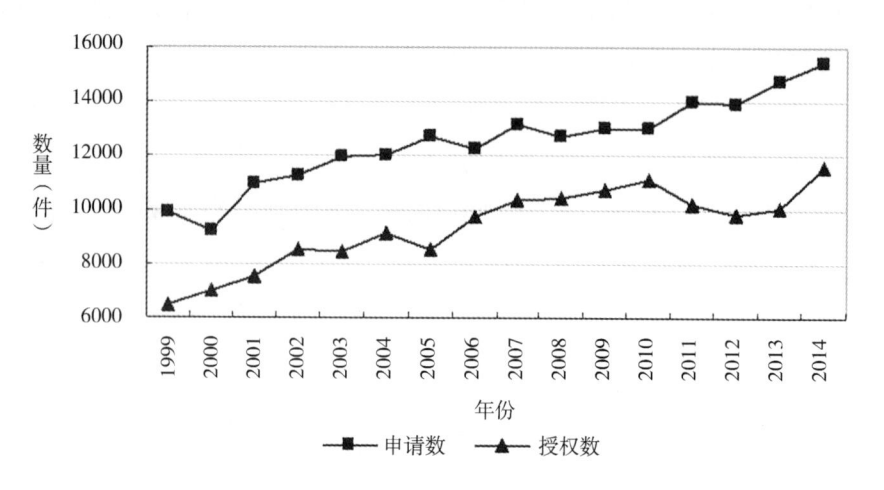

图 2-10　UPOV 成员国植物保护新品种申请/授权变动趋势（1999—2014 年）

资料来源：UPOV 官网数据，https：//www.upov.inc/protal/index.html.en。由笔者整理所得。

（2）UPOV 成员国植物新品种创新现状

根据 1999—2014 年 UPOV 成员国植物新品种申请、授权及累计有效授权总量，可对 UPOV 成员国进行排位。表 2-5 分别以申请、授权及累计有效授权总量为指标，列出了排名前 20 位的国家。整体来看，相较于申请总量排名前 20 位的国家，按授权总量排名的国家位次略有变动，瑞士取代哥伦比亚跻身第 20 名；按累计有效授权总量排名的国家位次也有明显的变动，意大利跻身于前 20 名，墨西哥却退出了前 20 名的排位。

表 2-5　UPOV 成员国植物新品种的申请/授权情况（1999—2014 年）

位次	申请情况 国家	申请情况 数量（件）	授权情况 国家	授权情况 数量（件）	累计有效授权情况 国家	累计有效授权情况 数量（件）
1	日本	18340	日本	16743	日本	104175
2	中国	14743	荷兰	8510	荷兰	77363

续表

位次	申请情况 国家	数量（件）	授权情况 国家	数量（件）	累计有效授权情况 国家	数量（件）
3	荷兰	11327	俄罗斯	7341	美国	74106
4	乌克兰	11023	美国	6398	俄罗斯	46376
5	俄罗斯	9725	中国	5621	法国	38594
6	韩国	7259	乌克兰	5262	德国	37236
7	加拿大	6958	韩国	5218	南非	32863
8	美国	6627	加拿大	4408	澳大利亚	31496
9	澳大利亚	5535	澳大利亚	3729	韩国	29684
10	南非	4386	南非	3601	乌克兰	26734
11	法国	3781	波兰	2950	中国	25589
12	阿根廷	3363	巴西	2473	加拿大	23909
13	巴西	3310	德国	2378	波兰	23873
14	德国	3075	法国	2174	意大利	23720
15	波兰	3069	阿根廷	1979	英国	22689
16	新西兰	2418	新西兰	1974	阿根廷	22510
17	英国	1899	以色列	1728	新西兰	19740
18	以色列	1892	英国	1423	以色列	17221
19	墨西哥	1660	墨西哥	1352	巴西	16120
20	哥伦比亚	1563	瑞士	1345	瑞士	12409

资料来源：UPOV官网数据，https://www.upov.int/portal/index.html.en。由笔者整理所得。

①植物新品种申请现状

从申请总量排位看，日本、中国、荷兰居前3位。其中，日本植物新品种申请总量为18340件，居第1位；从时序演进趋势看，其年均增长率为1.91%，但整个研究期内日本植物新品种申请量变动趋势呈明显的两阶段化，即1999—2007年呈波动上升趋势，2007—2014年呈波动下降趋势。中国植物新品种申请总量居第2位，但年均增长率远高于日本，达14.32%。1999—2014年，中国植物新品种申请量呈波动上升趋势，于2000年、2006年、2007年、2013年出现波动下降，2014年增速较快，较上年增加了34.17%。荷兰植物新品种申请总量居第3位，但1999—2014年，其植物新品种申请量呈波动下降趋势，年均降幅1.67%。

以色列、墨西哥、哥伦比亚居18—20位，即申请总量的后三位。其中以色列植物新品种申请量总体呈波动下降趋势，年均降幅3.51%，峰值位于2011年，高达402件，是2010年的4.52倍，后又急剧降至2012年的68件。墨西哥植物新品种申请量呈波动上升趋势，年均增长率达8.49%；其中，1999—2005年和2008—2014年为其两个波动下降阶段，1999—2005年植物新品种申请量年均降幅为4.98%；2008—2014年植物新品种申请量呈W状变动趋势，年均降幅0.18%；2005—2008年为急剧上升阶段，2008年植物新品种申请量是2005年的4.67倍。哥伦比亚植物新品种申请量呈波动上升阶段，年均增长率达4.60%，于2001年、2009年与2013年出现骤降现象。

综上所述可知，日本、中国、荷兰具有较强的植物新品种创新能力，相对而言，以色列、墨西哥、哥伦比亚植物新品种创新能力较弱。然而，结合植物新品种申请量的年均变动趋势及阶段特征可知，排名居前3位的国家中，中国申请植物新品种保护的创新成果仍以较快的速度增长，日本在2007年以后，速度有所减缓，荷兰更是在整个研究期内均呈下降趋势。排名居后3位的国家中，哥伦比亚和墨西哥均具有较强的植物新品种保护意识，但在2008年以后，墨西哥申请保护植物新品种创新成果的速度略微减缓，以色列更是在整个研究期内均呈低速发展。由此易知，在申请保护植物新品种方面，UPOV成员国之间具有明显的差异。

②植物新品种授权现状

依据授权总量排序，居前3位的国家是日本、荷兰与俄罗斯。具体而言，1999—2014年日本植物新品种授权量整体呈波动上升趋势，由1993年的604件，增至2014年的863件，年均增长率为2.41%。其中，1999—2009年日本植物新品种授权量呈波动上升趋势，年均增长率高达9.53%，于2009年达到研究期内峰值1501件；

2009—2013年授权量呈明显下降趋势，2013年授权量约为2009年的1/2，2014年下降趋势有所缓解，较上年增长14.76%。研究期内，荷兰植物新品种授权量总体呈轻微波动下降趋势，年均降幅0.22%，且授权量于2006年跌至谷底，仅为342件，研究期内峰值出现于2012年，且峰值是谷值的2.43倍。1999—2014年，俄罗斯植物新品种授权量总体呈波动上升趋势，年均增长率为3.70%。其中，1999—2010年俄罗斯植物新品种授权量总体呈波动上升趋势，年均增长率高达9.64%，于2010年达到研究期内峰值；2010—2014年为稳定下降阶段，授权量自2010年的680件持续降至2014的426件，降幅高达59.62%。

前20个成员国中，英国、墨西哥与瑞士植物新品种授权总量居后3位。研究期内，英国植物新品种授权量总体呈波动下降趋势，年均降幅13.55%，于2008年授权量急剧增至117件，是2007年的2.21倍，2009年授权数骤降至39件，降幅高达66.67%。研究期内，墨西哥植物新品种授权量总体呈波动上升趋势，年均增长率高达17.79%[①]，且授权量于2005年激增至173件，是2004年的2.44倍，之后于2006年骤降至44件，降幅高达74.57%。瑞士植物新品种授权量整体呈波动上升趋势，年均增幅1.99%。其中1999—2004年为瑞士植物新品种授权快速上升阶段，年均增长率高达14.69%；2004—2013年为波动下降阶段，年均降幅9.45%，2014年授权量增至86件，较2013年增加了65.38%。

总结可知，在UPOV成员国中，日本、荷兰和俄罗斯将农业科技创新成果，尤其是植物新品种，转换为知识财富的获权能力较强，而英国、墨西哥与瑞士则相对较弱。结合研究期内成员国植物新品种授权量变动趋势可知，对于日本而言，1999—2009年，其将植物新品种创新成果转化为知识财富的获权能力迅速增长；2009—2013

---

① 根据UPOV数据，1999年墨西哥植物新品种授权量为空值，所以此处的年均增长率是以2000—2014年为研究区间。

年，其获权能力基数较大，但呈明显下降趋势，2014年才有所缓解。就荷兰而言，其获权能力在整个研究期内显示出波动下降趋势。俄罗斯的获权能力类似于日本，整体呈明显上升趋势，但2010年以来，其获权能力增长速度明显减缓，甚至出现下降的趋势。排名居后3位的国家中，英国获权能力呈减弱趋势；墨西哥则显现出良好的发展势头，获权能力继续增强；就瑞士而言，1994—2004年，其获权能力不断增强，2004—2013年，获权能力逐渐减弱，至2014年才有所缓解。总之，从成员国将植物新品种转换为知识财富的获权能力看，以排名居前3位和后3位的国家为例，成员国的获权能力在绝对量和变动趋势上均存在一定的差异性。

③累计有效植物新品种获权现状

从UPOV成员国植物新品种当年累计有效创新成果看，日本、荷兰、美国居前3位。日本植物新品种当年累计有效授权整体呈直线型增长趋势，仅在2004年、2013年略有降幅；研究期内，日本植物新品种当年累计有效授权数由1999年的4349件增至2014年的8274件，年均增长率高达4.38%。不同于日本，荷兰植物新品种当年累计有效授权呈V形增长趋势，年均增长率为2.94%。其中，1999—2006年为稳定下降阶段，年均降幅达3.92%，于2006年降至研究期谷值；2006—2014年为稳定上升阶段，增幅较大，由2006年的3549件直线增至2014年的7254件，年均值增长率高达9.35%。美国植物新品种当年累计有效授权呈稳定增长趋势，年均增长率达4.97%，其中，1999—2012年为缓慢增长阶段，植物新品种当年累计有效授权由1999年的3302件增至2012年的5077件，年均增长率为3.37%；2012—2014为快速增长阶段，年均增长率高达16.02%。

前20个成员国中，以色列、巴西和瑞士位于后3位。以色列植物新品种当年累计有效授权整体呈波动下降趋势，年均降幅为1.68%。巴西植物新品种当年累计有效授权呈直线型增长趋势，累计有效授权由1999年的167件持续增至2014年的1972件，年均增长率高达17.89%。瑞士植物新品种当年累计有效授权整体呈波动增长趋势，年均增长率仅为0.74%，其中，1999—2007年瑞士植物新品种当年累计有效授权波动幅度略大，出现反复V形波动趋势，并于2000年降至研究期谷值；2007年以后，植物新品种当年累计有效授权变动趋势较为稳定，基本围绕800件波动，且上下起伏不超过25件。

总结可知，除以色列外，日本、荷兰、美国、巴西和瑞士植物新品种当年累计有效授权均呈增长趋势。具体而言，巴西植物新品种当年累计有效授权增速较快，年均增长率最高，日本和美国位于第二梯队，荷兰位于第三梯队。此外，结合植物新品种当年累计有效授权量可知，日本、荷兰、美国植物新品种创新成果质量较高，且维持年限较长；巴西也呈现出较好的发展潜力；瑞士发展速度较为缓慢，但2007年以后波动较少，发展较为平稳；以色列植物新品种创新成果发展潜力不足，且波动较大，因此，具有较大的提升空间。

1. 中国植物品种创新现状分析

（1）植物新品种创新的时序演进特征

①植物新品种创新的年度趋势分析

从时间趋势看，1999—2014年中国植物新品种创新产出的申请量与授权量均呈波动增长趋势（见图2-11）。就申请量而言，由1999年的115件降至2000年的112件；2000—2005年，申请量迅速增加，年均增长率高达53.65%；2005—2014年，申请量在波动中增长，增速减缓；2014年出现高幅度增长，达13526件，较上年增长了32.93%。在授权量方面，2000—2009年品种授权量总体呈上升趋势[①]，2001年、2004年及2008年出现波动下降；2009—2013年授权量出现明显降幅，由2009年的941件持续降至2013年的138件，年均降幅高达38.12%；2014年授权量迅速增至4845件，是2013年的

---

① 与前文保持一致，1999—2014年为整个研究期，但1999年中国植物新品种授权数为空值，故此处直接以2000年为样本起始年，分析中国植物新品种授权的变动趋势。

5.99倍。综上所述，中国植物新品种创新产出呈现出良好的发展态势，究其原因，一方面离不开政府相关政策的推动、引导与激励；另一方面受当前农业生产发展面临的资源与环境约束的影响，农业发展更加依赖于农业科技的创新程度及其成果的保护程度。

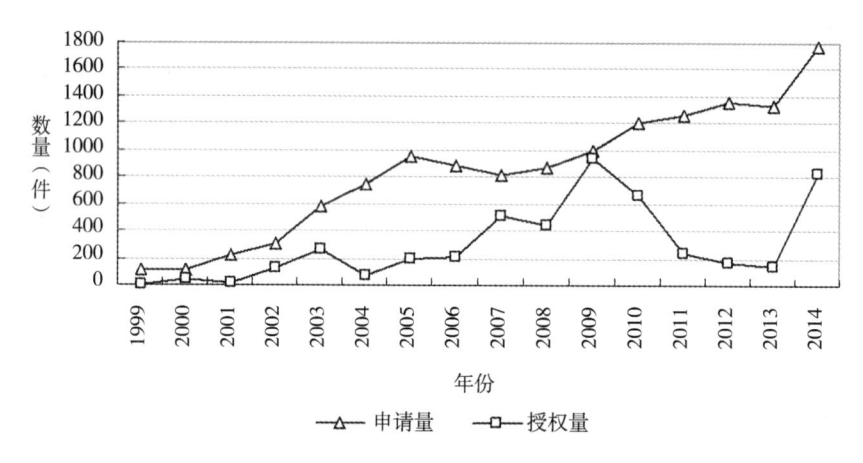

图2-11 中国植物新品种申请量与授权量趋势（1999—2014年）

资料来源：中国农业部植物新品种办公室及农科院知识产权研究中心数据，由笔者整理所得。

②不同品种创新的趋势分析

从品种类型看，大田作物、蔬菜、花卉、果树、牧草及其他品种申请量均呈增长趋势（见图2-12）。不同之处在于，研究期内，大田作物申请量基数大，且波动幅度较大，大致呈N形三阶段增长趋势，年均增长率为18.71%。其中，除2000年申请量略有下降外，1999—2005年整体呈快速增长态势，年均增幅高达40.58%；2005—2008年为持续下降阶段，大田作物申请量由2005年的849件持续降至2008年的662件，年均降幅7.96%；2008—2014年为缓慢上升阶段，年均增长率为13.85%，其中，2013年申请量略有降幅，2014年出现增长趋势，较上年增长33.64%。相对而言，蔬菜、花卉和果树申请量的波动幅度较小，但均呈快速增长趋势。其中，蔬菜申请量由1999年的5件增至2014年的141件，年均增长率为24.93%；

花卉申请量由 2000 年的 1 件增至 2014 年的 107 件,年均增幅高达 39.62%;果树申请量由 2000 年的 1 件增至 2014 年的 55 件,年均增幅达 33.14%。此外,牧草和其他品种申请量增幅较为稳定,研究期内,有 9 年牧草申请量为空值,5 年申请量为 1 件,2010 年达到峰值 6 件;2008 年以前,其他作物品种申请量持续为零,2008—2014 年申请量出现增长趋势,年均增幅为 18.56%。

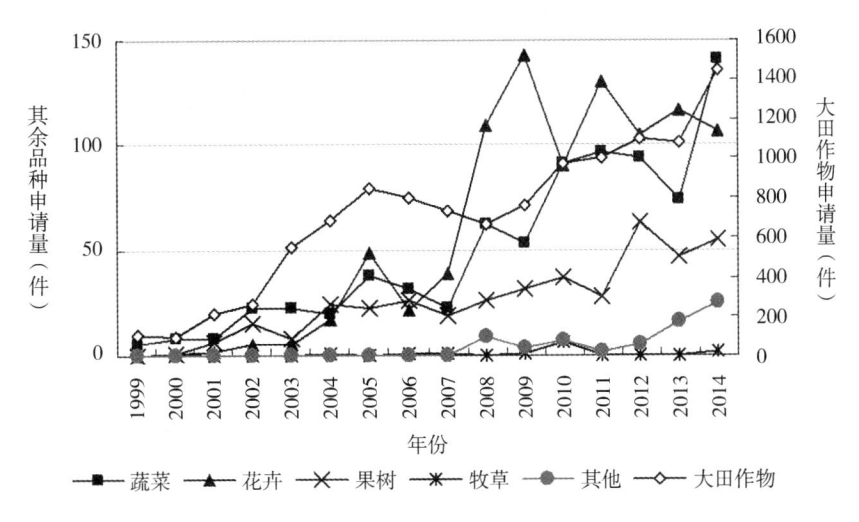

图 2-12 1999—2014 年中国植物新品种申请量趋势(品种类型)

资料来源:中国农业部植物新品种办公室及农科院知识产权研究中心数据,由笔者整理所得。

就植物品种的授权量而言,1999—2014 年大田作物、蔬菜、花卉与果树授权量均呈现快速增长趋势(见图 2-13),但牧草与其他品种授权量均为空值,在此不再展开讨论牧草与其他品种的授权趋势。其中,大田作物授权量由 2000 年的 39 件增至 2014 年的 606 件,年均增幅 21.65%,大致呈现两个阶段明显特征,类似于全国植物新品种授权量的波动趋势。2000—2009 年大田作物授权量呈快速波动增长趋势,年均增幅高达 41.22%,并分别于 2001 年与 2009 年出现研究期谷值与峰值;2009—2014 年为波动下降阶段,其中 2009—2013 年大田作物授权量迅速下降,年均降幅 39.33%;2014 年出现明显回升，较2013年的118件增长了5.14倍。相对而言，蔬菜、花卉与果树授权量增长迅速，且波动性较小，年均增长率①分别为34.69%、46.56%和35.70%。不同之处在于，蔬菜授权量由2001年的1件增至2011年的7件，经历了4次倒V形变动，2011—2014年授权量呈稳定增长趋势，年均增幅达89.98%；就花卉授权量而言，2003—2008年授权量波动较小，年均增幅为20.11%，2008—2014年波动幅度增大，尤其是2014年，授权量由2013年的7件骤增至134件，增长了19.14倍。就果树授权量而言，研究期内波动幅度最小，仅在2014年授权量略有增长，达到峰值39件。

总结可知，从植物新品种申请量来看，大田作物、蔬菜、花卉、果树、牧草与其他品种的申请量均呈良好的发展态势。就植物新品种授权量而言，大田作物、蔬菜、花卉、果树的授权量也呈现增长的趋势。深入分析不难发现，无论从品种申请量还是授权量而言，大田作物在绝对量上均占有绝对优势，但就植物新品种年均增长率而言，大田作物并不占优。可能的原因在于，其一，结合大田作物申请与授权的绝对量可知，大田作物品种开发较早，相对而言，发展较为成熟，故其创新产出的速度有所减缓；其二，随着经济发展水平的提高，人们更加注重日常生活质量的提高，注重食物消费的多样化与营养性，对花卉、水果、蔬菜需求增加，因此，在一定程度上促进了花卉、果树、蔬菜申请与授权量的增加。

③申请人与品种权人的趋势分析

就当前农业科技创新主体而言，中国农业科技创新主体主要涉及科研机构、高校、企业三种类型。因此，本书从科研机构、教学机构、公司与个人三个方面分析植物新品种创新产出的发展趋势。

---

① 本书研究期为1999—2014年，但结合农业部植物新品种保护办公室与农科院农业知识产权研究中心数据可知，蔬菜、花卉、果树授权量部分年份出现空值，故此处年均增长率计算年限为蔬菜（2001—2014年）、花卉（2003—2014年）、果树（2002—2014年）。

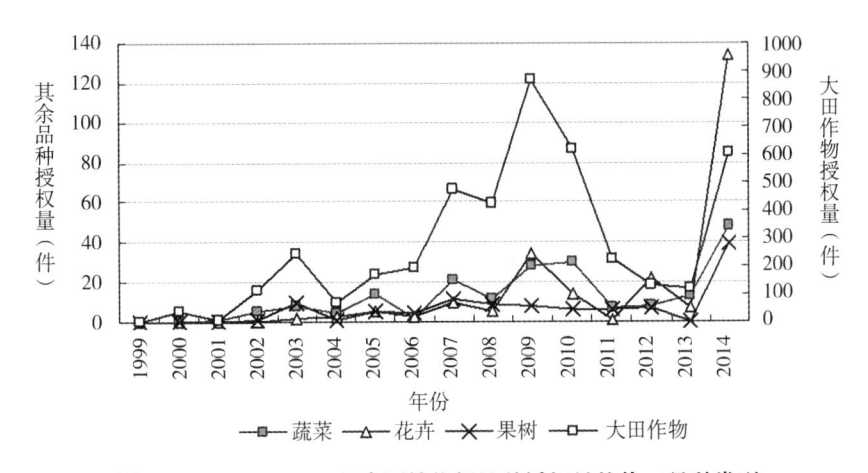

图 2-13 1999—2014 年中国植物新品种授权量趋势（品种类型）

资料来源：中国农业部植物新品种办公室及农科院知识产权研究中心数据，由笔者整理所得。

从申请人类型看，1999—2014 年中国受理的植物新品种申请量整体呈波动增长趋势（见图 2-14）。其中，国外申请量整体呈波动上升状，由 2000 年的 1 件增至 2014 年的 52 件，年均增幅达 32.61%，但近几年（2012—2014 年）国外申请量呈下降趋势，2014 年申请量较 2013 年下降了 50%。国内申请人类型中，公司与个人申请量增幅明显，年均增长率为 21.02%。具体而言，1999—2008 年公司与个人申请量呈波动性增长，年均增幅 19.02%；2008 年以后，申请量由 278 件持续增至 2014 的 1014 件，年均增长率为 24.07%，尤其在 2014 年，申请量骤增，较 2013 年增加了 51.34%。相对于公司与个人申请量的波动幅度，科研机构植物新品种申请量变动趋势较为平稳，年均增长率为 17.99%。其中，1999—2006 年，申请量增速较快，年均增幅达 34.25%；2006—2014 年申请量增速减缓，年均增长率仅为 5.39%。教学机构植物新品种申请量年均增长率为 20.01%。其中，1999—2010 年，申请量出现快速增长，时呈波动状，年均增幅高达 27.80%；但 2010—2013 年申请量出现明显的下降趋势，2013 年申请量较 2010 年降低了 37.50%；2014 年出现显著的回升，较 2013 年增加了 66.15%。

图 2-14　1999—2014 年中国植物新品种申请量趋势（申请人类型）

资料来源：中国农业部植物新品种办公室及农科院知识产权研究中心数据，由笔者整理所得。

就品种权人类型而言，科研机构、公司与个人植物新品种授权量波动幅度较大，教学机构与国外植物新品种授权量相对较小（见图 2-15）。其中，科研机构植物新品种授权量由 2000 年的 33 件增至 2014 年的 365 件，年均增长率为 18.73%。2000—2009 年授权量增幅较大，年均增幅高达 34.86%，并于 2009 年达到研究期峰值 487 件；2009—2013 年授权量出现持续下降趋势，年均降幅 51.93%；2014 年出现明显的回升，较 2013 年增加了 14.04 倍。公司与个人植物新品种授权量由 2000 年的 3 件增至 2014 年的 282 件，年均增幅 38.34%。其中，2000—2009 年授权量增幅明显，年均增长率高达 71.00%，并于 2009 年达到研究期峰值；2009—2011 年授权量出现稳定下降趋势，2011 年授权量仅是 2009 年的 13.60%；2012—2014 年授权量出现稳定增长趋势，2014 年授权量是 2012 年的 5.53 倍。就教学机构而言，2000—2014 年其植物新品种授权量年均增长率为 26.98%。其中，2000—2010 年呈快速增长趋势，时呈波动状，年均增长率达 37.76%；2010—2013 年授权量出现持续下降趋势，2013 年授权量甚至低至零值，2014 年出现明显的增长，增至 85 件，达到研究期峰值。国外植物新品种授权量由 2004 年的 4 件增至 2014 年的 95 件，年均增幅 37.27%。其中，2004—2009 年授权量呈快速增长趋势，时呈波动状，年均增幅高达 48.62%；2009—2013 年呈下降趋势，年均降幅高达 43.29%，2014 年骤增至 95 件，达到研究期峰值。

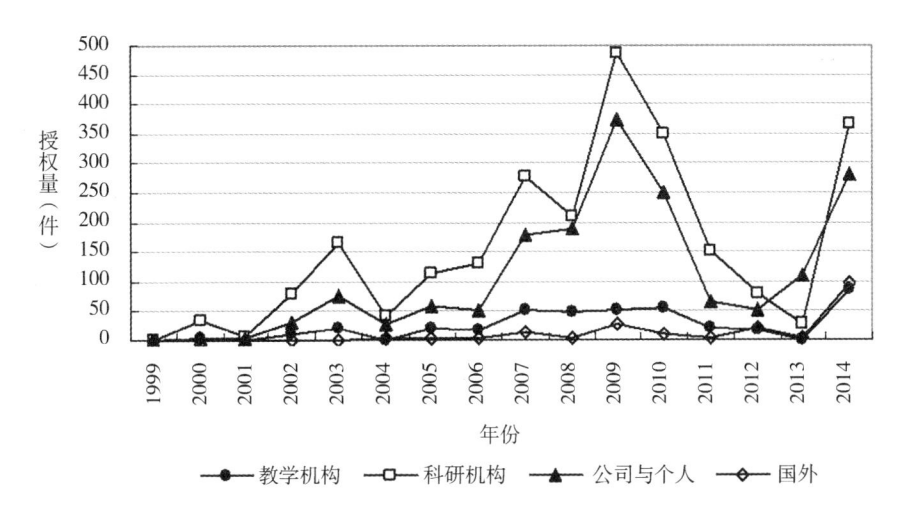

图 2-15　1999—2014 年中国植物新品种授权量趋势（品种权人类型）

资料来源：中国农业部植物新品种办公室及农科院知识产权研究中心数据，由笔者整理所得。

总结可知，无论从植物新品种申请人类型，还是从品种权人类型来看，我国植物新品种申请量与授权量均呈增长趋势。上述结论从侧面反映出在国家相关政策的推动与引导下，科研机构、教学机构、公司与个人等创新主体均较为注重植物新品种的保护与管理，倾向于通过对农业知识产权的有效管理来促进农业科技创新的发展。此外，由图 2-14 与图 2-15 可知，2011 年公司与个人植物新品种申请量开始超过科研机构，居第 1 位，且该趋势一直延续至 2014 年，并呈现继续保持的势头；2013 年公司与个人品种授权量超过科研机构,居于首位,但该趋势仅保持了一年,2014年即降至第2位,但与科研机构授权量相差不大。上述结论表明我国育种研发投资主体,将逐渐改变科研机构一家独大的局面,呈多元化发展格局,公司与个人将在我国植物新品种创新产出中发挥巨大的作用,并逐渐凸显其在农业科技创新中的主体地位。

(2)植物新品种创新的结构特征及空间布局

①植物新品种申请与授权结构分析

就植物新品种申请结构而言,依据品种申请量占比由高到低进行排序,1999—2014年中国植物新品种品种类型排序为大田作物、花卉、蔬菜、果树、其他品种、牧草(图2-16)。

大田作物申请量占有绝对优势,占比高达83.56%,远大于其余作物品种的申请量之和,但较于2013年,该品种申请量有所下降。花卉以6.96%的申请量占比居第2位,但较于2013年,其申请量占比也出现0.14%的轻微降幅。蔬菜、果树、牧草及其他品种申请量占比排序较为靠后,但较于2013年,均出现不同幅度的增长。就大田作物品种细类而言,玉米申请量占比最高,达35.49%,水稻以32.29%的占比居第2位,普通小麦、大豆、棉属等作物品种申请量占比较低,排位较为靠后。然而,较于2013年,上述主要大田作物品种申请量占比均出现轻微的降幅,其他作物品种申请量占比却略有增长。

从植物新品种授权量结构分析,1999—2014年中国植物新品种授权量占比由高至低的排序为:大田作物(88.71%)、花卉(4.95%)、蔬菜(4.13%)、果树(2.21%)。需要特别说明的是,由于牧草和其他品种授权量为零值,故不再展开讨论其授权量占比的变动趋势(见图2-17)。大田作物授权量占比仍居于首位,但较于2013年的91.89%,授权量占比降低了3.17个百分点。花卉、蔬菜与果树授权量占比均较2013年有所增加,其中,花卉占比增幅最大,增加了2.31%;果树与蔬菜授权量占比呈现轻微的增长趋势,仅分别增加了0.52%和0.34%。从主要的大田作物品种看,较于

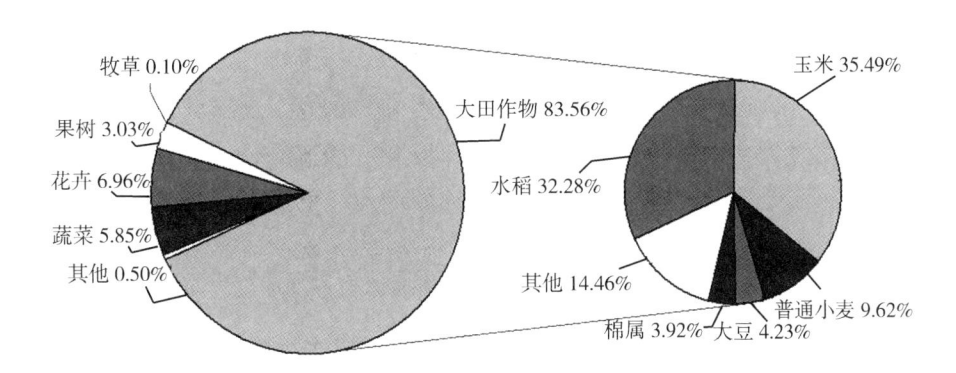

图 2-16 中国植物新品种申请结构（1999—2014 年）

资料来源：中国农业部植物新品种办公室及农科院知识产权研究中心数据，由笔者整理所得。

2013 年，其他品种授权量占比增加了 1.08 个百分点，大豆授权量占比也呈现出 0.27% 的增幅，但水稻、玉米、普通小麦、棉属授权量占比均呈降低趋势。

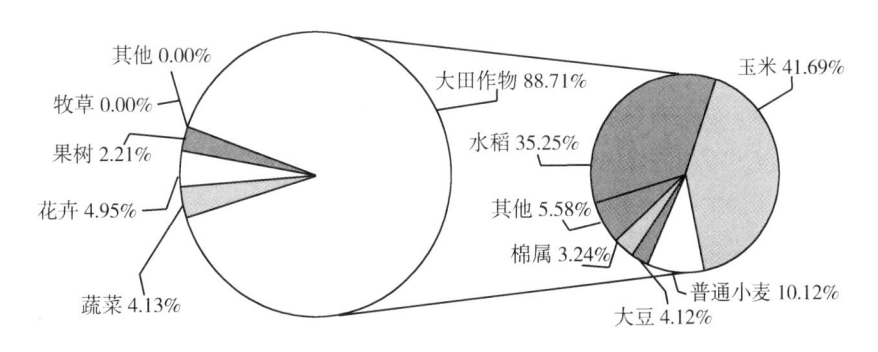

图 2-17 中国植物新品种授权结构（1999—2014 年）

资料来源：中国农业部植物新品种办公室及农科院知识产权研究中心数据，由笔者整理所得。

总结可知，就植物新品种申请与授权结构而言，大田作物仍占有绝对优势，其申请量与授权量占比均远大于其余品种相应占比之和。上述结论从侧面反映出大田作物，尤其是主要大田作物（玉米、水稻、小麦等谷物，大豆等油料作物），是提升我国植物新品种创新产出较为重要的作物。此外，由大田作物、蔬菜、花卉、果树及其他作物品种的申请量与授权量占比变动趋势可知，大田作物占比略有下降，其余作物品种占比均呈增长趋势。该结论表明目前我国植物新品种申请与授权类型仍以大田作物为主，但整体格局将趋于合理化，植物新品种申请与授权类型将呈多元化发展。

②省域植物新品种创新分布

基于农业部植物新品种办公室及农科院知识产权研究中心数据，并结合省域（不包含香港、澳门、台湾）植物新品种申请与授权情况，可对31个省份植物新品种创新产出进行简单排序。需要特别说明的是，在分析省域申请量与授权量特征的基础上，本书采用四均分法划分申请量与授权量的域值（见表2-6）。

表2-6　　中国植物新品种创新的省域分布（1999—2014年）

申请情况		授权情况	
申请量/件	省份排序（由高至低）	授权量/件	省份排序（由高至低）
0—310	鄂、闽、沪、蒙、桂、贵、陕、津、新、晋、渝、赣、甘、琼、宁、青、藏	0—125	浙、鄂、闽、桂、粤、蒙、沪、贵、陕、晋、赣、渝、新、津、琼、甘、宁、青、藏
310—620	云、冀、辽、湘、浙、粤	125—250	冀、湘、云、皖
620—930	川、黑、吉、皖	250—375	吉、辽、黑、京
930—1240	京、豫、鲁、苏	375—500	川、鲁、苏、豫

资料来源：中国农业部植物新品种办公室及农科院知识产权研究中心数据，由笔者整理所得。

由表2-6可知，就申请情况而言，北京、河南、山东、江苏四省市位于第一梯队，省域品种申请量均大于930件，分别为1209件、1022件、1000件及938件，四省市合计占全国总量的30.82%；四川、黑龙江、吉林、安徽四省属于第二梯队；云南、河北、辽宁、湖南、浙江、广东六省属于第三梯队；其余17个省市区属于第四梯队，其中，位于末位的西藏，申请量仅为5件，仅是北京的0.41%。就授权量而言，四川、山东、江苏、河南四省位于第一梯队，其授权总量超过全国 1/3 的份额，高达 34.12%；吉林、辽宁、黑龙江与北京四省市位于第二梯队；河北、湖南、云南、安徽四省位于第三梯队；其余 19 省市区位于第四梯队，位于末位的西藏，累计授权量为零。总结可知，1999—2014 年我国省域植物新品种申请量远高于授权量，这表明各个省份具有较强的农业植物新品种创新意识，但实际的获权能力较弱，即将农业科技创新转化为实际生产力的能力有待提升。此外，省域申请与授权量存在明显的不均衡性，东部和中部地区经济发达省份在植物新品种创新产出上具有一定的优势，西部地区，特别是处于西北地区的省份品种创新意识不足，科技成果转化能力较弱。

③区域植物新品种创新分布

由前文分析可知，我国省份植物新品种创新产出存在明显的差异性，接下来，将进一步从六大区域及三大地区两个方面，归纳总结我国植物新品种创新产出的空间分布特征。从六大区域看，1999—2014 年我国区域植物新品种申请量仍高于授权量，但区域间申请量差异大于授权量差异（见图 2-18）。其中，就品种申请量来看，华东区居第 1 位，总申请量高达 3488 件；中南、华北、东北、西南以及西北 5 个区域分列第 2—6 位，其中，中南区与华北区总申请小于 3000 件，分别为 2327 件和 2197 件；东北区和西南区总申请量低于 2000 件，分别为 1983 件和 1762 件；西北区总申请量低于 1000 件，仅为 403 件，占华东区的 11.55%。从授权量来看，华东和中南两个区域仍居前 2 位，东北区和西南区位次有所上升，分列到第 3、第 4 位，华北区则降至第 5 位，西北区仍居末位，且其总申请量仅占华东区的 11.28%。总结可知，六大区域的农业科技创新意识高于其成果转化能力。华北区和中南区在农业科技创新方面具有一定的优势；华北地区科技创新意识较高，但现实转化力不足；东北区和西南区创新意识略显不足，但实际的获权能力较高；西北地区既缺乏科技创新意识，又不具备良好的获权能力，农业科技成果转化力较低。

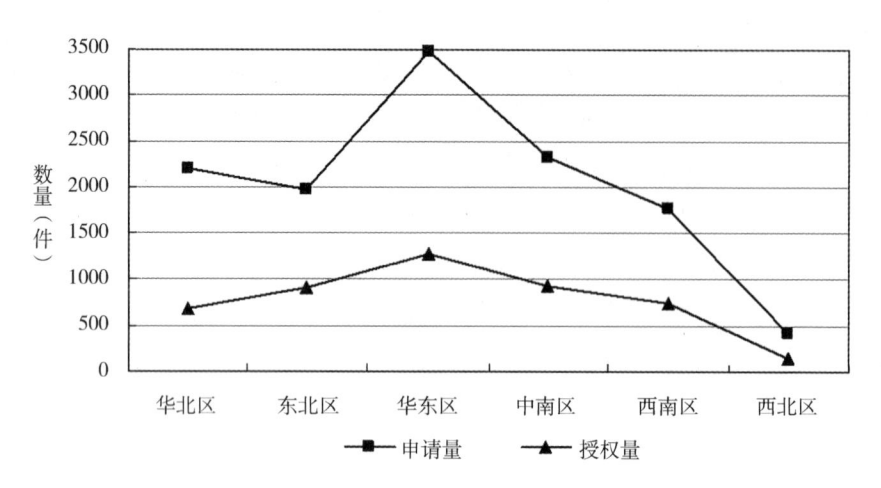

图 2-18　中国区域植物新品种申请与授权分布（1999—2014 年）

资料来源：中国农业部植物新品种办公室及农科院知识产权研究中心数据，由笔者整理所得。

依据传统区域的划分标准，将我国省域划分为东、中、西三大地区。其中，东部地区包括京、津、冀、辽、沪、苏、浙、闽、鲁、粤、琼八省三市；中部地区包括晋、吉、黑、皖、赣、豫、鄂、湘八省；西部地区包括蒙、桂、渝、川、贵、云、藏、陕、甘、青、宁、新六省五区一市。1999—2014 年中国东、中、西三大地区植物新品种申请量仍远高于授权量，依据申请量或授权量进行排序，东部地区均居第 1 位，中部与西部地区分居第 2、第 3 位（见图 2-19）。研究期内，东部总申请量较 2013 年年底增加了 17.08%，高达 5422 件，约占全国总申请量的 40.09%；中部总申请量 4188 件，较 2013 年同期增长了 17.51%；西部总申请量占全国 18.85%，较 2013 年同期增加了 12.24%。从授权量看，东部地区总授权量为 2035 件，中部与西部地区总授权量均低于 2000 件，分别占全国总授权量的 32.18% 与 22.21%。总结可知，东中西三大地区农业科技创新意识均高于其实际的获权能力。其中，东部地区具有较好的创新意识，成果获权能力较强，成果质量略高，维持年限较长；中部地区次之，西部地区略显不足。但结合申请量与授权量的发展变动趋势而言，虽东部授权量增长速度仍高于中部与西部地区，但中部地区申请量增幅最大，东部略低，西部最小。上述结论表明我国植物新品种创新的空间布局呈合理化发展趋势，提升中西部地区创新能力有助于逐渐降低地区间发展的不均衡性。

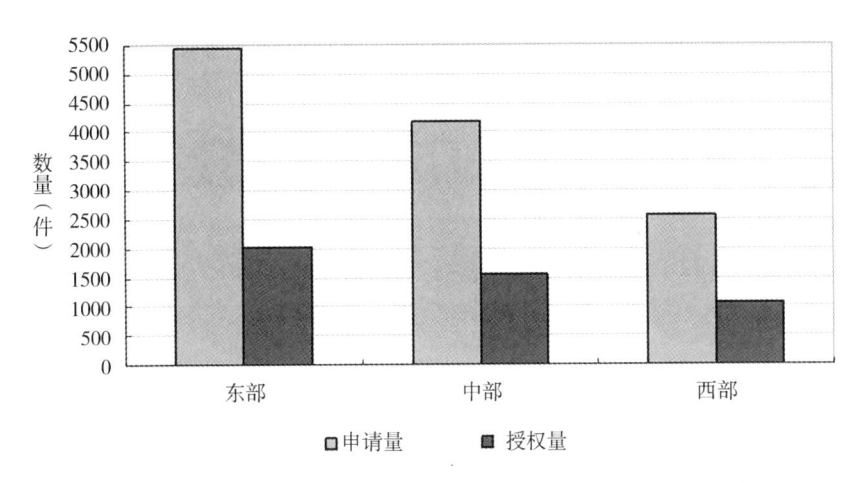

图 2-19 中国区域植物新品种申请与授权分布（1999—2014 年）

资料来源：中国农业部植物新品种办公室及农科院知识产权研究中心数据，由笔者整理所得。

三 农业知识产权创新的主要问题

前文在对中国农业科技创新发展历程进行梳理的基础上，从投入产出两个视角，以农业科研机构为例，归纳总结了我国农业科技资源的分布特征；并基于国内、国外两个方面，对植物新品种创新产出现状进行分析。基于此，归纳概括出农业知识产权创新在实践运行中存在的问题，比如，中国农业科技资源的演进趋势不同，存在空间分布不均衡性；UPOV 植物新品种创新存在空间布局差异，国家间农业知识产权保护意识和实际获权能力存在差异；中国植物新品种创新品种、创新主体及区域分布趋于均衡，等等。

1. 中国农业科技资源的演进趋势不同，存在空间分布不均衡性

其一，从整体来看，1993—2014 年中国农业科研机构数量呈下

降趋势，时呈波动状，年均降幅 0.37%。从区域分布看，2014 年中国农业科研机构具有明显的区域差异性，农业科研机构数量由高到低的排序依次为：中南区、华东区、华北区、西北区、东北区与西南区。此外，无论从隶属关系、管理系统，还是区域分布看，中国农业科研机构均具有行业分布不均的特征。其中，种植业农业科研机构独占鳌头，其占比远高于畜牧业、渔业、农垦、农机化农业科研机构。

其二，从资源投入视角看，农业科技人力资源方面，1993—2014 年中国农业科研机构从事科技活动人员数量呈下降趋势，时呈波动状，年均降幅 0.38%；但科技人员占从业人员的比重总体呈上升趋势。就区域分布而言，无论从绝对量还是年均变动幅度看，不同区域从事农业科技人员仍存在一定的差异，且东部沿海地区（华东区与中南区）科技人员数量略高于西北区与西南区。农业科技经费结构方面，1993—2014 年中国农业科研机构经费收入与支出均呈增长趋势。其中，农业科技经费收入仍以政府资金投入为主，非政府资金占比较低；科技活动支出多用于日常支出费用，且科技活动经费支出存在一定的不均衡性，多用于扶持与促进种植业农业科研机构科技活动。

其三，从科技产出成果看，1993—2014 年中国农业科研机构课题数、发表科技论文数、出版著作数均呈总体上升趋势，时呈波动状，但成果分布不均衡。就 2014 年而言，课题类型以试验发展为主，基础研究型课题最少；课题执行者以省属农业科研机构为主，占比高达 62.11%，且种植业农业科研机构课题数占比达 71.50%，远高于其他行业。类似于课题分布的特征，无论从隶属关系或管理系统看，中国农业科研机构在发表科技论文与出版著作这两项科技成果产出上也存在明显的不均衡性。就知识创新成果而言，中国农业知识创新呈现出良好的发展潜力，其申请知识产权保护能力、成果转化能力、农业知识产权质量及有效维持年限均有所提升。2014 年中国农业知识产权创造指数为 109.54%，申请指数为 111.97%，授权量指数为 113.13%，维持年限指数为 1.3075%，较 2013 年均有所增长。

2. UPOV 植物新品种创新存在空间布局差异，国家间农业知识产权保护意识和实际获权能力存在差异

1999—2014 年国际植物新品种保护联盟成员国植物新品种申请数与授权数总体均呈增长趋势，且每年累计有效植物新品种授权数呈稳定增长趋势。其中，申请数年均增长率达 3.01%，授权数年均增长 3.93%，累计有效授权数年均增长率高达 5.26%。就排名前 20 的 UPOV 成员国而言，在植物新品种申请方面，日本、中国、荷兰具有较高的植物新品种创新成果保护意识，植物新品种创新能力较高；以色列、墨西哥、哥伦比亚植物新品种知识产权保护意识略显不足，植物新品种创新能力较弱。在植物新品种授权方面，日本、荷兰和俄罗斯将农业科技创新成果，尤其是植物新品种创新转换为知识财富的获权能力较强；而英国、墨西哥与瑞士则相对较弱。在植物新品种当年累计有效授权方面，日本、荷兰、美国、巴西、瑞士植物新品种当年累计有效授权均呈增长趋势，植物新品种创新成果质量较高，维持年限较长；以色列植物新品种创新成果发展潜力不足，且波动幅度较大。

3. 中国植物新品种创新品种、创新主体以及区域分布存在差异，但呈均衡性发展趋势

（1）中国植物新品种创新的时序特征。从时间趋势看，1999—2014 年中国植物新品种创新呈现出良好的发展态势，其申请量与授权量均呈增长趋势，时呈波动状，但存在品种分布不均现象。从品种类型看，大田作物、蔬菜、花卉、果树、牧草及其他品种申请量均呈增长趋势。不同之处在于，大田作物申请量基数大，且波动幅度较大，大致呈 N 形的三阶段增长趋势，年均增长率为 18.71%；蔬菜、花卉、果树申请量的波动幅度较小，但均呈快速增长趋势。就植物品种的授权量而言，大田作物、蔬菜、花卉与果树授权量均呈快速增长趋势，但牧草与其他品种授权量均为空值。就植物新品种

申请人与品种权人类型而言，科研机构、教学机构、公司与个人及国外植物新品种申请量与授权量均呈增长趋势；且公司与个人植物新品种申请与授权量开始超过科研机构。由此可知，我国育种研发投资主体将改变科研机构一家独大的局面，逐渐呈多元化格局发展。

（2）就植物新品种申请与授权结构而言，大田作物仍占有绝对优势，其申请与授权量占比均远大于其余品种相应占比之和，大田作物中的谷物（玉米、水稻、小麦等）、油料（大豆）等作物是我国植物新品种创新产出较为关键的品种作物，对提升我国植物新品种创新至关重要。此外，由大田作物、蔬菜、花卉、果树及其他作物品种的申请量与授权量占比的变动趋势可知，目前我国植物新品种申请与授权类型仍以大田作物为主，但整体格局将趋于合理，植物新品种申请与授权类型呈多元化发展趋势。

（3）就省域植物新品种创新产出分布而言，1999—2014年我国省域植物新品种申请量远高于授权量，各省具有较强的植物新品种创新意识，但实际的获权能力较弱，即将知识创新转化为实际生产力的能力有待提升。此外，省域申请与授权量存在明显的不均衡，东部和中部经济发达省份在植物新品种创新上具有一定的优势，西部地区，特别是处于西北地区的省份品种创新意识不足，知识产权转化能力较弱。就区域植物新品种创新的分布格局而言，六大区域的农业科技创新意识均高于其知识产权转化能力，华北区和中南区在农业科技知识创新方面具有一定的优势；华北地区知识创新意识较强，但现实转化力不足；东北区和西南区创新意识略显不足，但实际的获权能力较高；西北地区既缺乏知识创新意识，又不具备良好的获权能力，知识创新成果转化力较低。就东中西三大地区而言，东部地区具有较好的创新意识，知识产权的获权能力较强，知识产权的质量略高，维持年限较长；中部地区次之，西部地区略显不足。然而，结合申请量与授权量的发展变动趋势可知，我国植物新品种创新的空间布局逐渐呈合理化发展趋势。

第三章

农业知识产权创新的时空差异及公平性解析

以植物新品种为例，我国农业知识产权创新仍具有明显的结构差异及区域不均衡性。鉴于此，本章将深入分析我国农业知识产权创新的空间差异，并对其驱动因子进行分解，以找出影响总体差异的根源所在。具体而言，主要解决三个问题：其一，归纳总结我国不同创新主体及不同区域农业知识产权创新的时序演进特征及空间分布格局；其二，量化我国农业知识产权创新的整体差异、区域内差异及区域间差异；其三，找出我国农业知识产权创新总体差异的主要来源。因此，本章包括五节，第一节探讨新古典经济增长理论、内生经济增长理论、技术差距理论及循环累积因果理论等在农业知识产权创新区域差异问题上的运用与分歧；第二节介绍 Dagum 分解的基尼系数的应用；第三节归纳总结我国农业知识产权创新的时序演进特征与空间分布格局；第四节量化我国农业知识产权创新的总体差异，并对其驱动因子进行分解；第五节为主要研究结论与政策启示，是对本章内容的总结与提炼。

第一节　农业知识产权创新的理论支撑

区域创新能力的空间差异[①]及经济发展的不均衡问题[②]一直是学者们关注的热点,然而,学者们对地区差距的原因及经济增长的变动趋势却各持己见。事实上,经济理论的分歧恰恰有助于探究研究对象的本质,因此,关于区域差异及经济发展不平衡的理论分歧有助于剖析区域差异的变动趋势及影响因素,即上述理论的发展可以作为我国农业知识产权创新区域差异强有力的理论支撑。整体来看,学者们的观点可分为两大类,区域差异趋同与区域差异趋异。[③]

其一,"趋同队"认为区域差异会逐渐呈现收敛性特征,呈趋同趋势,即区域差异越来越小。以 Solow(1956,1957)为代表的新古典经济增长理论认为,结合模型假设:边际收益递减、规模收益不变及技术外生性可知,区域农业知识产权创新的差异将不断减小,呈趋同趋势发展。此外,以 Abramovitz(1986)为代表的技术差距理论是对资源禀赋理论的动态扩展,该理论将技术作为独立要素,主要探讨技术差距及变动的影响。结合技术差距理论可知,当区域农业知识产权创新存在差异时,其他地区可以利用农业科技的溢出与扩散效应[④],模仿与借鉴具有农业知识产权创新优势地区的具体实践措施与经验,从而缩小区域差异,促使区域农业知识产权创新呈收敛趋势。

---

　　① 魏守华、禚金吉、何嫄:《区域创新能力的空间分布与变化趋势》,《科研管理》2011年第32卷第4期。

　　② 刘夏明、魏英琪、李国平:《收敛还是发散?——中国区域经济发展争论的文献综述》,《经济研究》2004年第7期。

　　③ 陈祺琪、张俊飚、程琳琳、李兆亮:《农业科技资源配置能力区域差异分析及驱动因子分解》,《科研管理》2016年第37卷第3期。

　　④ 同上。

其二,"趋异队"认为区域差异呈扩大趋势,不会逐渐减小。其中,以 Romer(1990)为代表的内生经济增长理论,将技术内生化,并认为增长的动力是知识的积累,强调知识的外溢效应及有效利用。由内生经济增长理论可知,农业知识产权创新取决于农业科技活动投入及知识存量的有效利用,如由 Jones(1995)对内生经济增长理论的补充可知,由于区域农业科技活动投入与知识利用水平的差异,区域农业知识产权创新的差异不会趋同反而趋异。此外,以 Kaldor(1975)为代表的循环累积因果理论,认为技术在地区之间存在溢出效应与回波效应,且一定程度上该理论更强调技术的回波效应,即当某一区域具有农业知识产权创新的优势时,该地区会吸引其他地区的农业科技资源流入,以持续保持本地区的优势。因此,由循环累积因果理论可知,区域农业知识产权创新的差异只会趋异不会趋同。

第二节 数据来源与方法选择

一 数据来源

如第二章的量化方法,植物新品种创新是对植物新品种权申请量与授权量加权平均的结果。为了便于分析与比较,保持上下文研究区间的一致性,本章研究区间为 2002—2014 年。此外,需要说明的是,书中所涉及的基础数据,包括我国植物新品种创新的基础数据,教学机构、科研机构、公司与个人等不同创新主体植物新品种创新的基础数据均来自中国农业部植物新品种保护办公室及农科院知识产权研究中心的数据。

二 主要研究方法

基尼系数是意大利经济学家 Gini(1912)提出的,最初用于考察居民收入差异,现是分析地区资源差异的重要指标之一。[①] Dagum(1997)提出分解的基尼系数,不仅可以考察资源配置的公平性,还可以测量区域内及区域间的差异性,并量化区域内、区域间及超变因素对总体差距的影响。较于其他指数分析法,如锡尔指数法,Dagum(1997)认为锡尔指数过于简单,忽略了农业科技资源配置的差异及非均衡性以及不同组别之间的突变因素;同时,锡尔指数法类似于单因素分析法,要求数据同方差且具有独立的正态分布(陈祺琪等,2016)。而 Dagum 分解的基尼系数,放宽了对数据分布的严格要求,充分考虑了超变因素的影响(陈祺琪等,2016)。因此,本书引入 Dagum 分解的基尼系数考察我国植物新品种创新的差异性,并简要分析差异的根源。

依据 Dagum 分解的基尼系数,将植物新品种创新的基尼系数定义为 G_1,如式(3-1)所示。其中,$\bar{Y}$ 表示全国植物新品种创新的均值,Y_i、Y_r 表示省域植物新品种创新。此外,与第二章保持一致,研究包含除港澳台之外的 31 个省市区,故 $n = 31$。

$$G_1 = \frac{1}{2\bar{Y}} \sum_{i=1}^{n} \sum_{r=1}^{n} |Y_i - Y_r|/n^2 \qquad (3-1)$$

根据第二章所述的划分方法,将中国省域划分为东北、华北、华东、中南、西南及西北六大区域(陈祺琪等,2016)。划分区域后,可利用式(3-2)测算全国植物新品种创新的基尼系数。其中,k 表示区域划分的个数,取值为 6;n_j、n_h 为 $j(h)$ 地区内省市区的个数,n 为全部省市区个数,且 $n = 31$;$\bar{y}$ 表示全国植物新品种创新的均值,y_{ji}、y_{hr} 对应 $j(h)$ 地区省市区的植物新品种创新。

$$G_2 = \sum_{j=1}^{k} \sum_{h=1}^{k} \sum_{i=1}^{n_j} \sum_{r=1}^{n_h} |y_{ji} - y_{hr}|/2n^2\bar{y} \qquad (3-2)$$

值得注意的是,当对基尼系数进行分解时,必须依据六个区域

[①] 陈祺琪、张俊飚:《农业科技人力资源与农业经济发展关系分析》,《科技管理研究》2015 年第 35 卷第 13 期。

植物新品种创新对其进行排序，具体排序公式（3-3）。

$$\bar{Y}_h \leqslant \cdots \leqslant \bar{Y}_j \leqslant \cdots \leqslant \bar{Y}_k \qquad (3-3)$$

根据 Dagum 分解的基尼系数，可以把基尼系数分解为区域内、区域间及其超变密度 3 个部分（陈祺琪等，2016）。区域内植物新品种创新的基尼系数 G_{jj} 及贡献 G_w 的测算可利用式（3-4）与式（3-5）。

$$G_{jj} = \frac{1}{2\bar{Y}_j} \sum_{i=1}^{n_j} \sum_{r=1}^{n_j} |y_{ji} - y_{jr}|/n_j^2 \qquad (3-4)$$

$$G_w = \sum_{j=1}^{k} G_{jj} p_j s_j \qquad (3-5)$$

区域间植物新品种创新的基尼系数 G_{jh} 及净差距贡献 G_{nb} 可利用式（3-6）与式（3-7）计算。

$$G_{jh} = \sum_{i=1}^{n_j} \sum_{r=1}^{n_h} |y_{ji} - y_{hr}|/n_j n_h (\bar{Y}_j + \bar{Y}_h) \qquad (3-6)$$

$$G_{nb} = \sum_{j=2}^{k} \sum_{h=1}^{j-1} G_{jh}(p_j s_h + p_h s_j) D_{jh} \qquad (3-7)$$

超变密度贡献 G_t 可用式（3-8）测算。

$$G_t = \sum_{j=2}^{k} \sum_{h=1}^{j-1} G_{jh}(p_j s_h + p_h s_j)(1 - D_{jh}) \qquad (3-8)$$

区域间植物新品种创新的基尼系数总贡献 G_{gb}，可通过式（3-9）计算。

$$G_{gb} = G_{nb} + G_t = \sum_{j=2}^{k} \sum_{h=1}^{j-1} G_{jh}(p_j s_h + p_h s_j) \qquad (3-9)$$

式（3-4）至式（3-13）中，$\bar{Y}_{j(h)}$ 表示区域 $j(h)$ 植物新品种创新的均值；$p_j = n_j/n$，$s_j = n_j \bar{Y}_j / n\bar{Y}$，其余字母意义同式（3-2），在此不再赘述。式（3-7）中，D_{jh} 表示植物新品种创新的相对差距，式（3-8）中 $1 - D_{jh}$ 表示超变强度，D_{jh} 的具体计算见式（3-10）。其中，$d_{jh} - p_{jh}$ 表示区域间植物新品种创新的净差距，$d_{jh} + p_{jh}$ 表示区域间植物新品种创新的平均差距。值得一提的是，根据分解的基尼系数的定义，上述公式间存在 $G_2 = G_w + G_{nb} + G_t = G_w + G_{gb}$ 的关系。

$$D_{jh} = \frac{d_{jh} - p_{jh}}{d_{jh} + p_{jh}} \tag{3-10}$$

式（3-10）中，d_{jh}、p_{jh} 的计算如式（3-11）与式（3-12）所示，其中，$F_{j(h)}$ 表示 $j(h)$ 地区的累积分布函数，d_{jh} 表示当 $y_{ji} - y_{hr} > 0$，即 $\bar{y}_j > \bar{y}_h$ 时，区域间植物新品种创新的差距；p_{jh} 表示当 $y_{hr} > y_{ji}$ 时，区域间植物新品种创新的超变一阶矩。

$$d_{jh} = \int_0^\infty dF_j(y) \int_0^y (y - x) \, dF_h(x) \tag{3-11}$$

$$p_{jh} = \int_0^\infty dF_h(y) \int_0^y (y - x) \, dF_j(x) \tag{3-12}$$

第三节 农业知识产权创新的时序演进与空间分布

一 植物新品种创新的时序演进特征

（一）不同创新主体植物新品种创新的时序演进特征

2002—2014年全国以及教学机构、科研机构、公司与个人等不同创新主体植物新品种创新的演进趋势如图3-1所示。由图3-1可知，无论从全国层面，还是就教学机构、科研机构、公司与个人等不同创新主体而言，其植物新品种创新均呈现出波动上升的态势。2002—2014年，全国植物新品种创新年均增长率为16.16%，增幅明显；就不同创新主体而言，公司与个人植物新品种创新增幅最快，年均增长率高达22.71%；教学机构与科研机构植物新品种创新年均增幅相差不大，但教学机构增幅略高，年均增长率为11.58%，居第2位；科研机构年均增幅11.07%，仅以0.51个百分点的劣势居第3位。实质上，深入分析不难发现，我国植物新品种创新具有良好的发展态势，创新主体的格局趋于合理，逐渐改变以公共科研机构为主的创新格局,企业与私人部门在植物新品种创新中的作用日益凸显。

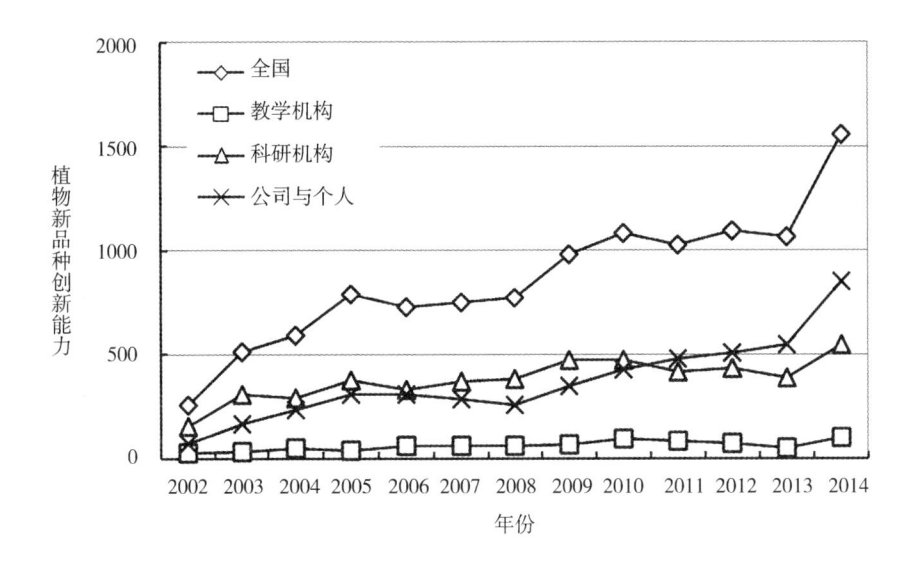

图 3-1 中国及不同创新主体植物新品种创新的变化趋势(2002—2014 年)

资料来源:中国农业部植物新品种办公室及农科院知识产权研究中心数据,由笔者整理所得。

由图 3-1 可知,2002—2014 年,我国植物新品种创新增幅明显,创新能力数值由 2002 年的 258 上升到 2014 年的 1560,年均增长率达 16.16%。根据不同时段变化态势的差别,可将我国在 2002—2014 年的植物新品种创新划分为四个阶段。其中,2002—2005 年为快速上升时期,其间植物新品种创新得到大幅提升,创新能力数值由 2002 年的 258 上升到 2005 年的 787,年均增幅高达 44.99%;2005—2008 年为相对平稳时期,其间植物新品种创新数值基本维持在 760 左右;2008—2013 年属于缓慢波动上升时期,其间创新能力年均增幅为 6.59%,尤其是 2010 年我国植物新品种创新数值突破 1000,之后,2010—2013 年植物新品种创新基本围绕 1067.41 上下波动;2013—2014 年为迅速增长阶段,2014 年我国植物新品种创新发展缓慢的局面得以缓解，植物新品种创新出现了大幅度的提升，相较于 2013 年的 1065，增加了 46.51%。

就不同主体而言，2002—2014 年，植物新品种创新整体呈平稳上升趋势，但差异明显（见图 3-1）。2002—2014 年科研结构植物新品种创新的增长幅度最为缓慢，其创新能力数值从 2002 年的 155 上升到 2014 年的 546，年均增长率仅为 11.07%。具体而言，2010 年之前，科研机构植物新品种创新最强，但 2010—2013 年进入了一个相对低潮时期，创新能力持续下降，其创新能力数值由 2010 年的 473 下降到 2013 年的 389，年均降幅 6.28%，仅相当于 2005 年的水平。因此，从 2010 年开始，科研机构的植物新品种创新被公司与个人的植物新品种创新超越，且两者的差距不断扩大，由 2011 年的 59 稳定增至 2014 年的 303。就时序演进特征而言，除了 2002—2003 年和 2013—2014 年两个显著提高时段之外，我国科研机构的植物新品种创新均处于波动增长状态。其中，2002—2003 年我国科研机构植物新品种创新增幅明显，2003 年创新数值几乎是 2002 年的 2 倍；2003—2013 年科研机构植物新品种创新分别于 2009 年达到峰值 474，2004 年为谷值 291，峰谷值相差 1.63 倍，2009—2013 年，科研机构植物新品种创新出现明显的下降趋势，年均降幅 4.81%。2014 年科研机构创新能力才得到了明显的提升，较 2013 年增加了 40.30%。

2002—2014 年我国公司与个人植物新品种创新的增长速度相对较快，年均增长率高达 22.71%，远高于教学机构与科研机构植物新品种创新的增长速度，居三大创新主体的首位。需要特别指出的是，如前文所述，2011 年公司与个人植物新品种创新开始超越科研机构，成为新的植物新品种创新最强主体，且二者之间的差距呈不断扩大趋势（见图 3-1）。具体而言，根据不同时段变化趋势，公司与个人在 2002—2014 年植物新品种创新大致可以划分为三个阶段：2002—2006 年为高速提升时期，公司与个人的植物新品种创新数值由 2002 年的 73 持续增至 2006 年的 310，年均增长率高达 43.58%；

2006—2008年进入小幅下降时期，公司与个人的植物新品种创新略微减小，且创新数值从2006年的310持续下降到2008年的258，降低幅度达16.76%；2008—2014年再次进入另一个快速上升时期，其间公司与个人的植物新品种创新以21.99%的年均增长率持续增至2014年的850，并达到整个研究期的峰值。

相较于科研机构、公司与个人，我国教学机构的植物新品种创新起伏不大，较为平稳，但其植物新品种创新数值由2002年的28增至2014年的103，年均增长率为11.58%（见图3-1）。根据不同时段变化态势的差别，可将教学机构在2002—2014年植物新品种创新划分为三个阶段：2002—2010年为波动上升时期，除2005年其植物新品种创新出现略微降幅外，该阶段植物新品种创新整体呈增长趋势，其数值由2002年的28增至2010的93，年均增长率达16.39%；2010—2013年为持续下降时期，教学机构植物新品种创新出现明显的下降趋势，2013年植物新品种创新降至50，较2010年降低了45.80%；2013—2014年教学机构植物新品种创新的下降趋势才得以缓解，植物新品种创新出现较大幅度的上升，并于2014年达到整个研究期的峰值103，是2013年植物新品种创新数值的2.02倍。

总体上看，2002—2014年我国植物新品种创新呈现出良好的发展态势，增幅明显。就三大创新主体而言，其植物新品种创新均表现为不同程度的增长趋势，其中，教学机构植物新品种创新的变化趋势相对较为平稳，而科研机构以及公司与个人则呈现显著的上升趋势。尤其是2011年以后，公司与个人的植物新品种创新明显提高，超越科研机构成为新的创新能力最强主体。上述结论从侧面表明随着国家对农业科技创新投入的不断增加以及科技体制改革的不断深化，企业在技术创新中的作用开始显现，因此，应通过优惠政策引导与扶持企业的科技研发活动；此外，在知识经济背景下，企业开始认识到，知识产权已成为企业间竞争的有力武器；基于此，公司和个人等私人部门对以植物新品种为例的农业知识产权创新的重视程度逐渐加强，其投资的积极性及力度也不断增加。因此，公司和个人植物新品种创新持续提高，我国植物新品种创新的主要力量开始由科研机构向私人部门转移。

（二）不同区域植物新品种创新的时序演进特征

进一步地，从西北、西南、中南、华东、华北以及东北六个区域归纳总结我国植物新品种创新的时序演进特征。结合图3-2可知，2002—2014年六大区域的植物新品种创新均得到不同幅度的提升。不同之处在于，西北区植物新品种创新的变动趋势较为平稳，其余五个区域波动性较大；2002年，除西北区植物新品种创新略低之外，其余五个区域植物新品种创新差别不大，六大区域按创新能力由低到高的排序是：西北区、华北区、华东区、西南区、中南区及东北区；但至2014年，六大区域植物新品种创新呈明显的差异，由低到高的排序为西北区、西南区、东北区、中南区、华北区及华东区，且西北区与华东区相差9.75倍。

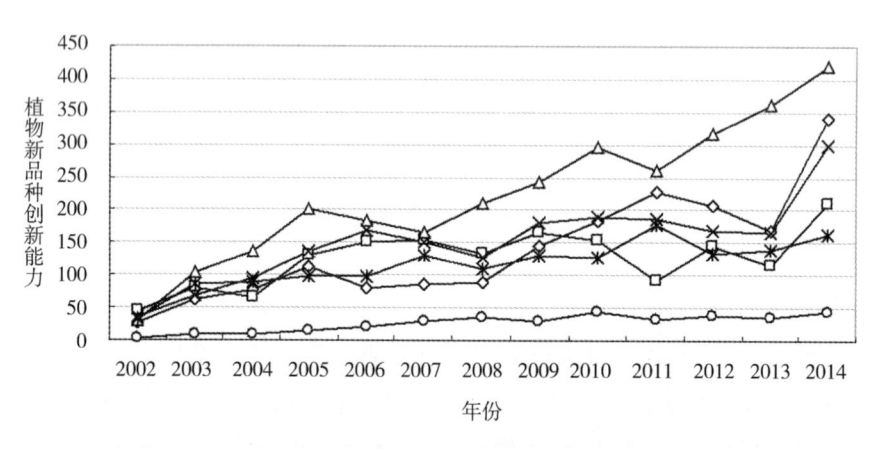

图3-2 中国不同区域植物新品种创新变动趋势（2002—2014年）

资料来源：中国农业部植物新品种办公室及农科院知识产权研究中心数据，由笔者整理所得。

具体而言，2002—2014年华东区植物新品种创新增速最快，年均增长率为 25.05%，居第 1 位。华东区植物新品种创新整体呈阶梯状发展，2002—2005 年、2007—2010 年以及 2011—2014 年为稳定上升阶段；其余年份为创新能力短暂下降阶段。其中，2002—2005 年，创新数值由期初的 29 持续增至 2005 年的 203，年均增幅 91.70%，是创新能力增速最快的阶段；2005—2007 年，创新数值自 2005 年始持续降至 2007 年的 167，降低了 9.17%；2007—2010 年为第二个稳定上升阶段，创新能力以年均 2.08% 的速度增至 2010 年的 295；2010—2011 年，其创新能力出现明显的降幅，2011 年创新数值为 261，较 2010 年降低了 11.40%；2011—2014 年为其第三个稳定上升阶段，2014 年创新数值为 421，较 2011 年年均增幅 17.22%。因此，华东区植物新品种创新整体呈上升趋势，时呈波动状。

研究期内，西北区植物新品种创新数值由 2002 年的 3 波动增至 2014 年的 43，年均增幅达 24.88%，其增速在六大区域中居第 2 位（见图 3-2）。结合西北区创新能力变动趋势特征，可将整个研究期划分为三个阶段，其中，2002—2004 年与 2008—2014 年为西北区的两个波动上升阶段，2004—2008 年为其稳定增长阶段。具体而言，2002—2004 年西北区创新数值经历了先升后降的波动趋势，至 2004 年其创新数值为 8，但仍高于基期值，故该阶段为其植物新品种创新的波动上升阶段；2004—2008 年西北区创新数值直线增至 2008 年的 35，年均增幅 43.30%，增速较快；2008—2014 年，西北区创新能力每个年份与邻近年份的变化趋势均不同，总体呈 V 状循环，但 2014 年其创新能力仍高于 2008 年，故此阶段为西北区植物新品种创新的波动上升阶段。

2002—2014 年华北区植物新品种创新年均增长 23.13%，居第 3 位。整体看，华北区植物新品种创新变动趋势包括三个快速增长阶段，两个短暂的下降阶段，但总体呈上升趋势。具体而言，2002—2005 年为其第一个快速增长阶段，创新数值由 2002 年的 28 增至 2005 年的 111，首次破百，年均增幅 58.51%，增长速度较快；2005—2006 年，华北区创新数值出现下降趋势，2006 年的创新数值较 2005 年降低了 29.56%；2006—2011 年为其第二个增长阶段，华北区创新数值自 2006 年始，持续增至 2011 年的 229，年均增幅较第一个增长阶段有所减缓，年均增长率为 23.88%；2011—2013 年为其第二个下降阶段，2013 年创新数值为 169，较 2011 年降低了 26.14%；2013—2014 年，华北区创新能力高速提升，且 2014 年其创新数值突破 300，达 340，是 2013 年的 2.01 倍。总结可知，华北区植物创新能力的变动趋势呈五阶段变化特征，且其下降阶段的时间及幅度均小于增长阶段，因此，整体看，华北区植物新品种创新仍呈快速增长趋势。

中南区植物新品种创新的年均增长率为 19.63%，居第 4 位，且其创新能力整体变动趋势呈"海鸥"状。2002—2008 年为"海鸥"左翼，其中，2002—2006 年中南区创新能力呈直线型增长，由 2002 年的 35 增至 2006 年的 169，年均增幅 48.40%，增幅较大；2006—2008 年其创新能力出现明显的下降趋势，2008 年创新数值为 127，较 2006 年降低了 24.96%。2008—2013 年为"海鸥"右翼，相对于 2002—2008 年，该阶段波动性较为平缓，2008—2010 年，其创新能力持续增加，至 2010 年达 190，较 2008 年增加了 49.45%；2010—2013 年其创新数值呈持续下降趋势，年均降幅 4.33%。2014 年中南区创新能力降低趋势得以缓解，2014 年其创新数值达 300，约是 2013 年的 1.80 倍。基于上述分析可知，中南区植物新品种创新具有一定的波动性，但整体仍呈增长趋势。

2002—2014 年东北区与西南区植物新品种创新年均增长率分别为 13.99%、13.92%，分别居第 5、第 6 位。东北区与西南区植物新品种创新的整体变动趋势均具有较强的波动性。不同之处在于，东北区创新能力相对平稳期为 2005—2010 年，且其创新能力由 2005 年的 131 波动增至 2010 年的 153，增加了 17.10%，其余年份波动性较大，在此不再展开论述，详情如图 3-2 所示；西南区创新能力的相对平稳期为 2003—2006 年，其创新能力值由 2003 年的 87 波动增至 2006 年的 97，增幅为 12.17%，相对而言，其他年份其创新能力变动趋势的波动性略大，同于东北区不再展开阐述，详见图 3-2。此外，相对而言，东北区仅在 2003 年、2004 年、2011 年与 2013 年创新能力值低于西南区。因此，就整体而言，东北区植物新品种创新高于西南区。

二 植物新品种创新的空间分布特征

由前文分析可知，2002—2014 年我国植物新品种创新呈现出良好的发展势头，发展后劲强劲；但结合表 3-1 数据可知，我国植物新品种创新在省域空间分布上存在明显的差异。

表 3-1　　　　　　2002—2014 年我国省域植物新品种创新

省份	2002	2003	2004	2005	2006	2007	2008	2009	2010	2011	2012	2013	2014	增幅/%
北京	7	27	21	40	36	22	37	68	128	130	107	107	225	33.18
天津	1	0	1	5	3	10	8	6	6	12	22	13	34	37.05
河北	16	22	34	37	22	27	23	38	36	69	59	25	46	9.31
山西	1	6	12	12	6	14	10	13	4	11	5	11	9	20.21
内蒙古	3	7	9	18	12	11	11	19	10	6	14	13	26	18.98
辽宁	25	28	35	45	45	51	31	41	31	15	25	26	33	2.18
吉林	14	30	21	56	55	61	52	63	37	30	46	31	66	13.75
黑龙江	4	23	8	29	52	40	51	62	85	47	75	58	112	30.88
上海	5	7	5	9	7	10	20	23	13	20	30	33	11	7.20
江苏	7	28	46	49	52	48	66	72	88	71	76	74	102	25.01
浙江	1	8	13	9	21	10	25	21	21	20	30	50	68	45.22
安徽	3	16	5	33	14	43	20	21	57	57	75	108	103	33.87
福建	2	18	10	28	15	13	10	17	27	21	18	29	30	26.39
江西	1	7	12	12	6	3	6	12	12	8	8	2	16	28.52
山东	11	20	44	64	69	40	63	76	79	64	80	67	92	19.64
河南	23	27	43	48	68	71	52	81	89	81	74	58	110	13.98
湖北	4	10	15	20	13	24	19	23	22	23	21	21	36	21.27
湖南	4	26	11	35	52	25	23	36	31	43	30	39	81	29.09
广东	3	1	9	10	10	14	18	26	28	27	26	29	54	26.86
广西	1	5	16	21	17	17	12	12	18	11	14	11	17	29.12

续表

省份	2002	2003	2004	2005	2006	2007	2008	2009	2010	2011	2012	2013	2014	增幅/%
海南	1	0	2	4	9	0	3	3	2	2	3	8	3	10.43
重庆	3	5	2	8	9	10	5	10	3	12	16	12	8	9.73
四川	22	78	62	66	66	76	49	53	55	66	49	55	70	9.94
贵州	2	1	9	7	3	14	39	17	12	8	12	4	15	19.69
云南	7	3	15	16	19	29	15	50	56	91	57	63	69	20.62
西藏	0	0	0	0	0	0	0	0	0	0	0	4	0	—
陕西	2	5	6	8	10	7	19	10	13	11	17	9	14	17.36
甘肃	0	1	1	2	4	4	3	11	12	5	13	6	14	—
青海	0	0	0	1	0	0	0	1	4	1	0	1	1	—
宁夏	0	0	0	0	3	2	2	2	4	0	3	3	4	—
新疆	1	5	2	3	5	18	11	7	11	15	5	16	10	21.26

注：增幅为2002—2014年我国植物新品种创新的年均增长率，计算公式为 $\sqrt[12]{x_{2014}/x_{2002}}-1$；此外，由于2002年西藏、甘肃、青海以及宁夏植物新品种创新的数值为0，故其增幅无法进行有效的量化，标注为"—"。

资料来源：中国农业部植物新品种办公室及农科院知识产权研究中心数据，由笔者整理所得。

2002年我国植物新品种创新高值的地区主要分布在中南、东北、西南、华北和华东五大区域。结合表3-1可知，2002年植物新品种创新数值超过20的省份有3个，分别为位于东北地区的辽宁省、中南地区的河南省以及西南地区的四川省，其创新能力数值分别为25、23和22。植物新品种创新数值位于10—20的省份包括华北区的河北、东北区的吉林和华东区的山东三个省份，其创新能力数值分别为16、14和11，均属于植物新品种创新较高的省份。此外，在其余的省市区中，除了北京、上海、江苏和云南四个省市的植物新品种创新数值介于5—7，其余省份的植物新品种创新数值均不超过5。其中，天津、山西、浙江、江西、广西、海南和新疆七个省市区的植物新品种创新总体偏低，其植物新品种创新数值均为1；西藏、甘肃、青海和宁夏四个省区的植物新品种创新则处于最低水平，其植物新品种创新数值甚至全部为0。总结可知，2002年我国植物新品种创新整体水平偏低，且高值地区主要集中于东部沿海（尤其是渤海和黄海沿海省市区域）以及中部的河南省、西部的四川与云南两省。因此，可以直观地判断，2002年我国植物新品种创新存在明显的区域差异。

较于2002年，2014年我国植物新品种创新得到了显著提高，除西藏外，其余省份的植物新品种创新均有了较大幅度的提升。2014年我国植物新品种创新高值区域仍分布于除西北区之外的其余五大区域，但随着中南区的湖北省、华东区的安徽省、江苏省、浙江省以及西南区的云南省进入植物新品种创新高值省域，2004年有11个省市区处于植物新品种创新高值省域，较2002年增加了5个。结合表3-1可知，2014年北京市是唯一一个植物新品种创新数值超过200的省份，其创新能力数值达到了225。黑龙江、吉林、河南、安徽、山东、江苏、浙江、湖南、四川和云南10个省份的植物新品种创新数值位于55—112，属于植物新品种创新较高的地区，且其中黑龙江、河南、安徽与江苏四省的植物新品种创新均高于100，其余六个省市区创新能力值处于65—93。广东、天津、河北、内蒙古、辽宁、湖北及福建七个省市植物新品种创新处于中等水平，创新能力值介于18—54，且仅广东省植物新品种创新值高于50，达54，其余省市创新能力相对偏低。上海、江西、广西、贵州、陕西、甘肃和新疆七个省市区的植物新品种创新数值依次为11、16、17、15、14、14和10，均未超过20，其创新能力处于较低水平。其余省市区的植物新品种创新数值均不足10，且西藏的植物新品种创新值仍为0，是植物新品种创新最低的省份。

总结可知，较于2002年，2014年我国省域植物新品种创新得到了大幅度的提升，整体增幅较为明显。从植物新品种创新水平发展程度看，2014年有11个省市区属于植物新品种创新水平较高的地区，较2002年，多了湖北、安徽、江苏、浙江及云南五个省份。深入分析不难发现，2014年植物新品种创新较高的区域主要集中于东部沿海地区以及中部的河南省、湖南省，西部的四川和云南两省。

上述区域几乎覆盖了我国全部的粮食主产地区和经济发达地区。形成上述现象的原因在于，我国粮食高产地区可能在一定程度上更加注重植物新品种的育种与研发，此外，由于区域经济发展的需要以及知识创新竞争压力的不断增加，上述地区倾向于将知识产权运用到农业科技创新中，以推动植物新品种的推广与应用，进而提升区域植物新品种创新，并确保粮食稳定生产。然而，处于西部地区的多数省份，由于受制于自身落后的经济发展水平和科研能力，加之其知识创新竞争程度相对较弱，故在一定程度上西部地区植物新品种创新的意识较弱，因此，西部地区植物新品种创新相对较弱。

2002—2014年我国植物新品种创新年均增幅较大的省份主要集中在华东及华北两大区域，此外，东北地区的黑龙江也呈现明显的增长趋势。分析表3-1中省域植物新品种创新年均增长率的数值，可将我国省域划分为高速增长区、快速增长区、中速增长区、低速增长区与缓慢增长区五个区域。具体而言，2002—2014年，仅浙江省属于植物新品种创新高速增长区，其植物新品种创新数值的年均增长率高达45.22%，居全国首位。天津、安徽、北京和黑龙江四省市植物新品种创新值的年均增长率超过了30.00%，其增幅依次为37.05%、33.87%、33.18与30.88%，属于植物新品种创新快速增长区域。植物新品种创新中速增长区域包括广西、湖南、江西、广东、福建、江苏、湖北、新疆、云南和山西10个省区，植物新品种创新数值的年均增幅均超过了20.00%，其增幅依次为29.12%、29.09%、28.52%、26.86%、26.39%、25.01%、21.27%、21.26%、20.62%与20.21%。植物新品种创新低速增长区域包括贵州、山东、陕西、河南、吉林与海南六省，植物新品种创新数值的年均增幅均低于20.00%，但超过了10.00%（见表3-1）。植物新品种创新缓慢增长区域包括四川、重庆、河北、上海与辽宁五个省市，其植物新品种创新数值的年均增长率均低于10.00%。需要特别说明的是，2014年西藏、甘肃、青海、宁夏2省2区的植物新品种创新值仍为零值，故无法计算其植物新品种创新值的增长幅度，上述结论从侧面反映出我国西部地区多数省份植物新品种创新相对较低，增幅较小。

此外，结合表3-1中省份植物新品种创新的历年数据可知，除西藏、甘肃、青海及宁夏四省区外，2002—2014年我国省域植物新品种创新均呈现明显的增长趋势，其中浙江省植物新品种创新的年均增幅较大，高达45.22%。然而，深入分析不难发现，各省植物新品种创新均未保持逐年持续增长，均存在明显的时序波动性。换言之，即2002—2014年我国省域植物新品种创新整体呈增长趋势，但均具有时序波动特征，且增幅差异明显。这一结论与前文我国植物新品种创新的时序演进特征相符合。此外，从各地区植物新品种创新增长幅度变化来看，基本呈现出创新能力低值地区增长幅度较大，而高值地区增长幅度偏小的变化趋势。究其原因，可能是植物新品种创新低值区域由于其创新能力值基数较小，加上科技创新产出具有较强的外溢性特征，在加大对植物新品种创新投入力度后，其创新能力增长效果较为明显；而创新能力高值地区由于受到要素投入边际产出递减规律的影响，相对而言，其创新能力增长幅度偏小。因此，植物新品种创新低值区需要继续保持当前创新能力快速发展的势头，而创新能力高值地区则需要优化当前农业科技资源的配置结构，设法在保持原有的植物新品种创新优势的同时，通过政策引导或调节植物新品种创新投入的方向与力度，寻找提升植物新品创新能力的新途径，以突破现有创新能力提升的瓶颈，进而达到增强植物新品种创新的目的。

第四节 农业知识产权创新的实践公平性

一 植物新品种创新的整体差异

根据式（3-1）和式（3-2），可以计算得到2012—2014年中国植物新品种创新的基尼系数，继而绘制出我国植物新品种创新整体差异的变动趋势（如图3-3所示）。就整体变化趋势而言，我国植物新品种创新的基尼系数呈时序波动状，但整体下降态势明显，基尼系数由2002年的0.6118减少到2014年的0.5118，减少幅度达到了16.35%。这说明2002—2014年我国植物新品种创新的整体差异呈较为显著的缩小态势，落后地区与创新能力高值地区间具有明显的"追赶效应"。

2002—2014年我国植物新品种创新的整体差异呈减少趋势，但就基尼系数本身的数值而言，我国植物新品种创新的整体差异仍然显著。研究期内，其基尼系数的取值范围为0.4588—0.6118，平均值为0.5106。然而，按照国际惯例，通常把基尼系数等于0.4作为收入分配差距的警戒线，若以此为植物新品种创新差异的划分标准，我国植物新品种创新的基尼系数均超过了警戒线。此外，若按照联合国有关组织的规定，当基尼系数处于0.5以上时，表示收入差距悬殊，若以0.5作为植物新品种创新差距的划分标准，研究期间我国植物新品种创新有七个年份均超过了这一标准。因此，研究期内，我国植物新品种创新的整体差异仍较为悬殊。

2002—2014年我国植物新品种创新的整体差异呈三个V形变动趋势（图3-3）。其中，第一个V形阶段为2002—2006年，且2002—2005年为我国植物新品种创新差异的快速减小阶段，差异值由研究期峰值，即2000年的0.6118，持续降至2005年的0.4852，降幅高达20.69%；2005—2006年为我国植物新品种创新差异的扩大阶段，且2006年整体差异较2005年扩大了6.45%。第二个V形阶段为2006—2011年，其中，2006—2008年我国植物新品种创新整体差异呈明显缩小趋势，且于2008年降至研究期谷值0.4582，较于2006年，整体差异缩小了11.17%，但差异缩小幅度较上一个阶段明显减小；2008—2011年我国植物新品种创新的整体差异又呈扩大趋势，2011年整体差异的基尼系数较2008年增加了14.40%，年均增长率达4.59%。2011—2014年为我国植物新品种创新整体差异的第三个V形阶段，但不同于前两个阶段，该阶段整体差异减小的年

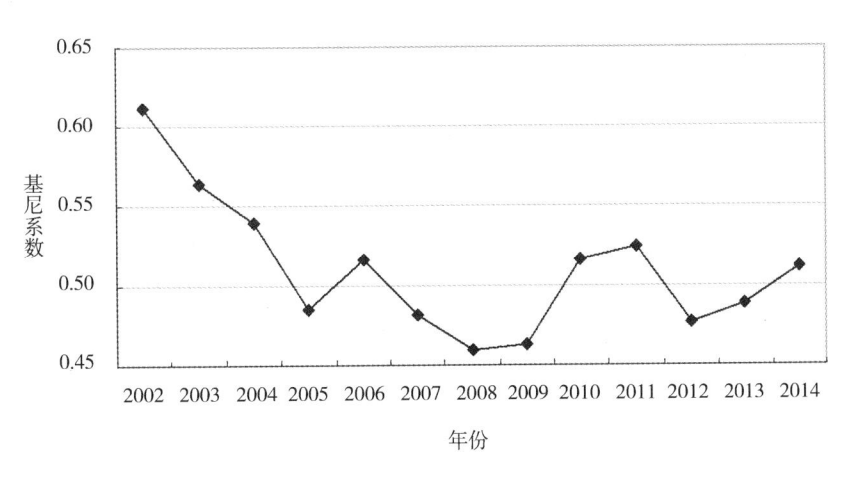

图 3-3 中国植物新品种创新的总体差异（2002—2014 年）

资料来源：中国农业部植物新品种办公室及农科院知识产权研究中心数据，由笔者依据式（3-1）和式（3-2）计算整理所得。

份仅占 1 年，其余年份整体差异均呈扩大趋势；具体而言，2011—2012 年我国植物新品种创新整体差异由 0.5248 减少至 0.4762，降低了 9.26 个百分点；2012—2014 年其整体差异又呈明显的扩大趋势，至 2014 年，整体差异基尼系数增至 0.5118，较 2012 年增加了 7.46%。

总结可知，从基尼系数的时序变化规律看，我国植物新品种创新的差异符合总体收敛的变化特征，但就时序演进特征而言，出现了 2005—2006 年、2008—2011 年及 2012—2014 年三个整体差异扩大的阶段。上述三个波动阶段的出现可以从政策的滞后性进行解释，即各创新主体对国家相关的农业政策具有一定的反应期与适应期，因此，政府试图缩小区域差异的预期政策效果不会立竿见影，有时甚至可能会出现区域差异扩大的短期波动趋势。比如，2004 年我国出台了 21 世纪以来的第一个有关"三农"的一号文件《中共中央国务院关于促进农民增加收入若干政策的意见》，且于同年开始实施农业税减免政策；2008 年中央一号文件强调发挥农业科技及服务体系对农业基础建设的基本支撑作用，进而完善农业基础设施建设，促进农业发展与农民增收，同年国家加大对农业科技创新的投入力度；2012 年中央一号文件《关于加快推进农业科技创新持续增强农产品供给保障能力的若干意见》直接将重点落于农业科技，并强调农业科技结构调整对农业发展的作用。总之，上述政策为农业科研机构、教学机构，公司与个人的创新行为营造了良好的政策环境，在一定程度上调动了创新主体的积极性，但在依据中央政策进行实践的过程中，如何基于各地区的经济发展水平，并结合其特有的农业生产资源，设计提高区域农业科技创新能力的方案，确实需要仔细的研讨与实践摸索。因此，整体看，我国植物新品种创新差异呈缩小趋势，但期间出现了三个不同阶段的反弹趋势。

二　植物新品种创新差异的因子分解

（一）区域内植物新品种创新差异分析

本部分将从东北、华北、华东、中南、西南及西北六个区域对我国植物新品种创新的总体差异进行分解。依据式（3-3）及式（3-4）计算得到 2002—2014 年各个区域植物新品种创新的基尼系数（如表 3-2 所示）。整体而言，除华北区植物新品种创新的基尼系数呈波动增加趋势之外，东北、华东、中南、西南和西北地区的植物新品种创新的基尼系数均呈波动减少态势。即整体上看，华北区植物新品种创新的整体差异略微增加，其基尼系数年均增长率为 0.23%；而东北、华东、中南、西南和西北五区的植物新品种创新的差异则呈减小的趋势。

2002—2014 年植物新品种创新减幅最大的区域是西北区，其基尼系数数值由 2002 年的 0.6667 减小到 2014 年的 0.3206，下降幅度达到了 51.91%，且年均降幅达 5.92%；其次是中南区，其植物新品种创新基尼系数数值由 2002 年的 0.5742 下降到 2014 年的 0.4161，降幅为 27.53%，且年均降幅为 2.65%；接着是华东区，其数值由 2002 年的 0.4476 下降到 2014 年 0.3469，下降幅度为 22.51%，年均降幅为 2.10%；东北区排名第 4 位，其数值由基期年的 0.3186 下降至 2014 年的 0.2512，下降幅度为 21.16%，年均降幅为 1.96%；最后是西南区，其数值由基期年的 0.5909 轻微下降到期末年的 0.4954，下降幅度为 16.16%，且年均降幅仅为 1.46%。此外，就数值的离散程度而言，2002—2014 年华东区植物新品种创新的基尼系数变化趋势最为稳定，基尼系数的标准差仅为 0.0484；其余依次为中南区、西南区、东北区、华北区和西北区，相应的标准差依次为 0.0612、0.0827、0.0899、0.1051 和 0.1254。

表 3-2　　　　　区域内植物新品种创新差距的分解结果

年份	西北区	西南区	中南区	华东区	华北区	东北区
2002	0.6667	0.5909	0.5742	0.4476	0.5173	0.3186
2003	0.5608	0.7410	0.5123	0.2739	0.4513	0.0598
2004	0.6488	0.6240	0.4102	0.4296	0.4134	0.2776
2005	0.5157	0.5806	0.3596	0.3772	0.3424	0.1369
2006	0.3815	0.6123	0.4177	0.4464	0.4141	0.0453
2007	0.5362	0.5320	0.4336	0.3906	0.2111	0.0911
2008	0.5296	0.4887	0.3693	0.3982	0.3214	0.1026
2009	0.3713	0.4481	0.4266	0.3602	0.4124	0.0898
2010	0.2333	0.5244	0.4212	0.3836	0.6046	0.2320
2011	0.5111	0.5423	0.4423	0.3450	0.5347	0.2249
2012	0.4533	0.4397	0.4013	0.3410	0.4812	0.2318
2013	0.4243	0.4919	0.3455	0.3488	0.4859	0.1831
2014	0.3206	0.4954	0.4161	0.3469	0.5315	0.2512

资料来源：中国农业部植物新品种办公室及农科院知识产权研究中心数据，由笔者根据式 (3-3) 和式 (3-4) 计算整理所得。

具体而言，华北区植物新品种创新的基尼系数在 2002—2014 年增加了 2.75%，即华北区植物新品种创新的差异有所增大。根据数据的分布规律（见表 3-2），可将华北区在 2002—2014 年植物新品种创新差异的变动趋势划分为三个阶段。其中，2002—2007 年为其植物新品种创新差异的波动缩小阶段，基尼系数从 2002 年的 0.5173 降至 2007 年的 0.2111，年均降幅 16.41%；2002—2005 年其创新能力差异呈直线型缩减趋势，减幅高达33.81%，2006年基尼系数增至0.4141，较2005年增加了20.95%，2007年该趋势有所缓解，基尼系数降至谷值。2007—2010年为快速增大阶段，基尼系数由2007年的0.2111增加到2010年的0.6046，达到峰值，年均增长率高达42.01%；2010—2014年为波动减小阶段，基尼系数波动降至2014年的0.5315，年均降幅0.32%；其中，2010—2012年，植物新品种创新差异呈减小趋势，基尼系数降幅高达20.41%，2012—2014年区域差异又出现轻微的扩大趋势，较于2012年，2014年植物新品种创新的基尼系数增加了10.46%。

2002—2014年西北区植物新品种创新的区域差异整体呈波动下降趋势，且2002—2011年其分布类似于三个V形，2011—2014年呈现出持续减少的趋势（见表3-2）。具体而言，2002—2004年为西北区植物新品种创新变动趋势的第一个V形，其中，2002—2003年植物新品种创新差异出现了减小趋势，基尼系数由2000年的0.6667降至2003年的0.5608，差异缩小了15.88%；2003—2004年差异呈扩大趋势，基尼系数增至0.6488，较2003年增加了15.68%，增长幅度小于降低幅度，因此，该阶段植物新品种创新差异呈减小趋势。2004—2007年为西北区创新能力差异变化的第二个V形，其中，2004—2006年为创新能力差异的减小阶段，2006年基尼系数较2004年降低了41.20%；2006—2007年为创新能力差距的反弹期，其基尼系数又增至0.5362，增长了40.56%，但类似于上一个阶段，创新能力差异的增长幅度仍小于降低幅度，故此阶段区域差异仍呈缩小趋势。2007—2011年为西北区的第三个V形，其中，2007—2010年为差异减小趋势，年均降幅为24.22%；2010—2011年区域差异呈快速扩大趋势，且2010年为研究期谷值，2011年却触底反弹至0.5111，但仍低于2007年的0.5362，故该阶段区域创新能力整体差异仍呈减小趋势。2011—2014年为西北区植物新品种创新差异持续缩小阶段，2014年基尼系数降至0.3206，较2011年，差异缩小了37.28%。

相较于西北区植物新品种创新差异的变动趋势，中南区创新能力整体差异也呈波动减小趋势；不同之处在于，中南区整体波动幅度较小。2002—2014年中南区植物新品种创新整体差异的变动趋势呈三个阶段的明显特征（见表3-2）。其中，2002—2005年为创新能力差异持续降低阶段，其基尼系数由研究期峰值，即2002年的0.5742，降至2005年的0.3596，减少了37.37%，区域创新能力差异缩小明显。2005—2008年为区域创新能力差异的波动上升阶段，自2005年始区域差异值持续增至2007年的0.4336，2008年差异值降至0.3693，但仍略高于该阶段基期的差异值，因此本阶段为中南区创新能力差异的波动上升阶段。2008—2013年为中南区创新能力差异的波动下降阶段，2013年区域差异值较2008年降低了6.45%；2011—2013年区域差异呈快速下降趋势，由2011年的0.4423降至研究期谷值，即2013年的0.3455，年均降幅为11.62%；但2009年、2011年区域差异值相对于前一年却均呈增长趋势，故此阶段为中南区区域差异的波动下降阶段。值得注意的是，2014年中南区植物新品种创新差异缩小的趋势停止，反而呈扩大趋势，较2013年，2014年区域差异值增加了20.44%。

相较于西北区及中南区植物新品种创新差异的变动趋势，华东区整体波动幅度较小（见表3-2）。整个研究期内，仅2002—2004年华东地区植物新品种创新差异波动性较大，总体呈V形。具体而言，该阶段其基尼系数由峰值即2002年的0.4476，降至谷值即2003年的0.2739，降低了38.82%；之后于2004年，创新能力差异呈扩大趋势，较于2003年增加了42.96%，差异值达0.4296，但仍低于基期值，故该阶段华东区植物新品种创新差异仍呈缩小趋势。2004—2011年区域创新能力差异波动幅度更小，差异值围绕0.3913上下波动，且波动值不超过0.0550。2011—2014年华东区创新能力差异较为稳定，几乎呈直线型趋势，差异值围绕0.3454上下波动，波动值不超过0.0034。总结可知，华东区植物新品种创新差异波动幅度较小，且整体呈减小趋势。

东北区植物新品种创新差异的波动性明显，但其植物新品种创新差异整体呈减小趋势（见表3-2）。整体看，东北区植物新品种创新差异呈四个阶段的趋势变化特征。2002—2006年为波动下降阶段，该阶段差异值变动趋势呈倒N形，基尼系数自2002的峰值0.3186骤降至2003年的0.0598，后又迅速增至2004年的0.2776，继而又持续降至2006年的0.0453，跌至谷底。2006—2009年为其波动增长阶段，创新能力差异值年均增长率为25.65%；其中，2006—2008年创新能力基尼系数以年均50.55%的增长率增至2008年的0.1026，2009年又降至0.0898，但仍高于基期的数值，故该阶段区域差异呈波动增长的变动趋势。2009—2010年为其快速增长阶段，2010年创新能力基尼系数迅速增至0.2320，是2009年的2.58倍。2010—2014年为其波动上升阶段，较于2006—2009年的波动增长特征，该阶段前期平稳，后期波动幅度较大；具体而言，2010—2012年，创新能力基尼系数较为平稳，差异值围绕0.2296上下波动，波动幅度不超过0.0022；2012—2014年创新能力基尼系数由2012年的0.2318降至2013年的0.1831，降低了20.99%，2014年创新能力基尼系数又增至0.2512，较2013年增加了37.16%，因此，该阶段为东北区植物新品种创新差异的波动上升阶段。

相对于西北、中南、东北以及华东四区，西南区植物新品种创新差异整体仍呈波动减小的变动趋势，不同之处在于，西南区波动幅度较小，远低于西北、中南及东北三区的波动幅度。结合表3-2的数据分布特征可知，西南区植物新品种创新差异变动趋势可分为三个阶段。其中，2002—2009年为其创新能力差异的波动减小阶段，该阶段创新能力基尼系数自2002年的0.5909骤增至2003年的0.7410，达到研究期峰值；继而降至2009年的0.4481，年均降幅3.87%，2006年创新能力差异呈增大趋势，之后创新能力差距呈直线降低趋势，因此，该阶段西南区植物新品种创新区域差异呈波动减小的趋势特征。2009—2011年为其稳定增长的阶段，其基尼系数持续增至2011年的0.5423，年均增长10.01%，创新能力差异呈增大趋势。2011—2014年为其波动下降阶段，不同于西南区2002—

2009 年的阶段特征，该阶段总体呈先降后升的变动趋势，即创新能力由 2011 年的 0.5423 骤降至 2012 年的 0.4397，之后降低趋势得以缓解，并以年均 6.15% 的增长率持续增至 2014 年的 0.4954。

(二) 区域间植物新品种创新差异分析

根据式 (3-3) 与式 (3-8)，计算得到东北、华北、华东、中南、西南及西北六个区域间植物新品种创新差异的基尼系数。此外，需要特别说明的是，根据 Dagum 分解的基尼系数可知，$G_{jh} = G_{hj}$，即 j 地区与 h 地区的区域间创新能力的差异等于 h 地区与 j 地区间差异[1]，因此六个区域总共可以形成 15 个区域组合[2]，具体如表 3-3 所示。

表 3-3　　　　区域间植物新品种创新差距的分解结果

年份	西北—西南	西北—中南	西北—华东	西北—华北	西北—东北	西南—中南	西南—华东	西南—华北
2002	0.8726	0.8433	0.7831	0.8379	0.9212	0.6089	0.5904	0.5863
2003	0.8808	0.7799	0.7580	0.7707	0.8595	0.7538	0.7133	0.7427
2004	0.8802	0.8299	0.8488	0.8331	0.8569	0.5645	0.5671	0.5808
2005	0.8099	0.7991	0.8305	0.7951	0.8839	0.5288	0.5251	0.5275
2006	0.7423	0.7357	0.7297	0.6196	0.8423	0.5438	0.5532	0.5721
2007	0.7243	0.6856	0.6682	0.5319	0.7875	0.5031	0.5042	0.4745
2008	0.6769	0.5835	0.6677	0.5428	0.7324	0.4691	0.4868	0.4664
2009	0.6987	0.7004	0.7007	0.6738	0.8015	0.4768	0.4546	0.4570
2010	0.6573	0.6138	0.6529	0.6953	0.7015	0.5421	0.5087	0.6388
2011	0.7830	0.7140	0.7248	0.7893	0.6599	0.5371	0.4869	0.5637
2012	0.6617	0.6273	0.7258	0.7248	0.7295	0.4677	0.4677	0.5152
2013	0.6975	0.6288	0.7911	0.6842	0.6961	0.4651	0.4915	0.5578
2014	0.6915	0.7418	0.7539	0.7854	0.7813	0.5014	0.4920	0.6190

年份	西南—东北	中南—华东	中南—华北	中南—东北	华东—华北	华东—东北	华北—东北
2002	0.5464	0.5676	0.5827	0.5796	0.5163	0.5508	0.6068
2003	0.6822	0.4397	0.4952	0.4216	0.3876	0.3037	0.3848
2004	0.5423	0.4412	0.4325	0.3955	0.4600	0.4064	0.3701

---

[1] 陈祺琪、张俊飚：《农业科技人力资源与农业经济发展关系分析》，《科技管理研究》2015 年第 35 卷第 13 期。

[2] 同上。

续表

年份	西南—东北	中南—华东	中南—华北	中南—东北	华东—华北	华东—东北	华北—东北
2005	0.5244	0.3943	0.3659	0.3577	0.3940	0.3605	0.3171
2006	0.5360	0.4392	0.4924	0.3674	0.5214	0.3941	0.5257
2007	0.4577	0.4625	0.3966	0.4239	0.3958	0.3733	0.5019
2008	0.4000	0.4213	0.3801	0.3933	0.4379	0.3497	0.4405
2009	0.3962	0.4119	0.4363	0.3913	0.4086	0.3493	0.3749
2010	0.4897	0.4338	0.5780	0.3866	0.5561	0.3450	0.5208
2011	0.5069	0.4203	0.5544	0.3714	0.5059	0.3446	0.3453
2012	0.4176	0.4236	0.4926	0.3891	0.4449	0.3064	0.4099
2013	0.4193	0.4437	0.4755	0.3023	0.5072	0.3307	0.4464
2014	0.4737	0.4007	0.5372	0.3617	0.5217	0.3231	0.4778

资料来源：中国农业部植物新品种办公室及农科院知识产权研究中心数据，由笔者根据式（3-3）和式（3-8）计算整理所得。

1. 区域间植物新品种创新差距的变动趋势

具体而言，对区域间植物新品种创新差异的年均变化率进行分析可知，2002—2014年西南—华北以及华东—东北两个区域组合的植物新品种创新差异呈微弱的增大趋势，且西南—华北区域间植物新品种创新差异略高于华东—东北，其年均增长率为0.45%，而华东—东北区创新能力差异的年均增长率仅为0.09%，这说明，西南区与华北区两个区域间植物新品种创新的差距大于华东区与东北区两区域间的差距。此外，其他13个区域组合的植物新品种创新差异均呈缩小的趋势，但年均降幅存在明显的差异。具体而言，就其植物新品种创新差异的年均变动率而言，可以将其划分为三个类别：其一，区域间差异高速减小组，其区域间创新能力差异的年均缩小速度均大于2.00%，主要包括华东—东北、中南—东北以及中南—华东，且相应的植物新品种创新差异的年均降幅为4.35%、3.85%和2.86%。其二为区域间差异快速减小组，其创新能力差异的年均降幅均大于1.00%，由华北—东北、西北—西南、西南—中南、西南—华东、西北—东北、西南—东北、西北—中南七个区域组合构成，其相应的创新能力差异的年均降幅依次为1.97%、1.92%、1.61%、1.51%、1.36%、1.18%与1.06%。其三为区域间差异平稳减小组，其植物新品种创新差异的年均降幅均小于1.00%，主要包括中南—华北、西北—华北及西北—华东三个区域组合，其相应的年均降幅依次为0.68%、0.54%、0.32%。

总结可知，我国区域间植物新品种创新差距的变动趋势存在明显的差异性，其中，西南—华北、华东—东北两个区域间创新能力差异存在轻微的增大趋势，其他13个区域间创新能力差异呈缩小的趋势，但缩小的程度与速度不同。此外，就区域间创新能力差异缩小的区域组合而言，东中部地区创新能力差距缩小速度远大于西部地区，尤其是西北地区，但其临近区域创新能力差异的缩减速度略高。上述结论表明区域间植物新品种创新存在一定的溢出效应，临近区域创新能力较高的地区，当该区域植物新品种创新较低时，可以通过模仿或借鉴其周围植物新品种创新相对较高地区的相关政策设计与路径规划，以提升其植物新品种创新，进而缩小区域间植物新品种创新的差距。

2. 区域间植物新品种创新差距的差异程度

基于表3-3中区域间植物新品种创新的差距，就区域间植物新品种创新差距的平均值而言，按照区域间创新能力差距，进行由大到小排序为：西北—东北、西北—西南、西北—华东、西北—华北、西北—中南、西南—华北、西南—中南、西南—华东、西南—东北、中南—华北、华东—华北、华北—东北、中南—华东、中南—东北、华东—东北。深入分析不难发现，西部地区植物新品种创新较低，与东中部区域的差距较大；东中部地区植物新品种创新略高，且中部与东部地区间创新能力的差距小于西部与东中部的差距。

就两两区域间植物新品种创新基尼系数的大小而言，为了较为深入地对区域间植物新品种创新差距进行比较分析，本书以2002年和2014年两个年份为研究期样本年份，分析区域间植物新品种创新的具体差距及位次变化。这样做的原因在于，在与前文样本分析保持一致的基础上，既可以直接比较研究基期与末期创新能力差距值的变动幅度，又便于总结研究期内区域间差距变动的规律。2002年，西北—东北区域间植物新品种创新的差异最大，其基尼系数数值高达 0.9219，华东区与华北区植物新品种创新差距最小，其基尼系数为 0.5163；较于其他区域间创新能力的差距，西北区与其他区域间植物新品种创新的差异更为凸显。2002 年区域之间植物新品种创新的差异从大到小排序为西北—东北、西北—西南、西北—中南、西北—华北、西北—华东、西南—中南、华北—东北、西南—华东、西南—华北、中南—华北、中南—东北、中南—华东、华东—东北、西南—东北以及华东—华北。

相较于 2002 年，在 15 个区域组合中，2014 年仅有西南—华北、华东—东北 2 个区域组合植物新品种创新差距呈微弱的增大趋势，其余 13 个区域组合创新能力差距均呈减小趋势，但差异减小的程度不同。2014 年，西北区与其他区域之间的植物新品种创新的差距仍大于其他区域间的差异；不同之处在于，2014 年西北—华北区域间的植物新品种创新的差异最大，其基尼系数为 0.7854；华东—东北区域间植物新品种创新差距最小，其基尼系数为 0.3231。2014 年区域间植物新品种创新的差异从大到小排序是西北—华北、西北—东北、西北—华东、西北—中南、西北—西南、西南—华北、中南—华北、华东—华北、西南—中南、西南—华东、华北—东北、西南—东北、中南—华东、中南—东北和华东—东北。

（三）区域植物新品种创新差异贡献度分析

基于式（3-3）、式（3-5）、式（3-7）至式（3-12），可以计算得到区域内、区域间及其超变密度对植物新品种创新总体差距的贡献值及贡献率。此外，根据 Dagum 分解的基尼系数可知，区域间总差距等于区域间净差距及区域间超变密度差距之和，因此，可计算得到区域间总差距对总体差距的贡献值及贡献率（见表 3-4），我国植物新品种创新整体差距的分解因子——地区内差距、地区间净差距及地区间超变密度差距均呈不同程度的减小趋势，相较于地区间总差距的贡献值，地区内差距的贡献值较小，贡献率较低。

表 3-4　　　　　　植物新品种创新总体差距的分解结果

年份	全国	地区内差距 贡献值	地区内差距 贡献率	地区间净差距 贡献值	地区间净差距 贡献率	地区间超变密度 贡献值	地区间超变密度 贡献率	地区间总差距 贡献值	地区间总差距 贡献率
2002	0.6118	0.0814	13.30%	0.3150	51.50%	0.2144	35.05%	0.5295	86.55%
2003	0.5640	0.0715	12.68%	0.2559	45.38%	0.2366	41.94%	0.4925	87.32%
2004	0.5390	0.0797	14.78%	0.1967	36.49%	0.2626	48.73%	0.4593	85.22%
2005	0.4852	0.0649	13.37%	0.2519	51.91%	0.1685	34.72%	0.4203	86.63%
2006	0.5165	0.0635	12.29%	0.2832	54.84%	0.1656	32.07%	0.4488	86.90%
2007	0.4819	0.0635	13.17%	0.2443	50.69%	0.1742	36.15%	0.4185	86.83%
2008	0.4588	0.0645	14.07%	0.2390	52.09%	0.1553	33.85%	0.3942	85.93%
2009	0.4628	0.0637	13.76%	0.2234	48.28%	0.1757	37.96%	0.3991	86.24%
2010	0.5166	0.0753	14.58%	0.2134	41.32%	0.2278	44.10%	0.4413	85.42%
2011	0.5248	0.0779	14.84%	0.1913	36.46%	0.2488	47.40%	0.4401	83.86%
2012	0.4762	0.0684	14.36%	0.2254	47.34%	0.1821	38.24%	0.4075	85.58%
2013	0.4884	0.0692	14.18%	0.2418	49.51%	0.1774	36.32%	0.4191	85.82%
2014	0.5118	0.0722	14.10%	0.2370	46.31%	0.2026	39.59%	0.4396	85.90%

资料来源：中国农业部植物新品种办公室及农科院知识产权研究中心数据，由笔者根据式（3-3）、式（3-5）、式（3-7）至式（3-12）计算整理所得。

1. 植物新品种创新差距的贡献值分析

具体而言，2002—2014 年我国植物新品种创新地区内差距的贡献值整体呈下降趋势，时呈波动状，且波动性较小；其数值由 2002 年的 0.0814 减少到 2014 年的 0.0722，年均降幅 1.00%。其中，2002—2005 年我国植物新品种创新地区内差距贡献值呈倒 N 形变动趋势，其基尼系数呈现"降—升—降"的变动趋势，且 2005 年的数值较 2002 年降低了 20.27%；2005—2009 年地区内差距贡献值呈微弱减小趋势，但整体较为平稳，其数值基本围绕 0.0640 上下波动，且波动幅度不超过 0.10%；2009—2011 年地区内差距贡献值呈稳定增长趋势，由 2009 年的 0.0637 持续增至 2011 年的 0.0779，年均增长 6.49%；2011—2014 年地区内差距贡献值呈波动下降趋势，2012

年贡献值出现明显的降幅，较 2011 年降低了 12.23%，2012—2014 年贡献值又呈现小幅上升的趋势，由 2012 年的 0.0684 持续增至 2014 年的 0.0722，但仍略低于 2011 年，故该阶段为地区内差距贡献值的波动下降阶段。

就植物新品种创新地区间差距的贡献值而言，无论从地区间净差距贡献值、地区间超变密度贡献值，还是地区间总差距贡献值来看，其差距贡献值均高于地区内差距贡献值。其中，就地区间净差距贡献值而言，2002—2014 年地区净差距贡献值由基期的 0.3150 降至末期的 0.2370，年均降幅达 2.34%。此外，就表 3-4 中地区间净差距贡献值数据的分布特征看，地区间净差距贡献值的趋势变动特征大致可分为三个阶段：2002—2006 年为波动下降阶段，相对于其余两个阶段，此阶段波动性较大，整体呈 V 形，其贡献值由研究期峰值，即 2002 年的 0.3150，持续降至研究期谷值，即 2004 年的 0.1967，后又持续增至 2006 年的 0.2832；2006—2011 年为稳定下降阶段，该阶段地区间净差距贡献值自 2006 年开始持续降至 2011 年，降幅高达 32.45%；2011—2014 年为波动上升阶段，此阶段贡献值自 2011 年开始以年均 12.41% 的幅度持续增至 2013 年，2014 年贡献值出现轻微的下降趋势，较 2013 年降低了 1.97%。

在植物新品种创新地区间超变密度的贡献值方面，研究期内，其数值大致介于地区内差距贡献与区域间净差距贡献值之间；其贡献值整体呈波动下降趋势，年均降幅为 0.47%。从变化轨迹上看，2002—2014 年地区间超变密度贡献值呈四阶段的变化趋势：2002—2005 年，其贡献值呈倒 V 形变动趋势，由 2002 年的 0.2144 持续增至 2004 年的 0.2626，并达到研究期峰值，2005 年出现骤降，较 2014 年降低了 35.86%；2005—2009 年为相对稳定阶段，其贡献值波动性较小，且上涨幅度较低，仅为 4.29%；2009—2011 年为稳定上升阶段，其数值由 2009 年的 0.1757 持续上升到 2011 年的 0.2488，增幅达 41.61%；2011—2014 为波动下降阶段，贡献值经历了先降后升的变动，其中自 2011 年始，贡献值持续降至 2013 年的

0.1774，降幅高达28.70%，较于2013年，2014年贡献值以24.13%的增幅增至0.2026。

在植物新品种创新地区间总差距的贡献值方面，其变动趋势同于全国差距的变动趋势。主要原因在于，根据Dagum分解的基尼系数可知，地区间总差距贡献与地区内差距贡献之和等于全国总差距，加之地区内差距贡献值较小，故直接导致了地区间总差距贡献的变动趋势与全国差距变动趋势的拟合。此外，地区间总差距贡献值的整体变动趋势相对较为平稳，其数值由2002年的0.5295减少到2014年的0.4396，年均降幅仅为1.54%。就数据分布特征看，其变动趋势可划分为三个阶段，其中，2002—2005年为快速下降阶段，其贡献值由研究期峰值，即2002年的0.5295持续降至2005年的0.4203，降低了20.61%；2005—2008年为波动下降阶段，自2005年始，贡献值先增至2006年的0.4488，后持续降至2008年的0.3942，跌至研究期谷值；2008—2014年为波动上升阶段，整体呈N形变动趋势，即贡献值自2008年持续增至2010年的0.4413，年均增幅5.80%，2010—2012年呈持续下降趋势，年均降幅3.90%，2012—2014年贡献值出现持续增长趋势，至2014年贡献值为0.4396，较2012年增加了7.87%。

2. 植物新品种创新差距的贡献率分析

结合表3-4的计算结果，前文从地区内差距、地区间净差距、地区间超变密度以及地区间总差距贡献值的角度出发，分析了区域植物新品种创新差距贡献值的变动趋势特征。然而，仅从贡献的绝对量进行分析，难以对全国差距的来源进行深入的分析，因此引入比值指标——贡献率[①]，以便对全国植物新品种创新总体差距的分解因子进行深入的比较分析。结合表3-4的数据，可以得到区域植物新品种创新总体差距分解因子贡献率的演变趋势，具体如图3-4所

---

① 陈祺琪、张俊飚、程琳琳、李兆亮：《农业科技资源配置能力区域差异分析及驱动因子分解》，《科研管理》2016年第37卷第3期。

示。分析图3-4可知，我国植物新品种创新总体差异的分解因子中，地区内差距和地区间总差距贡献率较为平稳，波动性较小；相对而言，地区间净差距和地区间超变密度贡献率波动较大，且二者变动趋势大致呈相互对称状。

就地区内差距对总体差距的贡献率而言，2002—2014年其贡献率处于[12.29%，14.85%]，基本围绕13.81%上下波动，且波动幅度不超过1.52%。就贡献率变化趋势而言，可将研究期内地区内差距贡献率的变动趋势划分为两个阶段，其中，2002—2006年为波动下降阶段，贡献率经历了"降—升—降"的变动趋势，整体呈倒N形，至2006年贡献率降至12.29%，达到研究期谷值，较2002年，降低了7.62%；2006—2014年为波动上升期，其间贡献率出现两个（2006—2008年、2009—2011年）为期三年的稳定上升期，其中，2006—2008年贡献率年均增幅为7.00%，2009—2011年贡献率年均增幅为3.88%，并于2011年达到峰值14.84%，2011—2014年贡献率持续下降至2014年的14.10%，较2011年，降低了5.02%（见图3-4）。

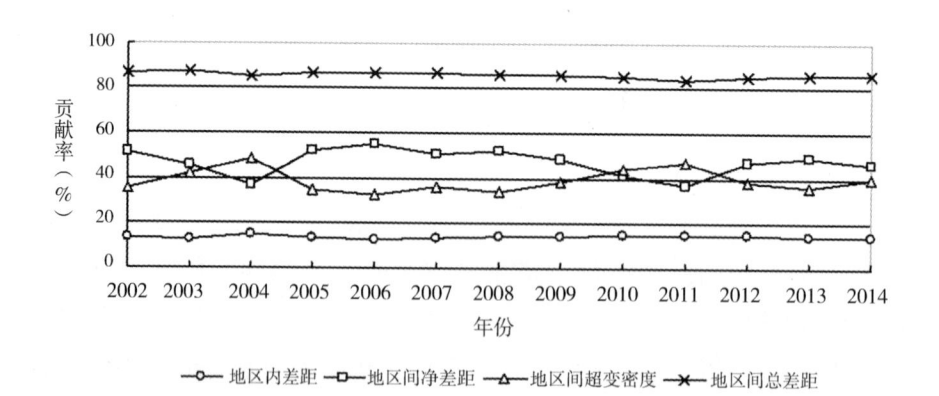

图3-4 植物新品种创新差距贡献率的变动趋势

资料来源：中国农业部植物新品种办公室及农科院知识产权研究中心数据，由笔者根据式（3-3）、式（3-5）、式（3-7）至式（3-12）计算整理所得。

就地区间总差距对植物新品种创新总体差距的贡献率而言，其对总体差距的贡献率均大于83.85%，其中，2003年总体差距贡献率达到研究期峰值87.32%，2011年其贡献率最小为83.86%（见表3-4）。但整体看，地区间总差距对我国植物新品种创新总体差距的贡献率呈减小趋势，时呈波动状（见图3-4）。就其贡献率分布特征看，可将研究期地区总差距贡献率划分为三个阶段，2002—2006年为波动上升阶段，其中2002—2005年贡献率呈N形变动，至2006年地区总贡献率为86.90%，较2002年增加了0.41%；2006—2011年为波动下降阶段，贡献率整体呈"海鸥"状，且2006—2008年为"海鸥"左翼，贡献率降幅为1.12%，2008—2011年为"海鸥"右翼，贡献率降幅为2.41%；2011—2014年为持续上升阶段，其中，2011—2012年贡献率增长较快，增加了2.05%，2012—2014年贡献率增长较为缓慢，年均增幅仅为0.18%。

从地区间净差距对植物新品种创新总体差距的贡献率看，2002—2014年地区净差距对我国植物新品种创新总体差距贡献率的取值范围属于[36.46%，54.84%]，且整体呈扁平化W状，显现出波动下降的趋势特征。结合图3-4可知，研究期内，地区间净差距的整体变动趋势呈现出四阶段的变动特征，其中，2002—2004年及2008—2011年为地区间净差距的两个稳定下降阶段，其对应的年均降幅分别为15.83%与11.21%，2011年出现研究期谷值36.46%；2004—2008年与2011—2014年为其两个波动上升阶段，其中，2008年贡献率较2004年增加了42.75%，2014年贡献率较2011年增加了27.03%。然而，从整体看，2014年地区间净差距贡献率为46.31%，较2002年减少了10.07%，因此，研究期内地区间净差距对我国植物新品种创新总体差距的贡献率呈波动下降趋势。

就地区间超变密度对我国植物新品种创新总体差距的贡献率而言，地区间超变密度差距贡献率与地区间净差距贡献率呈对称型，基本呈扁平化M状（见图3-4）。相对于地区间净差距贡献率的变动趋势，地区间超变密度贡献率整体变化趋势也可以划分为四个阶段，其中，2002—2004年及2008—2011年为其两个稳定增长期，对应年均增长率为17.91%与11.88%。2004—2008年及2011—2014年为其两个波动下降阶段，2004—2008年其贡献率自研究期峰值，即2004年的48.73%持续降至2006年的32.07%，达到研究期谷值，后波动增至2008年的33.85%；2011—2014年其贡献率自2011年始持续降至2013年，降幅高达23.38%，2014年地区间超变密度贡献率出现轻微的上升趋势，较2013年增加了9.01%。

总之，中国植物新品种创新差距主要来自区域间植物新品种创新的总差距，且地区间总差距对我国植物新品种创新的贡献率是地区内差距贡献率的5.65—7.07倍。就地区间差距的组成来看，2002—2014年，仅2004年、2010年以及2011年三年地区间净差距对我国植物新品种创新总体差异的贡献值与贡献率低于地区间超变密度，因此，地区间净差距是导致我国植物新品种创新存在差距的主要原因。但从地区间净差距及总差距贡献率的变动趋势看，2002—2014年地区间净差距及地区间总差距对我国植物新品种创新总体差异的贡献率均呈减小趋势，这表明，我国植物新品种创新区域间差异将呈不断缩小趋势，即区域间植物新品种创新的差异性将不断减小。

第五节　结论和政策建议

一　主要结论

基于新古典经济增长理论、内生经济增长理论、技术差距理论以及循环累积因果理论，本书论述了学者们对区域差异及经济发展不平衡问题的理论分歧，以植物新品种为例，从全国层面，教学机构、科研机构以及公司与个人不同创新主体的角度和西北、西南、中南、华北、华东以及东北不同区域的视角，归纳总结了2002—2014年我国农业知识产权创新的时序演进特征，并对31个省市区农业知识产权创新的空间布局格局进行了深入分析。借助于Dagum分解的基尼系数，量化了我国农业知识产权创新的总体差异，并基于区域内与区域间两个视角对其进行分解，测算了区域内、区域间及其超变密度对我国农业知识产权创新总体差异的贡献率。主要获得以下五个方面的研究结论。

第一，我国植物新品种创新具有良好的发展态势，且创新主体的格局趋于合理化，逐渐改变以公共科研机构为主的创新格局，公司与个人在植物新品种创新中的作用日益凸显，但不同创新主体的植物新品种创新仍存在明显的差异。具体而言，2002—2014年我国植物新品种创新数值由2002年的258波动增至2014年的1560，年均增长16.16%，增幅明显。就不同创新主体而言，研究期内，公司与个人植物新品种创新能力值增幅最快，年均增长率高达22.71%；教学机构植物新品种创新能力年均增幅为11.58%，居第2位，相较于公司与个人、科研机构，其创新能力的时序变化趋势较为平稳；科研机构年均增幅11.07%，仅以0.51个百分点的劣势居第3位。此外，就植物创新品种创新数值而言，2011年开始，公司与个人植物新品种创新能力开始超越科研机构，成为新的植物新品种创新能力最强主体，且二者之间的差距呈不断扩大趋势。

第二，西北、西南、东北、华东、华北以及中南六大区域植物新品种创新均呈增长趋势，时呈波动状；但其植物新品种创新的时序波动性不同，且增长速度不同。就时序波动性而言，西北区植物新品种创新的波动性较小，其他五个区域的波动性较大。就研究期年均增长率而言，六大区域植物新品种创新增长速度由高到低依次为：华东区（25.05%）、西北区（24.88%）、华北区（23.13%）、中南区（19.63%）、东北区（13.99%）以及西南区（13.92%）。就样本年份而言，2002年六大区域植物新品种创新能力值由高到低依次为：东北区（44）、中南区（35）、西南区（34）、华东区（29）、华北区（28）以及西北区（3）；2014年其创新能力值由高到低依次为：华东区（421）、华北区（340）、中南区（300）、东北区（211）、西南区（162）以及西北区（43）。因此，我国植物新品种创新存在明显的区域差异。

第三，研究期内，我国省域植物新品种创新整体呈增长趋势，但均呈时序波动状，且增幅差异明显；此外，省域植物新品种创新具有创新能力低值地区增长幅度较大，而高值地区增长幅度偏小的特征。就省域植物新品种创新能力而言，2014年我国省域植物新品种创新得到了大幅度的提升，整体增幅明显；有11个省市区属于植物新品种创新水平较高的地区，较2002年多了5个省份，植物新品种创新能力较高的区域主要集中于东部沿海地区以及中部的河南、湖南，西部的四川和云南。就植物新品种创新的增幅而言，可将我国省域划分为高速增长区、快速增长区、中速增长区、低速增长区与缓慢增长区五个区域，研究期内我国植物新品种创新年均增幅较大的省份主要集中在华北及华东两大区域，除此之外，东北区的黑龙江植物新品种创新的增幅也呈现明显涨幅。

第四，2002—2014年中国植物新品种创新的整体差异呈较为显著的缩小态势，且创新能力落后地区与高值地区间具有明显的"追赶效应"，但整体差异较为悬殊，时序波动性较大。研究期内我国植物新品种创新能力值平均值达0.5106，取值范围为0.4588—0.6118，远大于国际规定的基尼系数警戒线。此外，就变动趋势而言，整体差异变动趋势可分为三个V形阶段（2002—2006年、2006—2011年及2011—2014年），其中2005—2006年、2008—2011年以及2012—2014年为三个上升时段，即为我国植物新品种创新整体差异呈扩大趋势的年份。

第五，2002—2014年中国区域内、区域间植物新品种创新差异明显，且我国植物新品种创新总体差异主要来自区域间创新的差异，特别是区域间净差距。就区域内植物新品种创新的差异而言，除华北区植物新品种创新整体差异略微增加外，其余五个区域创新差异均呈缩小趋势，但其创新差异的年均降幅不同且时序波动程度存在差异。就区域间植物新品种创新差距而言，西南—华北、华东—东北两个区域间创新能力差异存在轻微的增大趋势，其他13个区域组合创新能力差异呈缩小趋势,且缩小的程度与速度不同,即东中部地区创新差距缩小速度远大于西部地区,尤其是西北地区。就整体差距的来源而言,我国植物新品种创新总体差距主要来自区域间植物新品种创新的总差距,且地区间总差距的贡献率是地区内差距贡献率的 5.65—7.07 倍。

二 政策启示

在以植物新品种为例归纳总结我国农业知识产权创新时序演进特征及空间分布格局的基础上,本书对其总体差异进行分解,并找出了影响我国植物新品种创新总体差异的主要原因。针对上述研究结论,可以从以下三个方面着手,减少区域间植物新品种创新的差异性,提升我国植物新品种创新水平,进而充分发挥农业知识产权在农业科技创新中的作用,以农业科技带动农业发展,推动我国农业持续健康发展。具体政策启示如下。

第一,健全完善相关政策法规,并逐步使之上升到法律层面,为农业知识产权创新提供良好的"软环境"。良好的政策环境总是能带动经济的发展,与植物新品种创新相关的法规也不例外,比如《中华人民共和国种子法》《中华人民共和国知识产权法》《中华人民共和国植物新品种保护条例》《国家农业科技体系建设方案》等均从不同的角度或层面,或多或少地影响着我国植物新品种创新能力的发展。此外,健全完善相关法规是提升我国植物新品种创新的迫切需求与前提条件。2005—2006 年、2008—2011 年及 2012—2014 年三个时段,我国植物新品种创新总体差异出现明显的波动,主要原因在于创新主体需要一定的时间与空间来消化吸收新政策,并充分发挥政策效用,即政策调控具有一定的时滞性。政策的完善有助于调动教学机构、科研机构、公司与个人植物新品种创新的积极性;政策的调整可引导创新主体调整其植物新品种创新的方向;将相关政策,如《中华人民共和国植物新品种保护条例》,上升为法律层面,也在一定程度上有利于放大政策法规的影响。

第二，稳步增加对农业知识产权创新的投入，为创新主体提供农业知识产权创新的基础保障。充足的资金支持是确保植物新品种创新的必要条件。政府增加对创新主体的资金投入与支持有利于确保其植物新品种创新活动的顺利开展。资金支持力度及方向的调节有利于引导不同创新主体的创新行为。此外，鉴于当前知识经济及全球经济一体化的发展，知识产权保护对植物新品种创新的影响更加凸显，但当前大众的知识产权保护意识并不强烈，因此，需要借助电视、网络、手机等媒介宣传知识产权保护的重要性，并以实际的案例解析在侵权事件中如何维权，以不断提升大众群体的创新意识及知识产权保护意识，进而提升我国农业知识产权的整体创新能力。

第三，建立区域间的帮扶机制，充分利用农业知识产权创新的溢出效应，形成"1+1>2"的共赢局面。我国省域植物新品种创新的变动符合边际效益递减的规律，即创新能力低值地区增长幅度较大，而高值地区当其创新能力到达一定阶段后，增长幅度减小。此外，就植物新品种创新总体差异而言，研究期内我国植物新品种创新总体差异呈缩小趋势，即创新能力落后地区与创新能力高值地区存在一定的追赶效应。因此，区域间应建立帮扶机制，即植物新品种创新能力较低的地区应该借鉴与模仿其周围植物新品种创新能力相对较高地区的政策设计与路径规划，以提升自身植物新品种的创新能力，进而缩小区域间植物新品种创新能力的差距；创新能力较高的地区应基于自身的优势及短板，寻找周围具有资源优势互补的地区，以突破自身创新能力增长的瓶颈，进而提升植物新品种创新能力。

综上所述，本章以植物新品种为例，从全国层面，教学机构、科研机构、公司与个人不同创新主体的角度，西北、东北、中南、华北、华东及西南不同区域的视角，归纳了我国农业知识产权创新，尤其是植物新品种创新时序演进特征，并总结了我国省域植物新品种创新的空间布局特征；量化了我国植物新品种创新的总体差距，并从区域内、区域间两个角度剖析了其对我国植物新品种创新差距的贡献率，找出了导致我国植物新品种创新整体差异的根源所在；基于研究结论提出了缩小区域间植物新品种创新差异，提升我国植物新品种创新的政策建议。

第四章

农业知识产权创新的制约因素解析

基于前文分析，本章将继续以植物新品种为例，深入探讨全国及区域农业知识产权创新的收敛性，并基于此简单分析引致区域差异的原因。本章共包括五节，第一节主要介绍研究依据，即问题的由来；第二节介绍研究的理论基础、方法选择与数据处理；第三节是以植物新品种为例，对我国不同时段及不同区域农业知识产权创新收敛性的检验；第四节是对全国及不同区域农业知识产权创新的影响因素分析；第五节为研究结论和政策建议部分，是对整章内容的概括与提炼。

第一节 研究依据

2002—2014年我国植物新品种创新呈现出良好的发展态势，且创新主体格局呈合理化、多元化发展。然而，我国整体及内部不同区域植物新品种创新仍具有明显的差异性。其中，就我国植物新品种创新的基尼系数而言，2002—2014年，我国植物新品种创新的基尼系数取值范围为0.4588—0.6118，平均值为0.5106，均属于国际预警范围；就西北、西南、东北、华东、华北以及中南六大区域相应的基尼系数而言，东北与华东两区基尼系数均值较低，分别为

0.1727 与 0.3761，其他四个区域的平均值均大于 0.4；就 15 个不同区域组合相应的基尼系数而言，中南—东北、华东—东北基尼系数均值较低，分别为 0.3955 和 0.3644，其余区域组合均大于 0.4，西北区与其他区域基尼系数的均值甚至高达 0.7140 以上。

随着国家宏观调控政策的不断深入，我国及其不同区域植物新品种创新的差异会呈现什么样的变动趋势？是趋同，还是趋异？此外，就区域植物新品种创新影响因素而言，除受区域农业生产自然资源以及经济发展水平的影响外，是否还有其他因素导致区域差异的产生？不同区域植物新品种创新是否存在影响因素的差异？厘清上述问题，有利于基于区域植物新品种创新的影响因素，有针对性地设计具有区域差异的政策机制，探寻具有区域特色的植物新品种创新发展路径，进而从整体上提升我国农业知识产权协同创新能力。因此，本书借助收敛经济模型，对全国及不同区域植物新品种创新的收敛性及影响因素进行分析，用实证分析的方法验证区域植物新品种创新差异的变动规律，并利用计量经济模型剖析其影响因素。

第二节　理论基础、方法选择与数据处理

一　理论基础

自 Barro 和 Sala-I-Martin（1992）、Evans 和 Karras（1996）有关经济收敛的论文发表以来，经济收敛逐渐成为学者们较为关注的热点问题之一。事实上，收敛的概念源于 Solow（1956）的新古典经济增长模型[1]，并由 Baumol（1986）在分析 Maddison（1982）数据的基础上展开。具体而言，目前学者们的收敛性分析涉及三个方面的检验，其一，σ 收敛，由 Friedman（1992）提出，该检验是较为直观且

---

[1] 俞培果、蒋葵：《经济收敛理论与检验方法研究综述》，《管理学报》2006 年第 3 卷第 4 期。

简单的收敛检验，主要检测离差随时间的变化趋势，其标准是若后期经济体的离差小于前期，则称之符合收敛；其二，绝对 β 收敛，以 Baumol（1986）、Barro 和 Sala-i-Martion（1991、1992）为代表，绝对收敛暗含一个假定，即经济收敛的国家或地区具有完全相同的基本经济特征，在这样的特征前提下，经济体的增长率才与其离稳态的距离成反比；其三，条件 β 收敛，放松了绝对收敛的严格假定，考察具有异质特征的不同经济体的初始水平与其增长率是否呈负相关。此外，Baumol 和 wolff（1988）提出俱乐部收敛，即初始经济发展水平较为接近的经济组织内部的不同经济体之间，在具有相似结构特征前提下的区域收敛（孙韶云、李克歌，2015；李谷成，2009）。

鉴于此，结合上述经济收敛性理论，对我国植物新品种创新的收敛性及影响因素进行分析。由经济收敛理论可知，对植物新品种创新能力值较低的地区而言，其拥有的增长空间较大；此外，由新古典经济增长理论可知，对植物新品种创新能力高值地区而言，由于受到资本积累等多重因素的限定，在后续发展中会出现边际效益递减的现象，因而在一定的条件下，植物新品种创新能力较低地区，可能赶超发达地区，从而缩小区域差异，即整体植物新品种创新发展会呈现一定的收敛性。然而，结合 Barro 和 Sala-I-Martin（1992）、Evans 和 Karras（1996）对经济收敛性的研究可知，地区之间的差异并不一定都是无条件的绝对收敛，可以呈现出多种形式的收敛。如 σ 收敛、β 收敛以及俱乐部收敛等。因此，结合前文对我国区域的划分情况，在对全国及不同区域植物新品种创新进行 σ 收敛检验的基础上，以不同的时段与区域为视角，对其进行绝对 β 收敛检验；继而剖开地区同质的假设，对不同区域进行条件 β 收敛检验，深入探讨影响全国及不同区域植物新品种创新差异的影响因素。

二　研究方法

（一）σ 收敛检验

研究初期，σ 收敛检验主要用于考察不同经济体之间人均 *GDP*

的离差随时间推移的变化趋势。一般用人均 GDP 的标准差 $\sigma_t = \sqrt{\sum_{i=1}^{n}(\log(y_{it}) - \overline{y_t})^2/n}$ 表示其离散程度,且当 $\sigma_{t+1} < \sigma_t$ 时,表示经济体间人均 GDP 的离散程度呈减小趋势,即趋于 σ 收敛。类似的,结合上述经济收敛理论,可以构建植物新品种创新的 σ 收敛模型。需要特别说明的是,通常可以用变异系数、泰尔指数、基尼系数以及标准差来量化变量的离散程度;由于泰尔指数要求原始数据同方差且具有独立的正态分布,变异系数、基尼系数的计算方法较为复杂,加之植物新品种创新基础数值已具备量纲统一的特点,因此,本书利用标准差对我国植物新品种创新的变动趋势进行检验。基于此,植物新品种创新的收敛模型,具体如式(4-1)、式(4-2)及式(4-3)所示,

$$\sigma_t = \sqrt{1/(n-1)\sum_{i=1}^{n}(Y_{i,t} - E(Y_{i,t}))^2} \quad (4-1)$$

$$Y_{i,t} = \ln(y_{i,t}) \quad (4-2)$$

$$E(Y_{i,t}) = 1/n \sum_{i=1}^{n} Y_{i,t} \quad (4-3)$$

其中,$i = 1, 2, \cdots, n$ 表示省份(区域)个数,且由于西藏、宁夏、青海植物新品种创新能力值零值较多,故本部分只包含除西藏、宁夏以及青海之外的 28 个省市区;$t = 1, 2, \cdots, T$ 表示研究年份,基于我国加入国际植物新品种保护联盟的时间,拟选取 1999—2014 年作为研究期,但由于 1999—2001 年省份植物新品种创新能力值数值零值较多,故最终将研究期定为 2002—2014 年。$y_{i,t}$ 为 t 年 i 地区的人均植物新品种创新能力,$Y_{i,t}$ 为 $y_{i,t}$ 的对数形式,$E(Y_{i,t})$ 为 $Y_{i,t}$ 的期望值。当 $\sigma_{t+1} < \sigma_t$ 时,表示植物新品种创新的离散程度变小,即植物新品种创新存在 σ 收敛。

(二)β 收敛检验

1. 绝对 β 收敛模型

基于前文理论分析,结合 Jobert 等(2010)的收敛模型,可

构建植物新品种创新的绝对 β 收敛一般面板模型,具体如式(4-4)。

$$\ln(y_{i,\,t+1}/y_{i,\,t}) = \alpha + \beta\ln(y_{i,\,t}) + \mu_{it} \qquad (4\text{-}4)$$

式(4-4)中 i、t 和 $y_{i,\,t}$ 的意义同于 σ 收敛模型中的定义,需要特别指出的是,式(4-4)中 μ_{it} 的平均方差为零,且与 $\ln(y_{i,\,t+1})$ 滞后扰动无关,实质上这是除要求经济体具有相同的经济特征外,绝对 β 收敛的另一假设条件,即对数据的严格要求。文中建立 β 收敛模型的目的是分析各省区植物新品种创新的增长速度是否趋同以及植物新品种创新能力低值地区是否具有追赶高值地区的趋势,当模型 β 系数为负值时,则表示存在绝对 β 收敛,即植物新品种创新能力低值区与高值区之间存在追赶效应。[①] 此外,需要特别强调的是,基于估计出的 β 值,可以利用式(4-5)计算得到时间跨度为 t 年的植物新品种创新差异的收敛速度 λ。[②]

$$\lambda = -\ln(1+\beta)/t \qquad (4\text{-}5)$$

2. 条件 β 收敛模型

如前文所述,绝对 β 收敛对数据及经济体具有严格的要求,而条件收敛则放宽了绝对 β 收敛对经济体同质的严格要求,即植物新品种创新的收敛不仅取决于初始水平,还易受其他外生变量的影响。所以条件 β 收敛主要考察当外生变量变动时,初始的植物新品种创新产出是否与其增长速度呈负相关。俱乐部收敛是指植物新品种创新初始水平和空间经济结构相似的区域,其植物新品种创新收敛于相同的稳态,即该组区域具有俱乐部收敛特征。因此,结合前文的区划结果,研究对全国、东中西三大地区、西北、西南、中南、华北、华东以及东北六个区域植物新品种创新的收敛性进行检验,以

[①] Korterlainen, M., "Dynamic Environment Performance Analysis: a Malmquist Index Approach", *Ecological Economics*, Vol. 64, No. 4, 2008.

[②] 陈志建:《中国区域碳排放收敛性及碳经济政策效用的动态随机一般均衡模拟》,博士学位论文,华东师范大学,2013年。

识别其是否趋近于各自的稳态。基于此，构建植物新品种的条件 β 收敛的面板模型，具体建模过程如下，最终模型如式（4-13）所示。

第一，基于前文的相关理论，在借鉴新古典增长理论的基础上，结合 Barro 和 Sala-I-Martin（1992）的经济增长收敛性模型以及本书具体研究对象等，将模型设定为：

$$\ln(y_{i,t+1}/y_{i,t}) = \alpha + \beta_1 \ln GPD_{i,t} + \varepsilon_{i,t} \quad (4-6)$$

式（4-6）中，$y_{i,t}$ 和 $y_{i,t+1}$ 分别表示 i 省区在第 t 期和第 $t+1$ 期的植物新品种创新能力值，与上文保持一致，在此用人均创新能力表示；$GPD_{i,t}$ 表示 i 区域第 t 期的区域经济发展水平，用人均 GDP 量化，单位为元/人；$\varepsilon_{i,t}$ 为随机扰动项。

第二，根据累积因果理论，某区域创新收益仅会对本地区产生"好处"，换言之，即前一期的植物新品种创新能力的提升将会对后一期植物新品种创新能力产生正向的积极影响，并推动该区域创新能力的提高，故在此将该项因素加入式（4-6），可得到式（4-7），式中变量具体含义同于式（4-6），在此不再赘述。

$$\ln(y_{i,t+1}/y_{i,t}) = \alpha + \beta_1 \ln GPD_{i,t} + \beta_2 \ln y_{i,t} + \varepsilon_{i,t} \quad (4-7)$$

第三，由于内生经济理论将技术内生化，认为技术进步是推动经济持续发展的决定性因素。基于此，借鉴 Furman 等（2002）所构建的内生经济增长理论模型，在模型（4-7）的基础上增加科研经费活动强度变量，形成模型（4-8），且模型中 $BRD_{i,t}$ 表示 i 区域第 t 期的科研经费活动强度，即用区域 R&D 经费占 GDP 比重来表示。

$$\ln(y_{i,t+1}/y_{i,t}) = \alpha + \beta_1 \ln GPD_{i,t} + \beta_2 \ln y_{i,t} + \beta_3 \ln BRD_{i,t} + \varepsilon_{i,t} \quad (4-8)$$

第四，由技术空间扩散理论可知，某项技术的采用需要通过"学习"或"交流"得以实现，而在学习与交流的过程中，"相关信息的有效流动"则是非常重要的；与此同时，由于信息的有效流动又与相关公共组织或私人促进知识发展的投入具有一定的相关性，故促进这项知识发展的投入毫无疑问成为技术空间扩散的主要影响因素。[①] 此外，结合前文分析可知，长期以来，科研机构在我国植物新品种创新中发挥了巨大的作用，是较为重要的创新主体，因此在参考 Jaffe（1989）研究的基础上，引入农业科研结构的科研经费活动强度这一变量进行考察，并得到模型（4-9），式（4-9）中，$GRD_{i,t}$ 表示 i 区域第 t 期农业科研机构的科研经费活动强度，即用区域农业科研机构的 R&D 经费支出占其 GDP 比重来表示。

$$\ln(y_{i,t+1}/y_{i,t}) = \alpha + \beta_1 \ln GPD_{i,t} + \beta_2 \ln y_{i,t} + \beta_3 \ln BRD_{i,t} + \beta_4 \ln GRD_{i,t} + \varepsilon_{i,t} \tag{4-9}$$

第五，当内生经济增长理论和技术差距理论相互结合时，需要充分考虑地区技术吸收能力。[②] 通常情况下，技术扩散的关键在于知识的流动，而影响知识流动的诸多因素也会在很大程度上作用于技术的扩散，特别是技术扩散的构成元素等，因此技术扩散的效果将在很大程度上由扩散源与技术吸收主体之间的相互作用决定。[③] 鉴于此，本书在模型（4-9）基础上添加区域技术吸收能力这一变量，进一步得到模型（4-10），具体形式如下：

$$\ln(y_{i,t+1}/y_{i,t}) = \alpha + \beta_1 \ln GPD_{i,t} + \beta_2 \ln y_{i,t} + \beta_3 \ln BRD_{i,t} + \beta_4 \ln GRD_{i,t} + \beta_5 \ln I_t \cdot \ln STP_{i,t} + \varepsilon_{i,t} \tag{4-10}$$

式（4-10）中，$STP_{i,t}$ 表示 i 区域第 t 年每万人中的科研人员数量；I_t 为植物新品种创新的空间自相关 Moran's I 指数，作为技术扩散程度的替代变量。实质上，Moran's I 通常被用来衡量一个地区的资源在空间上是否具有空间自相关性，用以反映相邻区域间某一属性值的类似程度，本书用植物新品种创新的全域 Moran's I 指数来度量

---

① Jaffe, A. B., "Reinventing Public R & D: Patent Policy and the Commercialization of National Laboratory Technologies", *The Rand Journal of Economics*, Vol. 32, No. 1, 2001.

② 魏守华、禚金吉、何嫄：《区域创新能力的空间分布与变化趋势》，《科研管理》2011 年第 32 卷第 4 期。

③ Siebert, H., "Regional Economic Growth: Theory and Policy", Scranton, Pennsylvania: *International Textbook Company*, 1969.

其技术在空间的扩散程度。根据 $Anselin$（1990）的定义，$Moran's\ I$ 指数的具体计算公式如（4-11）所示：

$$Moran'sI = \frac{\sum_{i=1}^{n}\sum_{j\neq i}^{n}W_{ij}z_{i}z_{j}}{\sigma^{2}\sum_{i=1}^{n}\sum_{j\neq i}^{n}W_{ij}} \quad (4-11)$$

式（4-11）中，n 为研究区域中的地区数量，$z_i = \frac{y_i - \bar{y}}{\sigma}$，$z_j = \frac{y_j - \bar{y}}{\sigma}$，$\bar{y} = \frac{1}{n}\sum_{i=1}^{n}y_i$，$\sigma^2 = \frac{1}{n}\sum_{i=1}^{n}(y_i - \bar{y})^2$，$y_i$ 与 y_j 表示 i 省与 j 省的植物新品种创新能力值。W_{ij} 为空间权重矩阵，即当区域 i 与区域 j 相邻时，$W_{ij} = 1$；反之，当区域 i 与区域 j 不相邻时，W_{ij} 取值为 0。通过计算可知，$Moran's\ I$ 指数取值在 -1 到 1 之间，其中 [-1，0）表示空间负相关，0 表示空间不相关，（0，1] 表示空间正相关。当然，利用统计量中的 Z 值与概率 P 值，可以检验结果的显著程度。因此，文中以 $STP_{i,t}$ 作为技术扩散的"吸收源"，以 I_t 作为技术扩散的程度，以二者的乘积，即 $\ln I_t \cdot \ln STP_{i,t}$ 表示 i 省区第 t 年的技术吸收能力。

第六，结合当前我国城镇化发展的进程及其对农业生产发展的影响，为考量区域城镇化发展水平对植物新品种创新的影响，在模型（4-10）中加入城镇化率，进一步得到模型（4-12），其中，$RC_{i,t}$ 表示 i 区域第 t 年的城镇化率，由区域年末城镇人口占其常住总人口的比重来量化。[①]

$$\ln(y_{i,t+1}/y_{i,t}) = \alpha + \beta_1\ln GPD_{i,t} + \beta_2\ln y_{i,t} + \beta_3\ln BRD_{i,t} + \beta_4\ln GRD_{i,t} + \beta_5\ln I_t \cdot \ln STP_{i,t} + \beta_6\ln RC_{i,t} + \varepsilon_{i,t} \quad (4-12)$$

第七，分析上述六个模型，不难发现，以上模型均是在封闭条件建立的，并未考虑开放条件对区域植物新品种创新的影响。事实

---

① 王宇新、姚梅：《我国省域间技术创新能力的不均衡：2006—2008》，《中国科技论坛》2011 年第 7 期。

上，技术的扩散可以通过模仿和引进创新获得，加之技术扩散静态途径论发现，外商直接投资、国际贸易、国外专利引用和申请等均是影响技术扩散的重要渠道或途径。① 故将外商直接投资和出口两个指标作为控制变量加入模型（4-12），以考察其对我国植物新品种创新的影响，所以最终模型形式可参考式（4-13）。

$$\ln(y_{i,t+1}/y_{i,t}) = \alpha + \beta_1 \ln GPD_{i,t} + \beta_2 \ln y_{i,t} + \beta_3 \ln BRD_{i,t} + \beta_4 \ln GRD_{i,t} + \beta_5 \ln I_{i,t} \cdot \ln STP_{i,t} + \beta_6 \ln RC_{i,t} + \gamma_1 \ln(FDI_{i,t}/GDP_{i,t}) + \gamma_2 \ln(EXP_{i,t}/GDP_{i,t}) + \varepsilon_{i,t} \qquad (4-13)$$

式（4-13）中，$FDI_{i,t}/GDP_{i,t}$ 表示 i 区域第 t 年的区域外商直接投资总额占 GDP 的比重，$EXP_{i,t}/GDP_{i,t}$ 表示 i 区域第 t 年的区域货物出口总额占 GDP 比重；其他变量的含义与上述模型保持一致，不再赘述。

三　数据处理

上述模型的构建，已大致介绍了各个变量设置的理由及其具体的经济含义，在此不再赘述。然而，需要说明的是，各个变量数据的来源及具体的处理方法。其中，作为因变量的植物新品种创新（$y_{i,t}$）的量化同于前文，其基础数据植物新品种申请量与授权量均来源于农业部植物新品种保护办公室及农科院知识产权研究中心。就自变量而言，$GDP_{i,t}$ 的基础数据 GDP 以及常住人口数均来自历年《中国统计年鉴》。为了消除价格因素的影响，文中将 GDP 换算为 1998 年的不变价，原因在于我国是 1999 年正式加入国际植物新品种保护联盟（UPOV）的，以 1998 年为基期，有利于更好地进行数据的比较分析。$BRD_{i,t}$ 的基础数据 R&D 经费投入、$STP_{i,t}$ 的基础数据科技人员数量均来自《中国科技统计年鉴》。$GRD_{i,t}$ 基础数据农业科研机构 R&D 经费来自农业部科技教育司《全国农业科技资料统计汇

---

① 周密：《技术空间扩散理论的发展及对我国的启示》，《科技进步与对策》2010 年第 27 卷第 6 期。

编》。$RC_{i,t}$ 的基础数据年末城镇人口来自《中国人口统计年鉴》及《中国统计年鉴》。$FDI_{i,t}/GDP_{i,t}$ 的基础数据区域外商直接投资总额以及 $EXP_{i,t}/GDP_{i,t}$ 的基础数据区域货物出口总额均来自《中国统计年鉴》。

第三节 农业知识产权创新的收敛性

一 σ收敛检验

(一) 东中西三大地区 σ 收敛检验

为了进一步细化 σ 收敛，基于传统区域的划分方式，对全国及东中西三大地区的植物新品种创新进行 σ 收敛检验（东、中、西三大地区的划分方式可参阅本书第二章）。此外，正如本章研究方法部分的说明，研究仅包括除西藏、青海以及宁夏外的28个省市区。结合前文研究方法部分的式（4-1）至式（4-3）可以量化全国及东中西三大地区 σ 值的变化趋势，具体如图（4-1）所示。

由图4-1可知，2002—2014 年，我国植物新品种创新的 σ 值呈现出较为明显的下降趋势，时呈波动状，即我国植物新品种创新在样本考察期内存在趋同迹象。分地区来看，东部和中部地区植物新品种创新差异整体呈下降态势，但西部地区整体存在小幅上扬趋势。上述结论表明我国东部和中部地区植物新品种创新存在收敛迹象，地区内部省域间的差距在逐渐缩小，而西部地区并未出现该趋势，其内部省份间创新能力的差距在一定程度上呈扩张趋势。

具体来看，结合数值的分布特征，可将我国植物新品种创新能力标准差的变动趋势划分为三个阶段，即波动下降期（2002—2006年）、持续下降期（2006—2009年）和波动上升期（2009—2014年）。其中，第一阶段，植物新品种创新能力值差异由2002年的1.02 飙升至2003年的1.23后，迅速跌至2004年0.89，2005年再次降至该考察期的最低值0.79，之后再次反弹至2006年的0.84，整

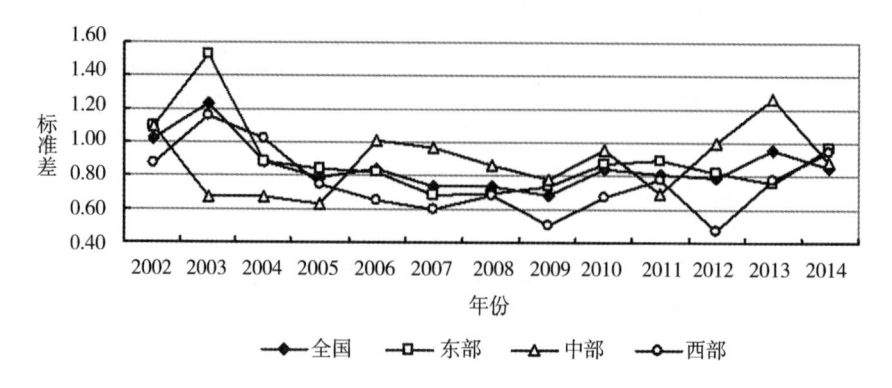

图 4-1　东中西三大地区植物新品种创新能力 σ 值的变化趋势（2002—2014 年）

资料来源：中国农业部植物新品种办公室及农科院知识产权研究中心数据，由笔者根据式（4-1）至式（4-3）计算整理所得。

体看该阶段我国植物新品种创新的差异呈现出 "扩大—缩小—扩大" 的变动轨迹，但前一环节的变动幅度较后一环节更为明显。第二阶段，我国植物新品种创新差异呈直线下降趋势，即由 2006 年的 0.84 持续降至 2009 的 0.68，达到研究期谷值，表明该阶段我国植物新品种创新的差异一直在缩小，全国省域间创新差异呈收敛趋势。第三阶段，创新能力值差异由 2009 年的 0.68 升至 2010 年的 0.84 后，之后缓慢降至 2012 年的 0.79，2013 年再次飙升至 0.96，次年回落至 0.85，就其变动情况来看，呈现出较为明显的上行阶梯状运动轨迹，说明该阶段我国植物新品种创新的差异程度在不断扩大，不存在趋同迹象。

就东中西三大地区而言，尽管东部和中部地区植物新品种创新能力标准差均存在下降趋势，但二者内部具体变动情况仍大有不同；前者除了在 2002—2004 年变动十分剧烈外，其他年份变化较为 "缓和"，即由 2002 年的 1.10 增至 2003 年的 1.53，2004 年迅速跌落至 0.88，表现出前后差异的倒 V 趋势，且后一年份的降幅更加显著，之后波浪式变动至 2013 年，但波峰和波谷落差并不大，2014 年反弹趋势明显，再度达到 0.97。上述趋势表明尽管东部地区植物新品种创新存在差距，但其差异扩大或缩小的幅度均不大，整体变动较为温和；后者在样本考察期内变动幅度明显大于前者，大致可将其变动轨迹划分为器皿形（2002—2006 年）、镰刀形（2006—2010 年）和倒 V 形（2010—2014 年）三段，即由 2002 年的 1.09 直接跌落至 0.67 后，便趋于平稳，并在 2006 年飙升至 1.02，之后持续下降至 2009 年的 0.78，2010 年出现小幅上升并增至 0.96，而后一段时间分别以 0.70 和 1.26 为转折点再次出现大起大落之势，显然中部地区第一时段和第三时段的变化均十分剧烈，这说明尽管中部地区各省份间植物新品种创新的差距有缩小趋势，但就不同年份间而言，其省份间的差距却十分明显。

与东部和中部地区不同，西部地区植物新品种创新差距整体呈现出较为明显的上升趋势。根据其标准差的变动情况，大致可将其变动轨迹划分为两个阶段，山峰波动期（2002—2008 年）和 W 形波动期（2008—2014 年）。第一阶段，其创新能力差异由 2002 年的 0.87 升至 2003 年的 1.15，并达到研究期峰值，之后便一直下降至 2007 年的 0.60，2008 年略有小幅上扬；第二阶段，虽整体呈 W 形变动，但 W 右侧的下降和上升趋势均明显于左侧部分，这反映出尽管西部地区植物新品种创新能力标准差的历史最大值和最小值均小于东部和中部地区，但由于近年来，特别是 2012—2014 年该地区增长趋势明显，导致该地区在样本考察期内并不存在收敛迹象，区域内各省份间植物新品种创新的差距呈不断扩大的趋势。事实上，此结论也暗含植物新品种创新能力较低区域与高值区域可能存在一定的追赶效应，当然这也是导致我国植物新品种创新总体差异缩小的原因之一。

（二）六大区域 σ 收敛检验

进一步地，为了充分考察经济发展水平和自然条件等较为一致的省区之间的差异情况，同时为了避免东中西三大地区传统划分方式的缺点，基于我国区域自然资源的分布特征，参照农业部科技教育司对我国区域的划分，判断西北、西南、中南、华北、华东及东北六大区域植物新品种创新能力差异的变动趋势。需要特别说明的是，由于西藏、青海和宁夏1省2区数据缺失较为严重，故在考察我国植物新品种创新能力差异时暂不将这三者囊括在内。依据式（4-1）至式（4-3）可计算得到六大区域植物新品种创新能力的 σ 值，其具体变动趋势如图（4-2）所示。就各地区植物新品种创新能力的标准差来看，除华北和西南地区整体并未出现明显的下降趋势外，其他四个地区均呈现显著的缩小态势，即除华北地区省域植物新品种创新差距不断扩大，西南地区省区差距基本维持不变外，东北地区、华东地区、中南地区和西北地区植物新品种创新的差距均呈现不同程度的缩小趋势。

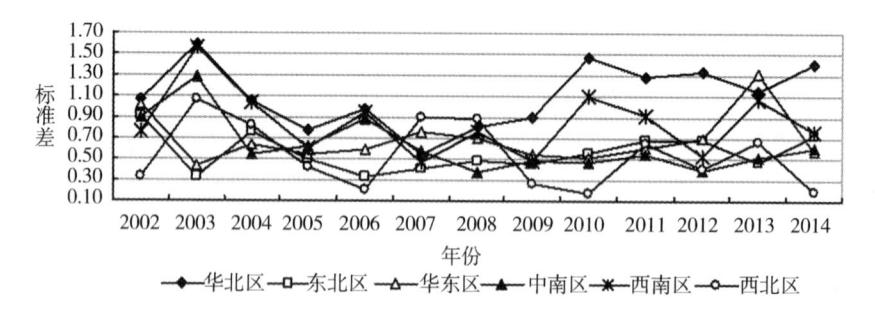

图 4-2　六大区域植物新品种创新能力 σ 值的变化趋势（2002—2014 年）

资料来源：中国农业部植物新品种办公室及农科院知识产权研究中心数据，由笔者根据式（4-1）至式（4-3）计算整理所得。

具体来看，华北地区植物新品种创新能力的标准差呈现出较为明显的蝙蝠状变动趋势，即以 2007 年为轴心向两侧延伸，其中左翼明显高于右翼，由 2002 年的 1.07 飙升至样本考察期峰值 1.59，之后一直持续降至 2005 年的 0.78，2006 年再次反弹至 0.98，2007 年又迅速跌至样本考察期谷值 0.54；相比左翼而言，除 2010 年出现剧烈波动外（由 0.90 飙升至 1.47），右翼整体波动较为缓和，且伸展长度明显大于左翼，即由 2007 年的 0.54 持续上升至 2010 年的 1.47 后，经过反复波动，再次到达 2014 年的 1.41，且 2010—2014 年波动幅度较小。总结可知，样本考察期内，华北地区省域间植物新品种创新能力整体变动较为频繁且差距呈明显扩大的趋势,整体不存在收敛迹象。与华北地区类似,尽管西南地区标准差也并未出现明显的收缩趋势,整体上维持不变,但其变动趋势更为频繁和剧烈,呈现出反复式倒 V 的变动趋势,即分别以 2003 年、2006 年、2008 年、2010 年和 2013 年为顶点,两侧倾斜向下延伸,其中在 2003 年和 2007 年依次达到样本考察期峰值与谷值;不难发现,我国西南地区省份间植物新品种创新能力的差异并未出现收敛迹象,内部省份间的差距时大时小,较不稳定。

样本考察期内,尽管其他四个地区植物新品种创新能力的标准差波动趋势有所不同,但整体上均呈现出较为明显的下降趋势,且以华东地区缩减幅度最大(2014 年较 2002 年下降了 42.81%)。就东北地区植物新品种创新能力标准差变化情况来看,可将其变动趋势大致划分为两个阶段,即剧烈波动下降期(2002—2006 年)和平稳波动上升期(2006—2014 年)。其中前一阶段在经历由 0.91 直线跌落至 0.33 后,2004 年再次迅速攀升至 0.77,后再度持续回落至 0.33,大起大落之势十分明显;后一阶段在经历持续上升并达到 0.49 后,2009 年出现小幅下降至 0.45,并于 2011 年再次升至 0.69,2012 年基本维持不变,2013 年再度降至 0.48,后达到 2014 年的 0.74。总之,样本考察期内,东北地区植物新品种创新能力标准差下降了 19.05%,这也反映出该地区省份间植物新品种创新能力呈收敛趋势,即省域间差距在不断缩小。

相比东北地区,除个别年份外(2003 年、2013 年和 2014 年),华东地区植物新品种创新能力标准差呈山岭状变化,但变动的趋势较为缓和,即由 1.02 直接降至样本考察期历史最小值 0.44,之后便向右绵延开来,上下反复变动,一直持续至 2012 年的 0.69,2013 年再次出现异常,直接飙升至历史最高点 1.32,2014 年又迅速回落至 0.58。由此不难发现,华东地区省份间植物新品种创新能力的整体差距不大且有明显的缩小趋势,故整体上存在收敛迹象。

中南地区植物新品种创新能力标准差在各地区间最为稳定,且整体的下降趋势较为明显（2014年较2002年下降了近33%）。具体来看，除在2002年、2003年和2006年存在若干异常值外，其他年份均并未有巨大的变动，即由2002年的初始值0.90上升至2003年的1.28，2004年回落至0.55，并逐步增至2006年的0.88，2007年缩减至0.58，之后便反复温和变动，直至2014年的0.60。总结可知，样本考察期内，中南地区各省份间植物新品种创新能力整体较为稳定，且差距在逐步缩小，存在收敛趋势。

就西北地区而言，尽管其植物新品种创新能力标准差在样本考察期内出现明显的缩小态势，并具有六个地区间最小的标准差值，但其变化在六地区中也最为剧烈。按照其变动轨迹大致可划分为倒V形波动期（2002—2006年）、堤坝状波动期（2006—2010年）和M状波动期（2010—2014年）。其中，第一阶段整体呈倒V形变化，但左侧变动幅度明显要大于右侧，即由0.33直接飙升至1.07后，又逐步下降至2006年的0.21，2007年再度出现迅速飙升之势，且上升幅度（324%）显著高于第一阶段（221%），后经历2008年的稳定，再次缩小至0.28，2010年降至历史最小值0.18，之后以2012年为中心向两侧延伸并整体呈M状对称波动。总体看，西北区省域植物新品种创新能力差异呈缩小趋势，即呈收敛趋势。

二 绝对 β 收敛检验

绝对 β 收敛是指植物新品种创新能力的增长速度与其初始水平呈负相关关系，即某区域植物新品种创新能力的增长速度与其离稳定状态的距离呈反比。此外，考虑到我国农业生产自然资源禀赋差异较大，植物新品种创新水平存在一定的差异性，因此，植物新品种创新能力的收敛速度会存在一定的差异性，故在识别区域植物新品种创新能力差异的基础上，对其收敛速度进行计算，并简单探讨其收敛速度的区域差异。

（一）不同时段绝对 β 收敛检验

为了更好地把握我国植物新品种创新的变动规律与趋势，在参考陈志建（2013）做法的基础上，将样本考察期（2002—2014年）以5年为一期进行时间跨度的划分，并对各时间段内我国植物新品种创新的绝对收敛趋势进行考察，利用式（4-4）可以估算出绝对收敛的相关参数，具体如表4-1所示。总体而言，无论是分阶段看，还是从整体看，我国植物新品种创新呈现出较为明显的趋同迹象，人均植物新品种创新能力增长率与初始水平呈现负相关关系，即诸多初期植物新品种创新能力较低的省份在发展中有着更高的增长率或增长速度，与发达省区植物新品种创新之间的差距在逐步缩小。

表4-1　　　　中国不同时段植物新品种创新的收敛检验

时间跨度（年）	系数（β）	标准误差	t值	P值
2002—2006	-0.3987（0.1017）	0.0610	-6.5420	0.0000
2006—2010	-0.2655（0.0617）	0.0639	-4.1531	0.0001
2010—2014	-0.2260（0.0512）	0.0632	-3.5784	0.0005
2002—2014	-0.3218（0.0299）	0.0324	-9.9040	0.0000

资料来源：中国农业部植物新品种办公室及农科院知识产权研究中心数据，由笔者计算整理所得。括号内数值为收敛速度 λ，由式（4-5）计算得出。

由表4-1可知，不管是在整个样本考察期还是划分的三个时期内，我国植物新品种创新均存在显著的收敛迹象，且以第一阶段的收敛速度最快。2002—2014年我国植物新品种创新的拟合系数 β 为负，且在1%的置信水平下显著，存在着较为显著的收敛趋势，其收敛速度为2.99%。分阶段来看，2002—2006年的 β 系数为-0.3987，明显小于0，且在1%的水平上显著，其收敛速度高达10.17%。与前两者类似，2006—2010年和2010—2014年两个时期的 β 系数分别为-0.2655和-0.2260，均通过了1%置信水平上的显著性检验，表现出较为明显的收敛迹象，收敛速度分别为6.17%和5.12%。总体而言，21世纪以来，我国植物新品种创新呈现出较为明显的收敛迹象，但不同时段植物新品种创新的收敛速度存在明显的差异。

（二）东中西三大地区的绝对 β 收敛检验

在此基础上，按照先前划分标准将我国区域划分为东部、中部和西部三大地区,并对其收敛性进行考察(详见表4-2)。分析表4-2,不难发现,东中西三大地区植物新品种创新的 β 系数均为负值,即各地区植物新品种创新均存在收敛趋势,但地区间收敛速度存在差异。

表4-2　　　东中西三大地区植物新品种创新的收敛性检验

地区	系数	标准误差	t 值	P 值	
东部	α	-1.1953	0.2601	-4.5953	0.0000
	β	-0.2557	0.0476	-5.3737	0.0000
中部	α	-1.8760	0.3535	-5.3068	0.0000
	β	-0.3808	0.0634	-6.0062	0.0000
西部	α	-2.2854	0.3804	-6.0078	0.0000
	β	-0.4192	0.0640	-6.5453	0.0000

资料来源:中国农业部植物新品种办公室及农科院知识产权研究中心数据,由笔者计算整理所得,且表中 α 为常数项,α 和 β 的计算具体可参考式(4-4)。

具体来看,东部地区植物新品种创新的收敛系数为-0.2557,并在1%的置信水平下显著,其收敛速度为2.27%,为三大地区中收敛速度最小的地区。中部地区的系数为-0.3808,与其地理位置类似,其收敛速度也居中,为3.69%。西部地区植物新品种创新能力的 β 系数为-0.4192,与其他地区一样,也通过了1%的显著性检验,其收敛速度为4.18%,为三大地区中收敛速度最快的地区。上述结论可能的原因在于,随着我国社会经济的高速发展以及农业生产自然资源约束的不断增大,农业发展对科技的依赖性不断增强;与此同时,随着国家对农业科研投入的不断增加,经济欠发达地区的植物新品种创新表现出了更强劲的发展势头和后发优势,相对于东部经济发展水平较高的地区,西部植物新品种创新与其经济发展水平出现倒钩效应。

上述分析表明,东中西三大地区内部省份之间的趋同迹象明显,西部地区的收敛速度最为迅猛。需要特别说明的是,在现有社会经济梯度发展格局下,尽管各地区之间植物新品种创新均具有明显的收敛趋势,即处于同一发展经济水平或梯度的省份,其植物新品种创新表现出明显的一致性,但三大地区间植物新品种创新的绝对差距仍然存在。这与欠发达地区特别是中西部地区在样本考察期初期,植物新品种创新能力的存量较低具有很大关系,当然,这也与当前三大地区梯度发展背景下"区域间差异较大,而区域内省份间差异较小"的事实较为符合。[①]

(三) 六大区域的绝对 β 收敛检验

基于前文的分析,对六大区域植物新品种创新的收敛性进行考察,具体检验结果见表4-3。分析可知,六大区域植物新品种创新的回归系数均为负,即六大地区均表现出较为明显的收敛趋势,以华东地区植物新品种创新的收敛迹象最为显著。此外,按照区域植物新品种创新收敛速度的差异程度,分别将六大地区划分为三个梯度,第一梯度为华东和东北地区,收敛速度分别为5.47%和4.95%;第二梯度为西北、中南和西南地区,收敛速度依次为4.56%、3.95%和3.89%;第三梯度为华北地区,其收敛速度仅为1.63%。

具体而言,第一梯度中,华东地区植物新品种创新的 β 系数显著为负,结合统计检验指标可知,其在1%的置信水平上显著,从而支持了绝对收敛的存在,即华东地区省域内部植物新品种创新的差异具有缩小的趋势。东北地区植物新品种创新的 β 系数为-0.4747,结合其相应的 t 值和 P 值统计检验指标,通过了1%置信水平的检验,即东北地区植物新品种创新存在收敛趋势,其内部省域间创新的差异呈缩小趋势。就第二梯度而言,西北地区植物新品种创新的 β 系数为-0.4474,中南地区和西南地区植物新品种创新的 β 系数也均显著为负,结合统计检验指标,三地区均通过了1%置信水平的检验,即西北、中南和西南区域内部省域间植物新品种创新的差异呈减小趋势。就第三梯度而言,华北地区植物新品种创新的 β 系数为

[①] 林伯强、黄光晓:《梯度发展模式下中国区域碳排放的演化趋势——基于空间分析的视角》,《金融研究》2011年第12卷第12期。

-0.1909，虽系数绝对量小于其他区域，但也通过了 1% 的显著性检验。

总结可知，与前文分析一致，我国六大区域植物新品种创新亦呈明显的收敛趋势，即区域内部省份间植物新品种创新的差异越来越小，呈趋同趋势。上述结论也从侧面反映出政府分区域、分梯度经济发展政策的实施产生了明显的区域调节效应。比如，20世纪 70 年代的改革开放促进了珠江三角洲等相关区域的发展，与此同时，东部其他省市凭借其优越的地理位置和发达的经济水平，吸引广大科研人员及其他科技资源的流入，一定程度上促进了东部区域植物新品种创新能力前期存量的增加；继而，随着西部大开发策略的实施，在西部大开发范围之内的重庆、四川、贵州、云南、广西、西藏、青海、新疆、甘肃、陕西、内蒙古以及湖北恩施土家族和湖南湘西土家族苗族自治州等地区，也得到了一定的发展；之后，中部崛起战略开始部署并实施，主要囊括湖北、湖南、河南、江西、安徽和山西六省，该规划基于六省对全国的战略意义及其各自发展的特点，重在依据各省工业或农业的优势，有针对性地完善基础设施建设，提升农业生产力，促进区域经济发展。不容忽视的是，在相关政策的实施及推动下，区域内部省域间植物新品种创新的差异有所减小，但在我国目前分片式或者梯度式政策导向下，区域间的差异仍然存在，即与前文的实证结论相一致，我国植物新品种创新的总体差异主要是由区域间植物新品种创新的差异导致。

表 4-3　　　　　　六大区域植物新品种创新的绝对收敛检验

地区		系数	标准差	t 值	P 值
华北	α	-0.8158	0.3867	-2.1096	0.0392
	β	-0.1909	0.0716	-2.6660	0.0099
东北	α	-2.0609	0.5547	-3.7157	0.0007
	β	-0.4747	0.1186	-4.0030	0.0003
华东	α	-2.6146	0.3809	-6.8634	0.0000
	β	-0.5087	0.0674	-7.5482	0.0000

续表

地区		系数	标准差	t 值	P 值
中南	α	-2.1647	0.4223	-5.1259	0.0000
	β	-0.4015	0.0712	-5.6378	0.0000
西南	α	-2.1019	0.6131	-3.4285	0.0013
	β	-0.3971	0.1070	-3.7110	0.0006
西北	α	-2.5827	0.7264	-3.5556	0.0011
	β	-0.4474	0.1159	-3.8580	0.0005

资料来源：中国农业部植物新品种办公室及农科院知识产权研究中心数据，由笔者计算整理所得。表中 α 为常数项，α 和 β 的计算，具体可参考式（4-4）。

第四节 农业知识产权创新的影响因素分析

前文研究发现我国植物新品种创新在时序上存在着较为明显的收敛迹象，地区之间存在较为明显的俱乐部收敛特征，但不同区域又呈现出不同的分布特征和变动趋势。那么，究竟是何原因造成了上述现象的出现？此外，由于不同理论对区域差异趋同或是趋异的解释不同，所以在构建我国植物新品种创新差异影响因素的模型时，本书详细论述了变量的来源及依据，具体建模步骤可参考本章第二节研究方法部分。基于模型（4-13），本部分将对我国植物新品种创新的条件收敛进行分析，即对其影响因素进行考察，以探究形成上述现象的原因与基本作用机理。需要特别说明的是，在对我国及区域植物新品种创新的影响因素进行分析时，为保证数据序列的平稳性，克服模型变量序列相关性及多重共线性问题，对模型进行差分处理，具体方法可参考李子奈和潘文卿（2005）的差分处理方法。

一 东中西三大地区的影响因素分析

为了细化全国及不同区域植物新品种创新的影响因素，基于模型（4-13）对全国及东中西三大地区植物新品种创新的条件收敛进行考察，具体结果如表4-4所示。分析表4-4可知，在各变量中，区域经济发展水平、创新能力基础积累、农业科研机构经费支出强度、技术吸收能力、城镇化程度以及出口等对我国或东中西区域植物新品种创新具有显著地影响作用，而科研经费支出强度、外商直接投资等变量并未对植物新品种创新呈现显著的影响，具体分析如下。

表4-4　　中国及东中西三大地区植物新品种创新的影响因素分析

变量	全国	东部	中部	西部
$\ln GPD$	-2.6814**	-2.7715	0.8212***	-4.9873**
$\ln y$	-1.3332***	-1.2029***	-0.6257***	-1.3559***
$\ln BRD$	-0.1083	-0.0326	0.2888	-0.1342
$\ln GRD$	0.0186	-0.0580	-0.1086***	0.2159*
$\ln I \cdot \ln STP$	-0.0184*	-0.0072	-0.0169	-0.0200
$\ln RC$	0.1603	0.7781*	-0.1722	-0.0508
$\ln(FDI/GDP)$	-0.0525	-0.2839	-0.1825	0.4715
$\ln(EXP/GDP)$	0.3148**	0.5394*	0.0663	0.0612
α	0.4564***	0.1012**	-7.4620***	0.7800***
R^2	0.7445	0.7181	0.4722	0.7501

注：***、**、*分别表示在1%、5%和10%的置信水平上显著。

资料来源：中国农业部植物新品种办公室及农科院知识产权研究中心数据，根据式（4-13）建模，由笔者整理所得。

1. 经济发展水平

该变量对全国、中部和西部地区植物新品种创新产出具有显著的影响作用，其中全国和西部地区的回归系数 β_1 为负值，且均通过了5%的显著性水平检验，这表明随着全国和西部地区社会经济发展水平的提升，各自相应的植物新品种创新能力的增长率有所减慢，即各自内部省份间的创新能力提升速度有所放缓，在很大程度上存在收敛的迹象。中部地区则有所不同，其经济发展水平对植物新品种创新能力增长率的提升具有明显的正向带动作用，即经济发展水平的提升带来的是该地区创新能力的不断增长以及省份间创新能力差距的扩大化。东部地区经济发展水平的系数 β_1 为负值，但其仅通过 15% 的置信水平检验，即随着其经济发展水平的增长，东部地区省份间植物新品种创新能力增长率减缓，省域间差距呈收敛趋势，但趋势并不明显。整体而言，随着经济水平的提高，除中部地区外，全国、东部和西部地区植物新品种创新产出均呈现出一定程度的收敛态势，且以全国和西部地区趋同迹象更为明显。

2. 前期创新能力基础

由表 4-4 可知，该变量对我国及区域创新能力增长率的影响较为一致，即前期植物新品种创新能力对其自身增长率的提升均具有负向影响作用，且均在 1% 的置信水平上显著。事实上，上述实证分析不支持前文累积因果理论，即前期植物新品种创新能力对后期创新能力具有积极的影响。就各区的回归系数 β_2 而言，西部地区系数较小，东中部地区系数最大，这也表明西部地区对前期知识存量（创新能力基础）的利用效率较低，加之其前期创新基础薄弱，故其植物新品种创新能力的提升多属于资源导向型，即依赖于资本或人力等投入要素的增加而提升其创新能力；相对而言，东部前期创新基础较好，且对前期知识存量的利用较为充分，逐渐进入创新驱动阶段。因此，前期知识存量并不能确保后期植物新品种创新能力持续有效的增长，关键在于如何充分有效地发挥前期知识存量的作用。

3. 科研经费支出强度

该变量对全国及各地区植物新品种创新的影响类似于经济发展水平变量的作用。除中部地区外，该变量对全国及其他地区均呈负向影响，仅全国通过了 15% 的显著性检验，其他区域更加不显著。结合前文 Furman 等（2002）内生经济增长理论可知，当 β_3 小于零时，表明植物新品种创新呈收敛趋势，因此上述实证结果表明除中部地区植物新品种创新呈发散趋势外，全国及东部、西部植物新品种创新均呈收敛趋势。此外，科研经费支出强度应该有利于植物新品种创新能力的提升，尤其是对中西部地区投入的倾斜，更有利于提升其植物新品种创新能力，进而减小我国区域间植物新品种创新能力的差异（Jones，1995）。但本书实证不能给予充分的证实，可能的原因在于，虽然目前我国的科研投入支出占国内生产总值的比重不断上升，由 2002 年的 1.07% 持续增至 2014 年的 2.05%，但当前我国科研经费支出强度仍然具有明显的区域差异及结构不均衡性，加之区域间经济发展水平的差异，故若想充分发挥此变量对植物新品种创新的作用，必须在持续增加科研投入的基础上，调整科研经费支出结构，进而提升其有效利用率。

4. 农业科研机构科研经费支出强度

该变量对全国及各地区植物新品种创新的影响存在较大程度的差异性，其中对中西部地区的影响最为显著。具体来看，该变量对全国和西部地区的创新能力增长率的提升具有正向的拉动作用，而对东部和中部地区则具有负向的抑制作用，且对中部地区的作用尤为显著。就全国和西部区域而言，农业科研机构经费支出强度有助于提升全国及西部地区植物新品种创新能力的增长率，即全国及西部地区仍然是以农业科研机构为植物新品种创新最重要的主体，但西部地区更依赖于农业科研机构的科技创新能力。就东部和中部地区而言，其相应的系数 β_4 显著为负，可能的解释是，2011 年开始，公司与个人植物新品种创新能力开始超越农业科研机构，至 2014 年二者之间的差距呈持续扩大的趋势。此外，东中部地区，尤其是东部地区，具有明显的地理位置优势，其经济发展水平较高，城市基础设施较为完善，容易吸引企业的投资以及科研人员的流入，故农业科研机构对其植物新品种创新的影响作用不太明显。

5. 技术吸收能力

该变量对全国以及东中西三大地区植物新品种创新均产生负向影响。根据技术差距理论可知，当技术扩散系数为负值时，表明区域植物新品种创新存在收敛趋势，且落后地区与发达地区存在追赶效应。然而，仅全国通过了 10% 的置信水平的检验，东中西三大地区虽然存在技术吸收能力，但作用并不十分明显。具体来看，全国及三大地区该变量回归系数 β_5 分别为 -0.0184、-0.0072、-0.0169

和-0.0200，即随着技术吸收能力的不断增强，区域内的技术扩散或溢出效应得以发挥，尽管在各区域内部省份之间表现并不明显，但其整体的效应足以使全国层面植物新品种创新的差异呈现明显的缩小趋势。此外，由于书中该要素的基础数据是由科研人员和区域空间自相关性组成，所以若想充分发挥技术的扩散与吸收效应，应基于区域农业科技创新的现状，设法通过一定的激励机制调动科研人员的积极性及主观能动性，以提升区域植物新品种创新。

6. 城镇化程度

该变量对全国及东部地区植物新品种创新具有正向影响，对中部和西部地区却具有负向影响。结合统计检验指标可知，仅东部地区该指标对应系数 β_6 通过了10%的显著性水平检验，即城镇化水平整体上不会对全国及中西部植物新品种创新的提升产生明显的作用。实质上，城镇化的进程会伴随着人才的集聚、基础设施的完善以及消费多样化等外部性[1]，因此城镇化在一定程度上会促进区域创新能力的提升，进而带动植物新品种创新能力的提升。然而，现阶段我国，尤其是经济发展相对较为缓慢的中西部地区，其城镇化人口的增加多是由大量农村劳动力进城务工所致，因此一定程度上降低了区域或者城市的人均科技存量，在一定程度上束缚了其植物新品种创新能力的提升。当然这也迫切要求在促进城市化进程的同时，不仅要注重城镇数量及其人口的增加，更应该注重城镇化进程的模式，改变现有粗放的城镇化进程，使其朝集约化发展，进而发挥其对植物新品种创新的正向作用。

7. 外商直接投资与出口情况

这两个变量是作为控制变量加入模型的，旨在考察对外开放条件下，外商直接投资与出口情况对我国植物新品种创新的影响。就外商直接投资而言，其对全国及东中西三大地区的系数 γ_1 均未通过

---

[1] 王宇新、姚梅：《我国省域间技术创新能力的不均衡：2006—2008》，《中国科技论坛》2011年第7期。

统计指标的显著性检验，但其对全国及东中部植物新品种创新能力增长率均产生负向影响，对西部产生正向影响；就出口指标而言，虽该指标对全国及东中西三大地区植物新品种创新能力增长率均具有正向影响，但仅全国及东部地区的系数 γ_2 通过了显著性水平的检验。因此，外商直接投资程度有助于全国及东中部植物新品种创新能力增长率的收敛，西部地区则不然；出口程度有助于全国及东中西部植物新品种创新能力增长率的提升。上述结论可能的原因有以下三个方面：其一，由于地理位置的优越性、经济发展水平较高、基础配套设施完善，所以外商直接投资主要集中于我国东中部地区，西部地区较少；其二，东中西区域产业结构和技术结构存在差异①，西部地区的出口多以劳动密集型产品为主，技术含量较低；其三，由于西部地区不具备地理位置的优势，且其经济发展水平相对落后，因此，对科技人员的吸引力不大，其技术吸收能力相对较弱，更不能从有限的出口和外商直接投资中获益。

二 六大区域的影响因素分析

相对而言，对我国区域进行东中西三大地区的划分，整体较为笼统，尤其当研究对象为以植物新品种为例的农业知识产权创新问题时，所以本书将进一步对依据我国区域农业生产自然资源状况进行划分的六大区域的植物新品种创新能力增长率的条件收敛情况进行考察，并对形成不同地区收敛或发散格局的重要作用因素进行探究。基于模型（4-13），利用东中西三大地区消除模型自相关及多重共线性的方法，可得到六大区域植物新品种创新能力影响因素的回归结果，具体如表4-5所示。

由表4-5可知，由于不同地区经济发展水平、人力资本存量、技术吸收能力、对外开放程度等诸多因素的差异，不同地区植物新

---

① 魏守华、禚金吉、何嫄：《区域创新能力的空间分布与变化趋势》，《科研管理》2011年第32卷第4期。

品种创新的条件收敛状况也会存在明显差异，甚至部分地区并不存在收敛的迹象。需要特别说明的是，由于本节第一部分对全国层面植物新品种创新的影响因素展开了深入分析，所以此部分只是将全国模型回归系数作为参考，不展开论述，重点探讨西南、西北、中南、东北、华北以及华东六大地区植物新品种创新的影响因素及其关键因素的差异。

表4-5　　　　中国及六大区域植物新品种创新的影响因素分析

变量	全国	华北	东北	华东	中南	西南	西北
$\ln GPD$	-2.6814**	0.8749	-6.7732*	5.3661**	0.5229*	-8.1189**	-5.6140
$\ln y$	-1.3332***	-1.1966***	-1.6361***	-1.3686***	-0.6865***	-1.4586***	-1.4706***
$\ln BRD$	-0.1083	0.0201	0.0263	-0.3246***	0.0757	-0.0816	-0.2136
$\ln GRD$	0.0186	-0.0074	0.0406	0.1735	-0.1858***	0.7468***	0.0506
$\ln I \cdot \ln STP$	-0.0184*	-0.0430**	0.0137	-0.0049	-0.0043	-0.0431	-0.0111
$\ln RC$	0.1603	-1.9200***	1.3134*	-0.9312	0.0304	-0.0559	1.8551
$\ln FDI/GDP$	-0.0525	0.2472	-0.0739	0.8829	-0.3334***	-0.4834	0.1578
$\ln EXP/GDP$	0.3148**	0.9033***	0.2480	0.0023	-0.0636	0.9325**	-0.5785
α	0.4564***	0.2637***	0.8604**	-0.2491	-7.7390***	1.0264**	0.7406***
R^2	0.7445	0.7922	0.8527	0.7930	0.5308	0.8172	0.7929

注：***、**、*分别表示在1%、5%和10%的置信水平上显著。
资料来源：中国农业部植物新品种办公室及农科院知识产权研究中心数据，根据模型（4-13）由笔者计算整理所得。

1. 区域经济发展水平

东北、西南和西北三区的经济发展水平系数 β_1 均为负，但华北、华东和中南地区相应系数 β_1 为正值，且除华北和西北地区外，东北和中南地区的经济发展水平回归系数均在10%的置信水平上显著，华东和西南地区则通过了5%的显著性检验。由此不难发现，华东与中南地区验证了新古典经济理论，即区域经济发展水平对植物新品种创新能力的增长率具有正向影响；换言之，随着华东或中南地区经济发展水平的提高，其植物新品种创新能力增长率变大，即华东与中南地区植物新品种创新能力呈发散趋势。东北和西南地区植物新品种创新能力增长率会随着区域经济发展呈收敛趋势，两区域内部省份间的差距呈缩小趋势。事实上，上述结论也从侧面反映出我国区域间植物新品种创新存在一定的不均衡性，导致这种差异的原因离不开区域经济发展水平的差异。除此之外，由于新古典经济理论边际收益递减的规律，区域间植物新品种创新能力的差异亦与其基期创新能力基础有关，下文会进行详细的阐述。

2. 前期创新能力基础

与东中西三大地区植物新品种创新影响因素的分析类似，六大地区前期创新基础积累的相关回归系数 β_2 均为负值，即全国及六大区域植物新品种创新均呈收敛趋势，全国和不同区域内部省份间植物新品种创新的差异均呈减小的趋势。然而，就系数数值而言，中南、华北与华东地区的系数较大，西南、西北与东北地区相应系数较小，这表明各个区域对前期创新基础的利用程度不同，中南、华北及华东地区利用效率较高，其他三区利用效率相对偏低。可能的原因在于，中南、华北及华东地带多属于东部沿海地区或经济发达地带，其植物新品种创新驱动多以技术为导向，而其余三区的创新驱动多以资源为导向，故对前期创新基础开发程度不一。

3. 科研经费支出强度

该变量的回归系数 β_3 虽正负兼有，但仅华东地区科研经费支出强度通过了 1% 置信水平的检验，其他地区均不显著。上述结论表明，华东地区植物新品种创新具有明显的收敛趋势，即随着高强度的科研经费支出，其植物新品种创新能力增长速度减缓，区域内部省份间植物新品种创新差异减小。当然，类似特征还较为微弱地表现在西南及西北地区，华北、东北与中南区则反之。根据 Jones（1995）的研究可知，科研经费支出对植物新品种创新的提升应该产生正向影响，但本书实证结果证据并不充分。在当前科研经费投入强度下，我国植物新品种创新能力的提升并不明显，换言之，即通过不断增加科研经费投入的做法尚不能完全改变我国创新能力水平较低的现状，因此，应从调节当前我国科研经费支出结构入手，降低经费支出结构的不合理性,以发挥其对植物新品种创新的正向作用。

4. 农业科研机构科研经费支出强度

从该变量回归系数 β_4 的显著性检验看,除中南和西南地区外,其余各地区农业科研机构经费支出强度对植物新品种创新的影响并不明显。中南地区农业科研机构科研经费支出强度的回归系数为负,说明对于农业科研机构经费投入的增加并未完全得到预期效果,即随着农业科研经费强度的增大,创新能力的增长速度有所放缓。而在西南地区则表现出了与中南地区完全不同的发展趋势,即农业科研机构经费投入强度的提高,会显著推动植物新品种创新能力的提升。结合其他四区农业科研机构经济支出强度的系数 β_4 可知,有四个区域系数为正,表明我国植物新品种创新能力的提升在很大程度上仍然依赖于农业科研机构的科技创新实力;华北与中南两区系数为负,表明农业科研机构科技经费投入的增加不一定总是对其植物新品种创新产生正向影响。可能的原因在于,我国植物新品种创新主体格局呈多元化发展,公司与个人植物新品种创新能力得到了很大的提升,并于2011—2014年超过农业科研机构。因此,上述结论也预示了我国创新主体结构调整及科研经费体制改革的必要性。

5. 技术吸收能力

由表4-5可知,六大区域中,仅华北地区的植物新品种创新的技术吸收能力的系数 β_5 为负值,通过10%水平上的显著性检验,其他五大地区均不显著。具体来看,华北地区技术吸收能力回归系数为-0.0430,说明华北地区在样本考察期内技术吸收能力较强,借助技术的溢出效应使得该地区创新能力呈趋同趋势。与此类似,华东、中南、西南和西北地区的技术吸收能力的回归系数 β_5 也为负值,但并未通过显著性水平检验,说明在样本考察期内我国及区域间存在着一定程度的知识或技术的溢出效应,使属于同一经济发展水平或地理位置邻近区域的创新能力逐渐趋于一致。然而,可能在技术扩散过程中仍存在诸多障碍,这一效应在大部分地区并未得到有效发挥。需要特别注意的是，东北地区的技术吸收能力回归系数为正，尽管并未通过相关置信水平（1%、5%和10%）的显著性检验，该地区的技术吸收能力较弱，但其内部三省域的创新能力在很大程度上存在着极化现象。

6. 城镇化程度

与部分变量类似，城镇化率的相关回归系数 β_6 仅在华北和东北两地区通过了显著性检验，其他地区均未通过相关统计指标的检验。华北地区城镇化回归系数 β_6 显著为负值，表明其植物新品种创新能力的增长率随着城镇化率的增加而减缓，呈收敛趋势。类似的特征还微弱地表现在华东、西南地区，但均未通过显著性检验。东北地区相应系数显著为正，表明随着城镇化进程的推进，其植物新品种创新能力增长率呈增长趋势，类似的特征还呈现在中南、西北地区，也未通过统计指标检验。由于城镇化的外部效应，其对植物新品种创新具有正向影响，但由于现阶段我国城镇化进程多属于粗放式增长，故其对植物新品种创新的作用未能充分体现，因此，应该改变现有城镇化的推进方式，使其朝集约化发展，进而发挥其对区域植物新品种创新的正向影响。

7. 外商直接投资与出口因素

由表 4-5 可知，外商直接投资指标回归系数 γ_1 符号正负兼有，但仅中南区通过了 1% 置信水平的检验，即随着其外商直接投资比重的不断增加，其植物新品种创新能力增长率趋于减缓，内部省域间创新能力整体差异有所减小。类似特征还体现在东北与西南两区，但结果并不显著；其他区域该指标显现出正向的影响。就出口指标而言，其回归系数 γ_2 也正负兼有，但整体看，该指标对全国、华北和西南地区创新能力的正向影响较为明显，类似特征还体现在东北与华东地区，但均未通过统计指标检验。上述现象出现的原因与区域经济发展水平、产业与技术结构、区域地理位置、基础设施完善程度、出口产品类型、技术吸收能力等因素密切相关。总之，应借助外商投资的机遇，充分利用国外资源，提升区域植物新品种创新能力，并逐步优化落后地区的出口结构，引导其出口技术导向型产品，进而充分发挥出口指标在其创新能力提升过程中的作用。

第五节　结论和政策建议

一　主要结论

基于经济收敛理论，为了探究我国植物新品种创新差异的变动规律及其影响机制，本章对全国、东中西三大地区以及西北、西南、华北、中南、东北与华东六大区域植物新品种创新力进行 σ 检验，继而基于不同时段及不同区域的角度对其进行 β 收敛检验，量化其收敛速度，并对其影响因素进行分析，主要得出以下三点研究结论。

1. 我国植物新品种创新呈明显的 σ 收敛，但区域创新能力变动趋势不一，存在明显的差异。

具体可以从三个方面进行分解，其一，2002—2014 年我国植物新品种创新存在 σ 收敛，且呈波动下降期（2002—2006 年）、持续下降期（2006—2009 年）和波动上升期（2009—2014 年）三阶段特征。其二，就东中西三大地区植物新品种创新的 σ 收敛性而言，东部和中部地区均存在明显的 σ 收敛，但二者变动幅度存在差异，其中，东部地区在 2002—2004 年变动十分剧烈，其他年份变化趋势较为缓和，中部地区整体呈器皿形（2002—2006 年）、镰刀形（2006—2010 年）和倒 V 形（2010—2014 年）三阶段变动特征；西部地区整体不具有明显的 σ 收敛，且呈现出山峰波动期（2002—2008 年）和 W 形波动期（2008—2014 年）两阶段变动特征。其三，就六大区域植物新品种创新的 σ 收敛性而言，华北地区整体变动较为频繁且整体不存在收敛迹象；西南地区亦未出现明显的收缩趋势，但其变动趋势更为频繁和剧烈，呈现反复式倒 V 的变动趋势；其他四区存在明显的 σ 收敛，但变动幅度不同，其中，东北地区基本呈剧烈波动下降期（2002—2006 年）和平稳波动上升期（2006—2014

年）两阶段变化特征；华东地区收敛速度最快，相对东北区，其变动的趋势较为缓和，呈山岭状变化；中南地区变动趋势最为缓和；西北地区变化最为剧烈，呈倒 V 形波动期（2002—2006 年）、堤坝状波动期（2006—2010 年）和 M 状波动期（2010—2014 年）三阶段特征。

2. 我国植物新品种创新在时序和空间上存在绝对 β 收敛，但其收敛速度存在差异。

主要表现在三个方面，其一，2002—2006 年、2006—2010 年、2010—2014 年及 2002—2014 年我国植物新品种创新均通过了显著性水平为 1% 的绝对 β 收敛检验，但收敛速度存在明显差异，上述时段对应收敛速度分别为 10.17%、6.17%、5.12% 与 2.99%。其二，东中西三大地区植物新品种创新均在 1% 的显著水平上存在绝对 β 收敛，但三地区收敛速度不同，其中，西部收敛速度最快，达 4.18%，中部居中，为 3.69%，东部收敛速度最小，为 2.27%；地区之间存在植物新品种创新能力低值地区与高值地区的追赶效应。其三，西南、西北、华北、东北、华东与中南六大区域植物新品种创新均在 1% 的置信水平上存在绝对 β 收敛，但收敛速度存在明显的差异，具有三梯度发展的特征；其中，第一梯度为华东和东北地区，收敛速度分别为 5.47% 和 4.95%，第二梯度为西北、中南和西南地区，收敛速度依次为 4.56%、3.95% 和 3.89%，第三梯度为华北地区，其收敛速度仅为 1.63%；当然收敛速度的差异与国家分阶段、分梯度式的经济发展战略有一定的关系。

3. 对全国和不同区域而言，植物新品种创新能力的具体影响因素及模型理论验证结果存在差异。

当然区域差异的形成与国家分阶段、分梯度式经济发展战略有关，同时也受区域经济发展水平、技术吸收能力、FDI 和出口等因素的影响。主要研究结论体现在三个方面。

其一，就全国而言，经济发展水平不总是植物新品种创新能力提升的充分条件，前期创新能力基础并不能保证后期创新能力的持续提升，技术吸收能力有助于缩小创新能力的总体差异，出口有助于创新能力的提升，但不利于区域差异的缩小，科研经费支出强度、农业科研经费支出强度、城镇化程度以及 FDI 对植物新品种创新能力的影响不明显；新古典经济增长理论与技术差距理论在模型中得到了强有力的验证。

其二，就东中西三大地区而言，随着经济发展水平的提高，中部植物新品种创新能力得到明显的提升，西部和东部创新能力增幅缩减，且西部收敛趋势更为明显；前期创新能力存量对三地区均具有明显的负向影响，不能保证其后期创新能力的持续提升；高强度的农业科研机构经费支出有利于西部创新能力的提升，但东中部创新能力增幅呈缩小趋势，且中部更为凸显；技术吸收能力的增加有助于缩小东中西区域内部创新能力的差异，但作用并不显著；城镇化进程的推进有利于东部地区创新能力的提升，中西部地区则不然；出口有助于东部创新能力的提升，但对中西部作用并不明显；科研经费投入对各区影响方向不一致，但均不显著；FDI 有助于东中部创新能力差异的减小，有助于西部地区创新能力的提升，但影响力均不显著。

其三，就六大区域而言，随着经济发展水平的提高，东北、西南和西北植物新品种创新能力差距呈收敛趋势，但华东、中南和华北则不然，新古典经济理论在东北和西南得到了较为充分的验证；前期创新能力也不能保证六大区域后期创新能力的持续增长；高强度的科研经费投入有助于华东地区创新能力差异的减小，但对其他地区影响均不显著；高强度的农业科研机构经费投入有助于中南地区创新能力差异的减小，西南地区创新能力差异却呈扩大趋势，即技术空间扩散效应在西南区得到了验证；技术吸收能力的提升有助于华北、华东、中南、西南与西北区创新能力呈收敛趋势，且以华北区表现最为明显，即技术差距理论得到了验证；城镇化进程的推进有助于东北地区创新能力的提升，华北地区却呈明显的收敛趋势；FDI 的增加有助于中南、东北与西南地区创新能力呈收敛趋势，且中南地区收敛效应最为明显；出口有助于华北、西南地区创新能力的提升，但对其他地区的作用并不明显。

二 政策启示

在对全国及区域植物新品种创新进行 σ 收敛检验的基础上，基于时序及空间两个维度，对其进行 β 收敛检验，量化其收敛速度，并对区域影响因素进行比较分析，研究获得如上所述的结论。鉴于此，主要获得以下三点政策启示。

其一，应在稳定当前经济发展速度的前提下，持续增加农业科研经费支出的强度；应注重经费支出结构的调整，在确保充分发挥农业科研机构作用的基础上，利用相关的财政手段调动企业科技创新的积极性，并推动其成为农业科技创新的主体。

其二，应充分挖掘前期创新能力基础，并结合区域特色，提高其有效利用率；应及时调整城镇化的推进模式，完善相应的基础设施建设，充分发挥技术扩散效应[①]以及植物新品种创新能力低值地区（西部地区）与高值地区（东部地区）的追赶效应。

其三，在科研经费投入和基础设施建设方面，向中西部地区倾斜，促进科技人员、外商投资等在区域间的流动，并注重发挥出口对植物新品种创新的作用，以减少区域农业知识产权创新的差异。

---

① 魏守华、禚金吉、何嫄：《区域创新能力的空间分布与变化趋势》，《科研管理》2011 年第 32 卷第 4 期。

第五章

农业知识产权协同创新的微观机理

前文以植物新品种为例,从宏观及中观层面对农业知识产权创新的因素进行分析,研究发现,植物新品种创新能力的具体影响因素及模型理论验证结果存在差异,当然区域差异的形成与国家分阶段、分梯度式经济发展战略有关,同时也受区域经济发展水平、技术吸收能力、FDI和出口等因素的影响。然而,相关研究已证实农业知识创新的差异也与创新主体的特征、作用以及协同效应密不可分。本书第三章也较为详细地阐述了不同创新主体格局发展的趋势,其中,公司与个人核心主体地位逐渐彰显。2011年始,公司与个人的植物新品种创新开始超过科研机构,成为我国植物新品种创新最强的主体,且二者的差距持续保持增大趋势。

鉴于此,本章将围绕不同创新主体,深入探讨农业知识产权协同创新的微观机理。就整体布局而言,共包括四节,第一节是创新主体的理论分析;第二节介绍创新主体的科学内涵,主要包括主体特点及逻辑关系;第三节是分析不同创新主体参与协同创新的影响因素;第四节是对创新主体格局演化进行分析。

第一节 创新主体的理论分析

创新驱动发展,农业科技创新作为引领现代农业发展的第一动力，有力地推动了农业现代化进程。自 2004 年以来，16 个中央一号文件的持续出台强调了"三农"的重要性，更验证了农业的根本出路在于科技，农业科技应当成为支撑与引领农业发展的核心动力。[1] 2019 年中央一号文件强调加快突破农业关键核心技术，打造产学研深度融合平台，强化企业技术创新主体地位，支持企业牵头实施技术创新项目；继续组织主要粮食作物和畜禽良种联合攻关、加强农业领域知识产权创造与应用，等等。2018 年中央一号文件也强调建立产学研融合的农业科技创新联盟，实施质量兴农战略。党的十九大、十三届人大会议均强调企业创新主体地位，构建产学研深度融合的技术创新体系，加快创新成果转化应用。

总之，从国家相关政策导向可以看出，国家在肯定农业科技协同创新的重要性的同时，试图用政策支持、引导与鼓励构建深度融合的农业协同创新机制与平台。此外，上述国家相关政策文件均强调企业创新主体地位，实质上结合前文分析以及现有对农业科技创新及其创新主体的相关研究不难发现，农业科技创新的协同程度与效果在很大程度上与创新主体地位、参与创新程度、方式、手段以及创新主体知识产权共享、利益分配等相关机制有关。因此，深入分析创新主体，即从微观视角探究农业知识产权协同创新的微观机理具有重要的理论与实践指导意义，有助于构建科学合理的农业知识产权协同创新机制。

目前，众多学者结合自己的研究领域以及专业特长，从不同的角度对农业科技创新方面不同的选题展开研究，就农业科技协同创新主体而言，学者们对创新主体的研究大致可以划分为三大类[2]：一是企业主体论，强调企业的创新主体地位；二是教研机构主体论，

---

[1] 陈祺琪、张俊飚、程琳琳、李兆亮：《农业科技资源配置能力区域差异分析及驱动因子分解》，《科研管理》2016 年第 37 卷第 3 期。

[2] 黎世民、苏磊、赵博：《试论我国农业科技的创新主体》，《农业科技管理》2008 年第 12 卷第 6 期。

主要强调高校和科研机构的创新主体地位；三是多元主体论，强调多元主体的协同创新。

1. 企业主体论

基于人类的主观能动性与社会属性，人类社会活动丰富多彩，种类多样。其中，经济活动可以说是人类其他活动的基础。原因在于，人类的其他社会活动均或多或少地与经济活动具有直接或间接的关系。经济活动主要以企业为单位进行①，作为经济活动的主要参与单位，企业是社会经济发展到一定阶段的产物。随着社会经济的发展，人们为了满足生存和发展的需要进行物品或与之有关的服务的交换，而企业就是根据市场需求提供上述物质产品或服务的经济主体。与此同时，当前我国社会的主要矛盾是人民日益增长的美好生活需要和不平衡不充分的发展之间的矛盾，而企业经济活动的效率是社会经济发展水平和速度的关键因素。因此，许多学者以企业为主体展开相关的研究。

总之，将企业作为协同创新主体的原因主要可概述为以下三个方面：一是企业作为现代微观经济活动选择的普遍形式，不仅组织形式众多、提供大量鲜活的研究案例②，而且企业作为农业知识产权协同创新主体也是历史发展的选择；二是企业作为市场产品或技术等相关物品与服务的供给方，了解市场的需求，可以将相关农业知识产权创新成果进行快速的推广与转化；三是国外许多发达国家在进行传统农业改造或相关高新技术研发时，均是以企业为主体或通过相关农业科技企业或龙头企业实现相关农业现代化的进程。因此，许多学者认为企业是农业知识产权创新的核心主体。

2. 教研机构主体论

农业作为国民经济的基础，是其他产业得以发展的基础。就农业的属性而言，农业具有自然与经济双重属性，是自然再生产与经

---

① 陈传明主编：《管理学》，高等教育出版社2019年版，第21页。

② 同上书，第2页。

济再生产交织的产物。一方面，农业生产是生物生长繁衍与自然物质能量交换的过程，农业生产要依托于一定的自然资源，比如农业生产的土地、水源、温度、阳光、空气与生物等资源；另一方面，农业生产是人类劳动和经济关系相互交织作用的过程，农业生产依赖于一定的劳动力、生产资料、生产关系与生产技术。因此，农业具有显著的周期性、季节性、分散性、地域性与野外性等特征。

鉴于上述农业生产的特征，农业科技创新，尤其是针对科技产出成果中的知识产权创新更具研发周期长、成本高、风险大特征[①]。除此之外，由于部分农业科技成果创新具有一定的公共产品属性，因此，农业知识产权创新机制具有产权模糊、利益共享机制不健全、保护机制不完善等特征。所以，在一定程度上，农业科技创新投资与回报，对企业的吸引力较弱。当然，不同于企业的经济属性，以高校和科研机构为代表的相关教研机构在一定程度上承担着培养相关农业生产科技人才、研发相应农业生产技术、培育相关农业生产新品种以及推广相关新品种与技术的任务与责任。农业科研投入，尤其是基础性项目或技术的研发，其科研投入中公共资金占比较高，多是由政府牵头，由相关教研机构参与研发。因此，在农业知识产权创新中，许多学者认为教研机构是其创新的核心主体。

3. 多元主体论

不同于上述"企业主体论"与"教研机构主体论"强调单一主体在农业知识产权创新中的作用，"多元主体论"基于系统理论与协同理论，强调多个创新主体的协作。原因在于，一是"企业主体论"中的企业虽然能较为敏感地捕获市场需求，进而根据需求进行有目的的研发，但受限于其浓厚的经济属性，在进行农业知识产权创新时，必然会考虑相关项目的投资与回报，从而进行有选择的研发。二是"教研机构主体论"中的教研机构虽不同于企业的经济属性，

---

① 黎世民、苏磊、赵博：《试论我国农业科技的创新主体》，《农业科技管理》2008年第12卷第6期。

基于其组织特有的社会属性，在政府引导下，愿意并主动承担一些农业基础项目与重大技术的研发，但其农业知识产权创新成果多以论文、项目、专利等形式为主，缺乏与市场需求的有效对接；除此之外，从农业知识产权创新成果的转化效果来看，教研机构往往存在重研发、轻推广、略转化的不足。因此，部分学者认为，农业知识产权创新应该存在多元主体。

"多元主体论"中的创新主体不仅包括上述主体论点中的企业、高校与科研机构，还包括政府、中介机构、金融机构与农户等相关主体。深入分析不难发现，"多元主体论"实际上是将农业知识产权创新融入农业的产前、产中与产后各个环节，是基于全产业链的视角，从农业知识产权创新的源头，到相关科技成果转化、试点、推广与应用，再到深度市场化开发整个环节。在整个农业知识产权创新环节中，各个创新主体各司其职，却又相得益彰、相辅相成。然而，在现实创新过程中，由于需要协调的主体较多，且相关的主体协调机制、利益分配机制、产权明晰制度、成果保护制度、政策协调机制等不健全，导致多元主体在协同创新时，仍然存在一定的问题与不足。

第二节　创新主体的科学内涵

农业知识产权协同创新体系是一个复杂、动态与开放的系统，该系统主要由创新主体、创新客体、创新目标、创新方式四大部分构成，系统有序且有效的运行得益于上述各个要素的协同与合作，具体如图 5-1 所示。

实质上，该系统中创新主体主要包括政府、高校、科研机构、企业、农户、中介机构等相关主体。创新客体主要涉及农业知识产权创新中的新生产方法、新加工工艺与形式、新品种、新组织机制与形式的创新等，从创新成果产出来看，主要涉及专利、植物新品种、地理标志、商标等。创新目标因参与主体不同，呈现目标多样

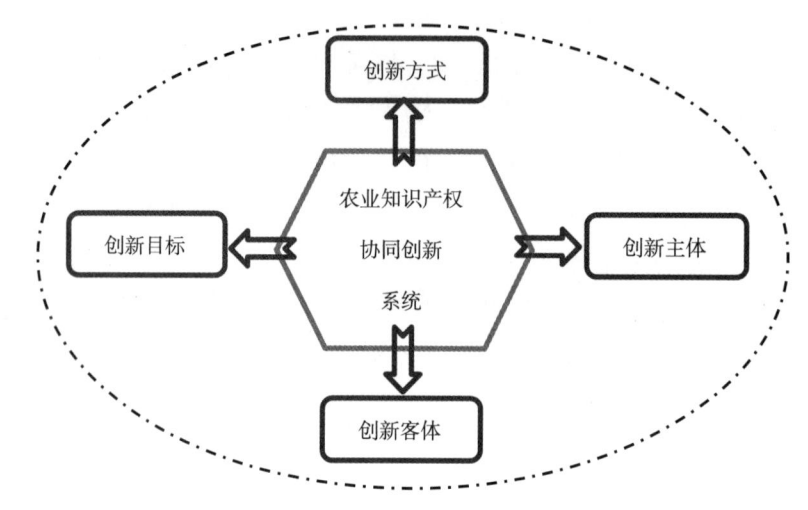

图 5-1 农业知识产权协同创新系统

化特征，但当相关政策协调机制与监管机制较为健全时，单个创新主体目标的实现有助于增加社会的公共利益。创新方式主要包括创新的手段与工具以及创新的协同运行机制，其中，创新手段与工具主要是指基于一定的创新目的，创新主体作用于创新客体的技术或方法，也可指获取信息的计算机方法或技术；创新的协同运行机制主要指创新的任务与职责、程序与规则，即协同创新的政策协调机制、利益分配机制、产权明晰制度、成果保护制度等。

农业知识产权创新系统中，不同的发展阶段，创新主体的地位不同，对整个系统的贡献也相应不同。以协同理论的视角进行分析，农业知识产权协同创新系统的每一个发展阶段，均会存在一个主导的创新主体，决定着系统的演化与发展，协同理论中我们称这样的变量为序参量，在此我们称之为核心主体，同一时期的其他主体为协同主体（郭文驰，2017）。此外，农业知识产权协同创新是基于全产业链视角，将不同创新主体协同于农业生产的产前、产中与产后各个环节，加之农业生产的周期性、地域性、季节性等特征，农业创新的公共产品属性及创新环境的动态性与不确定性，因此，农业知识产权协同创新系统需要核心主体与协同主体密切合作，二者相辅相成，始终保持一种微妙的既相互影响、相互竞争，又协作配合、有序互动的状态（陈其荣，2000）。因此，接下来，将围绕创新主体的内涵、特点与逻辑关系、影响因素与演化格局，重点分析农业知识产权协同创新系统中的创新主体部分的微观机理。

一 创新主体的概念

达尔文强调，能够存活的物种，不是最强大的，也不是最智慧的，而是最具有适应能力的。人类作为高级进化物种，是推动社会发展的主要力量。在历史发展的长河里，人类经历了：恐惧自然——认知自然——适应自然——改造自然——保护自然5个主要阶段。当然，人类的进化历程离不开技术的助推作用，技术的不断发展与成熟是人类进化发展的重要支撑条件。与此同时，技术发展的结果通过人类主体性的提升来体现，人类主体性的提升本质上也是技术发展的结果（陈凡，2007）。因此，我们可以把主体概述为进行认识和进行实践互动的人（郭文驰，2017）。

农业知识产权协同创新系统不同于其他创新系统，虽以协同理论与系统理论为理论基础，但该系统受限于农业生产的特点、农业知识产权的公共产品属性以及相关政策机制的不完善。第一，创新主体必须具备良好的主观能动性，即创造性思维，善于结合创新主体自身优势进行有针对性的创新行为，继而实现资源的优化配置；第二，创新主体要善于处理个体目标与系统目标的关系，主动参与创新，通过借助一定的创新方式，实现自身创新目标，同时注重合理协调个体目标与系统目标的关系；第三，创新主体要切实产生相应的创新行为，并形成相应的创新成果。从创新成功与否的角度看，若投入一定的资源，但并未形成新的创新成果，则意味着创新活动的失败，不能算具有实际意义的创新活动。[1]

---

[1] 郭文驰：《晋城市农业科技创新中企业主体地位研究》，硕士学位论文，太原科技大学，2017年。

除此之外，由图5-1可知，除创新主体具备上述三种基本特征外，受制于创新主体个体特征与属性的约束，为适应与满足当前农业知识产权协同创新要求与目的，单一主体或组织很难高质量地完成相应的创新任务，并承担相应的创新责任。农业知识产权协同创新需要不同创新主体之间的协同合作，由于不同主体参与协同创新的出发点与目的不同，主体创新能力与手段各有千秋，因此，需要通过金融、服务等中介机构作用于具体的创新客体，并借助一定的创新手段与工具，实现农业知识产权的协同创新。因此，科学界定创新主体的含义，必须厘清创新主体与创新客体的关系，明晰中介机构对创新主体与客体的作用。

进一步地，从农业知识产权协同创新的效应或效果来看，协同创新程度或效果应与创新主体参与协同创新的动力及其参与协同创新所获效价的期望值有关，具体如式5-1所示。

$$V = M \times E \tag{5-1}$$

式5-1中，V（value，效价）表示农业知识产权协同创新的效应或效果，M（motivation，动机）表示基于创新主体的需要，其参与协同创新的动力，E（expectancy，期望值）表示创新主体通过特定的方式参与协同创新达到预期目标可能性的概率判断。

深入分析不难发现，只有当创新主体具有强烈的参与协同创新的动力，且创新主体通过参与协同创新预判实现其预期创新目的的概率较高时，创新主体才会切实地参与到协同创新活动中。否则，当创新动力不足或参与创新所获期望值较低时，均会影响或拉低农业知识产权协同创新的效应。

总之，农业知识产权协同创新系统中的创新主体是创新活动的发起者、具体的实施者和承担者，该创新主体具备一定的主观能动性和自主创新能力，可以根据自身的创新需求与动力，借助一定的创新手段与工具，通过中介机构或直接作用于创新客体，实现预期的创新目标。

二 创新主体的特点

结合前文对创新主体的分析以及考虑到上下文一致的问题,此部分主要论述公司与个人、教学机构与科研机构三大主体的特点。其中,公司与个人作为目前我国农业知识产权协同创新的核心主体,前文实证分析证实,以农业知识产权中的植物新品种为例,自2011年始,公司与个人的植物新品种创新已超越科研机构,并在整个研究期内,二者的差距呈扩大趋势。上述趋势也符合国家相关政策中倡导和凸显企业核心地位的导向。当然,此处需要特别说明,公司与个人显然不能等同于企业,但公司是企业,尤其是现代企业的一种重要组织形态,而个人可以是企业负责人、个体经营者,也可以是普通的用户或农户。为了便于与教学机构、科研机构进行比较以及凸显不同创新主体的特色,我们主要从企业的经济与社会属性的角度阐述该创新主体的特点。

类似于本章第一部分概述学者们有关创新主体的观点,就公司与个人主体而言,公司作为市场经济的重要参与者,基于其经济属性,该主体善于依据市场需求展开有针对性的创新活动,并借助一定的创新手段与工具,作用于不同的创新客体,进而实现其创新目的,从而实现其自身利益最大化的组织目标。然而,由于农业生产具有周期性、地域性及季节性等特点,部分农业知识产权创新又具有公共产品属性,因此,公司在进行相关创新活动时,会考虑自身的相对报酬,若利润空间较小,或投资回报周期过长,或投资风险较大,该主体则会有选择地进行创新,或直接放弃创新。因此,其创新活动不可避免地带有短视性,甚至无法把握农业知识产权协同创新的趋势,这均是该主体较难克服的问题。[①]

教学机构,作为农业知识产权协同创新的主要创新主体,其在

---

① 袁宇、张嵩、周海霞:《山东省农业科技协同创新模式研究》,《农业科技管理》2018年第37卷第1期。

协同创新过程中的作用不容忽视。教学机构同样具有参与协同创新的优势，一是教学机构强大的育人功能，教学机构具有师资、平台、设备与场地等多种资源，可以为农业生产发展，尤其是农业知识产权协同创新输送专业研发人员，在为农业知识产权协同创新提供人力资源保障的同时，为其提供创新的内在动力，即科研人员的创新性思维。二是基于政府政策的引导和资金的支持，教学机构愿意并有能力从事农业方面基础性的科技研发活动；教学机构科研人员由于长期从事相关研究，可以较为便利地预测农业知识产权协同创新的变动趋势，以寻求新的创新方向，并获取相关创新成果。然而，由于评价体系不健全以及相关政策协调机制的缺失，现存教学机构的创新成果多以论文、项目或专利等形式为主，甚至部分成果脱离现实市场实践的需求，故后续很难转化为现实的生产力，上述也是该创新主体需要不断解决的问题。

科研机构，作为农业知识产权协同创新的重要创新主体，2011年之前，科研机构的创新能力或水平一直高于公司与个人、教学机构；2011年之后，科研机构位居第二位，是我国传统主导型创新主体。科研机构参与农业知识产权协同创新的优势在于，一是国家专项资金支持相关科研机构，如农业科研院所，进行科技研发，尤其支持其进行农业基础性、重大科研专项的研发；二是农业科研机构长期从事与农业相关的科学研究，具有扎实的农业创新基础，研究人员时间相对较为充裕，研究设备齐全且专业化程度高，研发手段与方式新颖多样；三是协同创新基础扎实，农业科研机构为了满足自身发展需要，其创新研发过程，涉及试验田、实验基地，当然也会选择与企业合作，推广部分研发成果，早期，在政府倡导下，存在多种以科研机构为核心主体的协同创新模式。然而，科研机构也存在科研创新脱离市场需求或忽视科研成果转化的问题。

三 创新主体的逻辑关系

按照第二章对农业科技创新过程的论述可知，农业科技创新的整个过程涉及前期研发环节、中间开发与实验环节以及成果转化与推广三个主要环节。结合前文对公司与个人、教学机构和科研机构三大创新主体特点概述，可绘制出不同主体在农业创新各个环节中的作用[①]，具体如图5-2所示。

深入分析图5-2可知，在农业科技创新的前期研发环节，各个主体均会参与，只不过参与创新的动力和目的不同，比如，在基础性研究方面，教学机构和科研机构可能会参与更多，而在应用研究中，会凸显公司与个人的核心主体地位；在中间开发与实验环节，由于不同创新主体的特征，基于前期不同的研究属性与目的，均会参与中试环节，具体而言，教研机构可能以试验田、实验基地或联培试点等方式完成科研成果的中间实验环节，公司与个人也会结合前期研发需要，以其研发部门、联培基地、农业合作社或农户来实现创新的中试环节。在农业创新成果转化与推广方面，教研机构参与较少，主要以公司与个人为主，原因在于农业创新成果转化推广主要是面向市场或农业生产，以公司为代表的企业组织形式，只有研发成果投放市场才会实现其经济利益，只有农户采用了相关的创新成果从事农业生产，才算真正意义上的创新推广。

根据图5-2中不同创新主体参与农业科技创新的情况，我们绘制出了不同创新主体之间的逻辑关系图（如图5-3所示）。分析图5-3可知，农业知识产权协同创新主要涉及教学机构、科研机构、公司与个人、政府、中介机构与农户6个主要创新主体。各个创新主体在整个农业知识产权协同创新系统中各司其职，却又相互协作，缺一不可。

公司与个人作为农业知识产权协同创新的核心主体，贯穿于整个创新过程之中，不同于其他创新主体，公司与个人可以根据市场需求，进行有针对性的农业创新活动，从事相关的应用与综合研发，

[①] 袁宇、张嵩、周海霞：《山东省农业科技协同创新模式研究》，《农业科技管理》2018年第37卷第1期。

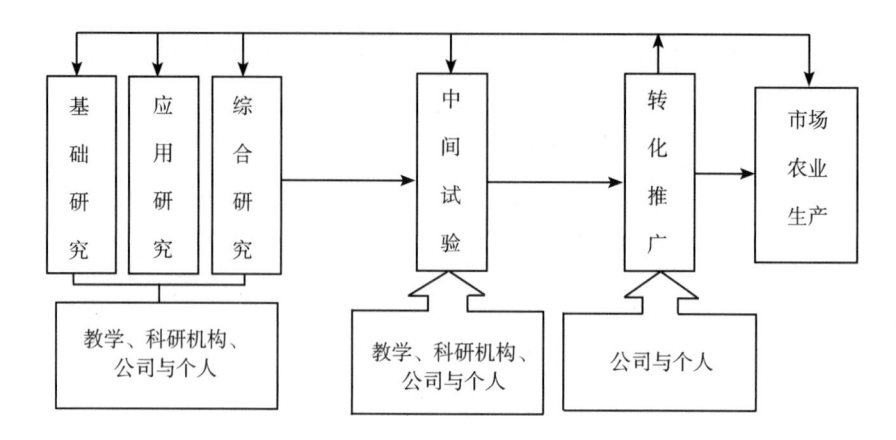

图 5-2　创新主体参与农业科技创新情况

资料来源：参考袁宇、张嵩、周海霞《山东省农业科技协同创新模式研究》，《农业科技管理》2018 年第 37 卷第 1 期，由笔者整理所得。

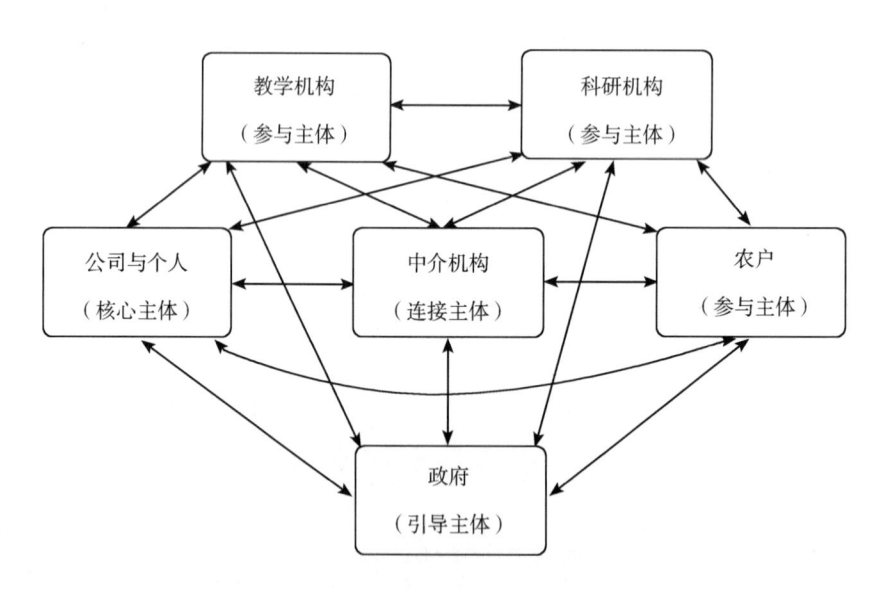

图 5-3　创新主体逻辑关系

并通过创新成果的转化与推广实现其经济利益。

教学机构和科研机构具有政府资金支持和政策引导，在研发农业基础性研究或周期性较长的重大研发项目上具有独特的优势，但受制于其社会属性及当前科研成果考评制度，教研机构的创新成果多以论文、项目、专利为主，部分研究甚至仅存在于理论创新，缺乏实践的检验、转化与应用，故整体存在重研发，轻转化的现象。

政府作为重要的引导主体，在农业知识产权协同创新中的作用非常重要，早期协同模式也多是在政府的倡导下完成，比如，校企协同、政企联合、教研联合等模式。政府作为协同创新的倡导者，同时也是相关政策与法规的制定者。在协同创新初级阶段，政府可以通过政策、法规对协同创新模式进行引导和管制；在协同创新较为成熟时，政府相关政策的修订或战略意图的调整均会对协同关系造成一定的影响；政府的实际管理行为、发展理念均会导致相关政府管理部门政策、方针与法规的变动。从哲学角度看，意识形态的变动，会反作用于实践，最终会作用于协同创新的运行效果。

中介机构作为农业知识产权协同创新的重要连接主体，在协同创新过程中起着信息沟通与传递的作用。原因在于，长期以来，我国农业生产体系中，政府、企业与农户之间的有效沟通能力较弱、频度较少，严重限制了政府政策的落实和农户对创新成果的采用。[1] 中介组织的存在，可以提升不同创新主体沟通的有效性，单个农户抵御自然和市场的风险较弱，中介组织作为不同创新主体的委托与代理，可以通过合作社或协会等形式，集中农户进行规模生产，降低企业生产成本，提升农户抵御风险的能力，提高自身的组织化程度。因此，中介机构在农业知识产权协同创新过程中发挥着重要的作用。

农户作为农业知识产权协同创新成果的直接应用者，可以从成果实际的使用过程和效果等方面，对相关协同创新主体进行反馈，以便凝练形成新的创新方向，使协同创新与实际需求相符。但受限于农户个体的特征，大多数农户很难直接参与到协同创新活动中来，

---

[1] 张俊飚：《生态产业链与生态价值链整合中的循环农业发展研究》，中国农业出版社2010年版，第114页。

只有借助于现代化农业组织,即前文的中介机构,方可参与协同创新成果的转化与推广,因此,可采用其他协同创新主体+中介机构+农户的形式参与创新的其他环节。

总之,为保障农业知识产权协同创新系统的良好运行,必须明晰各个协同创新主体的特点及其逻辑关系,基于系统理论与协同理论,在充分发挥公司与个人核心主体作用、教研机构基础和理论研发作用、政府引导作用、中介机构连接作用与农户推广与应用作用的基础上,注重主体协同效应,取长补短,使各创新主体在农业科技创新中无缝衔接,通过多样化的协同模式与创新手段,从根本上解决协同创新供给与需求脱节的问题。[①]

第三节 创新主体协同创新因素分析

组织活动是在一定环境中进行的,组织活动方向的选择及过程的展开均需要充分考虑既定环境的特点。[②] 创新主体参与协同创新与否或参与协同创新的程度受很多因素的影响。不同的制约因素具有不同的影响力度,同一制约因素在不同的区域、不同的时期所产生的影响程度往往不尽相同。[③] 从制约因素的性质看,我们可以从一般宏观因素、具体微观因素和创新主体自身三个角度进行分析,第四章已从东中西三大区域和华北、东北、华东、中南、西南与西北六大区域两种区域视角,即从具体区域角度进行分析,本章前两节也详细的分析了公司与个人、教学机构、教研机构、政府、中介机构与农户等不同创新主体的特点及逻辑关系。因此,接下来,我们重

[①] 袁宇、张嵩、周海霞:《山东省农业科技协同创新模式研究》,《农业科技管理》2018年第37卷第1期。

[②] 陈传明主编:《管理学》,高等教育出版社2019年版,第84页。

[③] 张俊飚:《生态产业链与生态价值链整合中的循环农业发展研究》,中国农业出版社2010年版,第101页。

点从一般宏观角度讨论创新主体参与协同创新的因素。

一般宏观环境分析中，最常用的方法就是 PEST 分析法。因此，我们将从政治与法律环境（P）、经济环境（E）、社会与文化环境（S）、技术环境（T）四个方面来分析影响不同创新主体参与协同创新的重要因素。[①]

一 政治与法律环境

纵观世界万千经济发展模式，均受到政治体制不同程度的影响；与此同时，政治体制的完善也会受制于经济因素的制约。从经济与政治二者的关系看，二者联系紧密，往往交织在一起，不可割裂。农业知识产权协同创新系统的运行也不例外，就其动力机制而言，各个创新主体参与协同创新的动力不同，不仅受单个创新主体利益的驱动，也受制于协同创新效应的综合驱动；其创新目的不仅是实现单个创新主体参与协同创新的目标，也致力于优化整体协同创新效应。

一些发达国家多采取政策引导或以立法的形式来推进其农业知识产权创新。比如，美国已形成了较为成熟的农业知识产权保护制度，是世界上最早将植物新品种纳入知识产权范围内，并给予保护的国家。美国植物新品种同时受到《美国植物专利法》《植物新品种保护法》与《实用专利法》的三重保护。[②]

日本是亚洲地区最早实行新品种保护制度的国家，其植物新品种保护及管理的法规已较为成熟。然而，日本并未以单独立法的形式对包含植物新品种在内的农业知识产权进行保护，而是在已有相关法律中，如《日本专利法》《日本实用新型法》《日本商标法》以及《农业种子和种苗法》等相关法律文件中明晰了对农业知识产权

[①] 陈传明主编：《管理学》，高等教育出版社 2019 年版，第 84—85、87 页。
[②] 李玲玲：《中国农业知识产权绩效研究》，博士学位论文，华中农业大学，2015 年第 10 期。

的保护。

欧洲国家也采用法律武器确保品种权人的利益,加之欧盟是UPOV的重要成员之一,其保护植物新品种的法规也与UPOV公约保持一致。欧盟关于植物新品种的知识产权保护制度主要由《共同体植物新品种保护条例》EU-CE2100/94、《欧洲专利公约》以及欧盟第98/44号《关于生物技术发明的法律保护指令》构成,上述法规分别对植物品种、专利法及转基因作物形成了专门的保护范围(李玲玲,2015)。

目前我国已经形成了包括"三法"和"三例"在内的知识产权保护体系(见图2-2),其中,"三法"是指《中华人民共和国专利法》《中华人民共和国商标法》以及《中华人民共和国著作权法》,"三例"则由《中华人民共和国植物新品种保护条例》《中华人民共和国集成电路布图设计保护条例》以及《中华人民共和国计算机软件保护条例》构成。事实上,目前我国知识产权保护体系已粗具规模,并在提升我国经济发展中发挥了不可小觑的作用。然而,就其内容及构成而言,保护条例仍然占据了50%的比例,加之知识产权保护条例的法律约束明显小于《专利法》《商标法》以及《著作权法》等知识产权法,因此,我国知识产权保护制度仍具有很大的完善空间。

就政策引导作用而言,从2004—2019年,中央政府连续16年以一号文件的形式聚焦和关注于"三农"问题。特别是2012年的中央一号文件,更是首次直接聚焦于农业科技,强调了农业科技创新的重要性。近三年的中央一号文件均强调调动创新主体的积极性,尤其要发挥企业的创新主体作用,构建产学研深度融合的协同创新机制。《中共中央关于制定国民经济和社会发展第十三个五年规划的建议》明确指出,必须牢固树立创新、协调、绿色、开放、共享的发展理念,培育发展新动力,推动大众创业、万众创新,释放新需求,依托企业、高校、科研院所建设一批国家技术创新中心,形成若干具有强大带动力的创新型城市和区域创新中心。2019年政府工作报告也强调提升科技支撑能力，加大基础研究和应用基础研究支持力度，强化原始创新，加强关键核心技术攻关；健全以企业为主体的产学研一体化创新机制；全面加强知识产权保护，健全知识产权侵权惩罚性赔偿制度，促进发明创造和转化运用。

总之，已有政策及相关法律的制定与出台，在引导和管理农业知识产权协同创新方面发挥了重要的作用。我国知识产权保护体系已粗具规模，在促进农业知识产权保护方面作用显著。然而，从其构成与内容看，条例性的法规占比较高，从法律的权威和强制作用看，约束力较小。除此之外，部分具有针对性的法律法规还不完善，缺乏相关配套法规的支撑，致使农业知识产权协同创新遭遇有效制度供给的不足，尤其是相关法律法规缺失的"瓶颈"制约。[1] 因此，我国农业知识产权协同创新相关政策与法律制度仍具有很大的完善空间。

二 经济环境

1978年12月，党的十一届三中全会指出，中国社会的主要矛盾为人民日益增长的物质文化需求同落后的社会生产之间的矛盾；2017年10月，习近平在十九大报告中强调，中国社会的主要矛盾已经转化为人民日益增长的美好生活需要和不平衡不充分发展之间的矛盾。中国社会主要矛盾转化是在正确总结国内与国外、过去与现在、理论与现实的基础上得出的科学论断，它是历史逻辑、理论逻辑与实践逻辑的有机统一。[2] 由马克思主义矛盾论可知，主要矛盾决定着事物的性质与发展。识别并抓住主要矛盾，有利于问题的解决。抓住中国社会的主要矛盾，也就是握住了中国发展的关键，它影响

---

[1] 张俊飚：《生态产业链与生态价值链整合中的循环农业发展研究》，中国农业出版社2010年版，第102页。

[2] 张波、朱帅：《试论我国农业科技的创新主体》，《延边大学学报》（社会科学版）2019年第52卷第1期。

中国社会发展战略调整和发展方式的布局。

当社会主要矛盾未转变时，我党工作以经济建设为中心，不断推进我国社会主义现代化进程。随着一些发展战略的实施，我国社会主义现代化水平的不断提高，相应的发展战略和发展方式不断地得到调整，由最初的"两手抓"到"三位一体"，延伸至"四位一体"，发展至涵盖经济建设、政治建设、文化建设、社会建设与生态建设的"五位一体"。此外，从需求与供给的角度看，随着社会主要矛盾的变化，人们的需求已经体现出多维度、深层次和高质量的特点，如过去人们仅仅强调吃饱，而今人们更加强调吃好、吃得营养均衡；与此同时，供给侧发展的不平衡不充分无法满足人民日益增长的美好生活需要，所以发展问题以及发展质量问题仍然至关重要。

依据创新、协调、绿色、开放、共享的发展理念，针对农业生产特点与发展的阶段，在发展方式上，理论和实践已然证实，农业的根本出路在于科技，传统粗放型发展方式会引发一系列不经济、不持续、不和谐的现象或问题，其带来的风险可能会远大于收益。在发展速度上，我国 GDP 增速由过去的高速增长降为中高速增长，突破之前强调的"保七"红线，这意味着，经济发展不再一味追求发展的速度，而是更加强调经济发展的质量。对农业发展而言，不能仅一味强调农业生产的速度，而是需要更加注重提升农业生产的质量，比如，提高农业生产科技贡献率、农产品市场附加值与经济附加值、全产业链的综合收益等。然而，上述目标的实现，需要农业科技的支撑，更需要不同创新主体的协同。在农业创新主体方面，不再是各个创新主体一味追求自身利益的最大化，而是寻求不同主体的合作，寻求协同创新效应最大化，达到不同创新主体的共赢局面。

三　社会与文化环境

在《辞海》中，对文化的概念有广义和狭义两种阐释，广义的文化是指人类社会历史实践中所创造的物质财富和精神财富的总和，而狭义的文化则是指社会的意识形态以及与之相适应的制度和组织结构。① 文化层次论中的"文化洋葱"比喻指出，文化可以由外及里分为表层（外在直观的事物，即看得见的文化特征）、中层（社会规范和价值观）和核心层（社会最基本假设），且核心层文化驱动中间层文化，进而影响表层文化。② 此外，基于马克思主义哲学中论证的物质与意识的辩证关系可知，文化是人类实践活动的产物，并随着人类社会的演进与进步而不断丰富和发展。③ 由各种文化因素组成的文化环境在不同社会、不同区域表现出不同的特征，具有明显的差异，不仅影响经济主体的行为甚至改变区域经济发展的要素禀赋结构，形成其独特的比较优势，进而改变区域经济发展模式和绩效。④

习近平同志指出，文化是一个国家、一个民族的灵魂，文化兴国运兴、文化强民族强。文化在中国特色社会主义事业中发挥着重要作用，也是实现中华民族伟大复兴中国梦的强大精神动力和思想武器。⑤ 就农业知识产权协同创新而言，文化对其的影响也是非常显著的，在宏观方面，由国家倡导的社会主义核心价值驱动相关的发展理念与发展方式，如创新、协调、绿色、开放、共享的发展理念，经济建设、政治建设、文化建设、社会建设与生态建设的"五位一体"发展方式等。在微观方面，各个创新主体积极响应政策引导，参与协同创新，受限于主体文化差异，采取不同的创新途径、创新

---

① 陈传明主编：《管理学》，高等教育出版社2019年版，第179页。
② 陈晓萍：《跨文化管理》（第二版），载陈传明主编《管理学》，高等教育出版社2019年版，第216页。
③ 陈传明主编：《管理学》，高等教育出版社2019年版，第178页。
④ 张俊飚：《生态产业链与生态价值链整合中的循环农业发展研究》，中国农业出版社2010年版，第104页。
⑤ 罗红杰、平章起：《马克思精神生产思想的生成逻辑、理论要旨及其当代启示》，《中共福建省党校学报》2019年第6期。

手段与工具等。

四　技术环境

科学技术是第一生产力。技术含义很广，它既包括生产技术（如劳动手段、工艺流程的改进、发展与完善），也包括管理技术（如管理方法、组织形式等），还包括生活技术、服务技术等内容。[①] 技术影响广泛，可以说各行各业的组织活动均受技术因素的影响。比如，在农业生产方面，随着农业生产技术水平的提高，我国农业生产机械化程度提高，农业生产中科技贡献率增大，极大地推动了农业现代化进程；随着农业生产水平的提高，新的技术需求产生，进而促使新技术的研发、实验与推广；随着新技术的应用及普及，农业生产力得到进一步的提升。因此，若相应的政策协调机制及管理机制较为完善，技术和相应的生产呈相互促进、螺旋上升的特点。

实践证明，农业的根本出路在于科技。农业科技创新的研发—中试—转化与推广均离不开技术的支撑与影响；农业知识产权协同创新体系中，不同创新主体参与协同创新的方式、实施协同创新的手段与工具、创新的管理机制的运行均离不开相应技术的支撑，可以说，技术因素是农业知识产权协同创新的关键因素。设想若缺乏相关核心技术的支撑，农业知识产权协同创新主体如何创新？创新主体如何参与协同机制的构建？仅从理论层面做到顶层设计，而缺乏实践的可能性，农业知识产权协同创新系统无疑等于空中楼阁、纸上谈兵。当然，实际运行中，农业知识产权协同创新机制的有机运行还依赖于相关的管理技术和服务技术的支撑。因此，技术因素是农业知识产权协同创新不容忽视的关键因素。

[①] 陈传明主编：《管理学》，高等教育出版社 2019 年版，第 85 页。

第四节 创新主体格局演化分析

由第二章以植物新品种为例,对不同创新主体创新能力的分析可知,创新主体中,科研机构不再一家独大,自2011年,公司与个人的农业科技创新能力迅速提升,尤其是以植物新品种为代表的农业知识产权创新已超越科研机构和高校,且研究期内公司与个人与科研机构的差距呈扩大趋势。研究发现,我国农业知识产权协同创新呈多元主体发展格局,公司与个人逐渐成为农业知识产权协同创新的核心主体。事实上,上述创新主体格局的演化,与我国市场经济体制的改革进程与程度密不可分,与不同创新主体的特征与逻辑关系有关,还得益于国家相关政策的调节与引导,更重要的原因在于公司与个人这一主体的性质与特征。公司与个人或企业成为农业知识产权协同创新的核心主体是理论逻辑、历史逻辑与实践逻辑的统一。

一 主体格局演化具有强大的理论逻辑基础

农业知识产权协同创新系统涉及不同的创新主体,不同创新主体基于个体需求,参与协同创新的动力驱动机制不同、创新的方式与手段不同、创新目的也不同,因而,不同创新主体在农业知识产权协同创新系统中扮演的角色不同,发挥的作用也不相同。此外,就具体的农业知识产权协同创新模式而言,不同的协同创新模式中,创新主体的作用显然不同;即便是同一农业知识产权协同创新模式,基于生命周期理论可知,在协同创新的不同阶段,创新主体的作用与地位也不相同。然而,基于前文的系统观与协同理论可知,即便创新主体动力不同、角色不同、功能不同、目的不同,但就整个农业知识产权协同创新运行机制而言,均会存在序参量,即以某个创新主体为核心主体,其他创新主体为协同主体。上述即是农业知识产权协同创新系统存在多个创新主体，且主体功能不同的理论逻辑与依据。

二　主体格局演化是历史发展的必然结果

结合当前时代的生产力和生产关系的发展情况可知，全球化与信息化是当今世界的两大重要特征。① 中国在信息化和全球化两大时代背景下，经济发展还需考虑市场化的影响。市场化是指在开放的市场中，用市场机制而非行政命令方式实现资源配置。② 从经济体制看，在引入市场机制之前，我国属于计划经济体制，直至20世纪70年代改革开放，才引入市场机制。目前我国市场经济变革大致经历三个阶段：第一阶段是1979—1992年，属于改革初期，在社会经济中引入市场机制，尊重价值规律的作用；第二阶段是1992—2012年，属于深化改革阶段，确立了社会主义市场经济体制改革目标，改革的核心问题是处理好政府与市场的关系，社会主义经济运行从计划主导转型为市场主导型；第三阶段是2012年至今，全面深化改革阶段，强调市场在资源配置中起决定性作用。③④

就农业生产而言，在新中国成立初期，农业科技创新工作主要由政府部门担任。⑤ 受制于计划经济体制的影响，政府部门自然成为农业科技创新的核心主体。而后，随着一系列市场化改革措施的实施，经济市场化程度的不断深化，农业生产的现代化进程不断深入，农业生产不再是传统的"靠天吃饭"、粗放式发展方式，农业生产对相关生产技术的需求不断显现，农业生产更加依赖于农业科技创新。

---

① 陈传明主编：《管理学》，高等教育出版社2019年版，第35页。
② 同上书，第39页。
③ 同上书，第39—43页。
④ 张卓元：《中国经济四十年市场化改革的回顾》，《经济与管理研究》2018年第39卷第3期。
⑤ 郭文驰：《晋城市农业科技创新中企业主体地位研究》，硕士学位论文，太原科技大学，2017年。

教学机构和科研机构在此阶段成为农业科技创新的主导主体，前文已从数据分析验证，企业居于核心主导地位之前，科研机构在农业科技创新中"一家独大"，主导作用十分显著，原因在于教研机构具有农业科技研发的基础与条件，可以担负起农业科技创新核心主体的重任。随着经济体制的改革以及教研机构自身科技创新与实际需求脱节，成果转化与推广能力弱等相关问题的出现，在市场经济深化改革阶段，企业成为农业科技创新的核心主体，企业作为市场经济的主体，善于基于市场需求从事有针对性的农业科技研发活动，参与农业科技创新的各个环节，并最终通过农业科技创新成果转化与推广实现其经济目标最大化。

然而，基于农业生产的周期长、地域性、季节性、区域性特点，农业知识产权公共物品属性、农业科技创新研发周期长、风险大等特点，在市场经济全面深化改革阶段，企业从自身利益出发，会有选择地参与农业科技创新；其他创新主体受限于主体特征及其在农业科技创新中的作用，单独参与农业科技创新的贡献有限。加之，当前我国处于经济新常态，国家发展战略与发展方式的调整与转变更加强调经济发展的质量。就农业科技创新而言，尤其从农业科技创新产出成果的角度看，农业知识产权协同创新需要多个主体的相互配合与协作，凸显企业在农业知识产权协同创新中的核心主体作用，其他各创新主体应注重发挥协同功能，各司其职，最大化农业知识产权协同创新效应。

三　主体格局演化是农业协同创新实践的现实需求

除前文所述因素之外，创新主体格局演化还得益于国家政策的引导与扶持。比如，连续16个一号文件的出台，足以凸显国家对"三农"问题的重视，其中，2012年一号文件，首次直接聚焦于农业科技，强调了农业科技创新的重要性。近三年的中央一号文件均强调调动创新主体的积极性，尤其要发挥企业的创新主体作用，构建产学研深度融合的协同创新机制。《中共中央关于制定国民经济和社会发展第十三个五年规划的建议》明确指出必须牢固树立创新、协调、绿色、开放、共享的发展理念，培育发展新动力，推动大众创业、万众创新，释放新需求，依托企业、高校、科研院所建设一批国家技术创新中心等。2019年政府工作报告也强调提升科技支撑能力，加大基础研究和应用基础研究支持力度，强化原始创新，加强关键核心技术攻关；健全以企业为主体的产学研一体化创新机制；全面加强知识产权保护，健全知识产权侵权惩罚性赔偿制度，促进发明创造和转化运用。党的十八大报告以及《国家创新驱动发展战略纲要》等相关政策文件均强调创新主体作用，凸显企业创新主体地位，注重发挥产学研相结合的协同创新效应等。

  从创新主体特点及逻辑关系看，前文深入分析了不同创新主体参与创新的动力驱动机制、创新的方式与手段、创新的目的，等等。具体而言，教学机构和科研机构具有参与农业知识产权创新中理论研究和基础研究的优势，但在相关成果的转化与推广方面存在不足。政府是农业知识产权协同创新的引导主体，中介机构是农业知识产权协同创新的连接主体，只有企业是参与农业知识产权创新的各个环节。相应的，随着市场经济改革的不断深化，企业作为市场经济的主体，其市场主体地位的确立经历了三个阶段：一是1978—1986年，以扩大企业自主权、推行经济责任制和利改税为主要内容；二是1987—1991年，以推行承包经营责任制、租赁经营责任制和试点股份制、实行所有权和经营权分离为主要内容；三是1992年以后，以理顺产权关系，转换企业经营机制和建立现代企业制度为主要内容。[①] 因此，在市场经济背景下，企业可以较为精准地根据市场需求，进行有针对性的农业知识产权创新，并受其经济利益的驱使，善于将相关创新成果进行转化与推广。因此，企业作为农业知识产权协同创新的核心主体是实践发展的需求。

---

① 陈传明主编：《管理学》，高等教育出版社2019年版，第41—43页。

第六章

农业知识产权协同创新模式构建

基于前文微观机理，可以对现有农业知识产权协同创新模式进行分析，找出其协同创新存在的冲突及冲突背后的深层机理，并据此提出农业知识产权协同创新机制优化的基本思路和原则，进而优化现存农业知识产权协同创新机制。本章包括四节，第一节是对现有农业知识产权协同创新模式的梳理，主要从国内、国外两个角度展开；第二节是对我国现存农业协同创新的冲突与治理；第三节提出农业知识产权协同创新机制优化的基本思路和原则；第四节是协同创新模式的设计与构建，是从整体对现存农业知识产权协同创新机制的优化。

第一节 现有协同创新模式

协同问题一直是国内外学者及相关政府职能部门关注的热点与焦点。学者们围绕协同创新的内涵、模式及效应展开了大量翔实的研究。然而，从协同理论及相关概念的起源与发展来看，国外学者贡献显著，原因在于协同概念的首次提出及应用均始于国外学者，如，Norgaard是第一个将协同创新概念运用于社会文化与生态经济领域的学者（Norgaard，1994），后续不断有学者以协同创新视角研究相关主体的协同演化过程（Moore，1996、Mckelvey，1997）、总结协同创新的模式，并对其运行效率进行评价。因此，本节将从国内外两个角度对当前协同创新模式进行分析，试图为中国农业知识产权协同创新机制的优化奠定基础。

一 国外发达国家协同创新模式

农业知识产权协同创新，实质上是以农业生产增值为核心，促进农业经济以可持续、健康、绿色发展为目标，政府、企业、教学机构、科研机构、中介机构以及农户等各个创新主体共同协助、相互补充，凭借产学研、科教推、集群创新、创新联盟等多种创新模式，整合创新资源，优化资源配置，实现协同创新效率最优化的组织形式或创新行为。国外一些学者对农业知识产权协同创新的研究较为丰富，主要涉及协同创新主体、主体创新方式、协同创新内容及协同创新模式等不同视角。[1] 基于于天琪（2019）、李长萍等（2017）、杨晨露（2014）、温裕峰（2015）、李晓慧等（2017）、李波（2004）和李校堃（2014）等学者对国外协同创新模式的研究，我们绘制出国外部分发达国家的协同创新模式表格，具体如表6-1所示。

表6-1　　　　　国外部分发达国家协同创新模式

协同创新模式	主要类型
美国产学研协同创新模式	大学科技园、企业孵化器、合作研究中心、契约合作研究、咨询协议、技术入股合作模式与大学衍生企业模式等
英国高校协同创新模式	教学公司模式、沃里克模式与剑桥科学公园模式等
德国校研机构协同创新模式	共享模式（战略平台、联合研究项目、联合聘任大学教授、共享科学设施、共建时效性研究单元模式等）和个性模式（校研机构合并、创新人才培养协同、弗朗霍夫模式等）

---

[1] 于天琪：《产学研协同创新模式研究——文献综述》，《工业技术经济》2019年第7期。

续表

协同创新模式	主要类型
日本产学研协同创新模式	共同研究、委托研究、委托研究院制度、企业捐赠制度、设立共同研究中心、建立科学园区、日本学术振兴等
韩国产学研协同创新模式	大学科技园、委托开发研究、产业技术研究组合、产学研合作研究中心、参与国外产学研合作模式等

资料来源：参考于天琪（2019）、李长萍等（2017）、杨晨露（2014）、温裕峰（2015）、李晓慧等（2017）、李波（2004）和李校堃（2014）等学者的研究，由笔者整理所得。

分析表 6-1 可知，无论是美国产学研协同创新模式中的大学科技园、大学衍生企业模式，英国高校协同创新模式中的教学公司模式，德国校研机构协同创新模式中的共享模式或个性模式，日本产学研协同创新模式中的共同研究、委托研究等，或韩国产学研协同创新模式的产业技术研究组合与委托开发模式等，均立足于国家发展的需要，并受制于相应的经济体制或经济发展战略与方式的制约。就协同创新主体作用而言，上述协同创新模式核心主体不同，但均注重创新主体的协同效用，从系统理论与协同理论的视角，优化协同创新机制的运行效率。与此同时，政府在各个协同创新模式中均发挥十分显著的调节与引导作用。总之，上述协同创新模式及其背后深层的运行机制均对我国相关协同创新模式的构建及相应机制的优化具有良好的借鉴作用。

二 中国现有协同创新模式

由前文实证分析可知，2011 年开始，农业知识产权协同创新系统中不同创新主体格局出现新的演化趋势：公司与个人的农业知识产权创新开始超越科研机构，稳居三大创新主体榜首，一跃成为农业知识产权协同创新的核心主体，科研机构退居第二位，教学机构居末位。与此同时，社会各界对协同创新的关注与研究也进入飞速发展时期（于天琪，2019）。学者们结合自身研究方向以及学科特长，从不同的角度对协同创新模式进行划分并分析其运行的支撑机制。目前，基于孔星和吕剑平（2019）、熊励等（2011）、曲洪建和拓中（2013）、张展和张洪娟（2015）、张振海和陈红喜（2010）、于天琪（2019）、鲁若愚等（2012）、刘桂峰等（2014）、李小妹和纪春明（2017）等相关学者的研究，中国主要协同创新模式及其划分依据如表6-2所示。

需要特别说明的是，基于协同创新边界的划分，受到大多数学者的认可，该划分具有一般适用性和普遍性；而基于创新合作程度、创新服务分类等方式的划分，则受限于创新主体的特征及其资源禀赋的差异，只在少数文献中出现。因此，我们将主要论述以协同创新边界为划分依据的内部协同创新模式和外部协同创新模式。

表6-2　　　　　　　中国主要协同创新模式及划分依据

划分依据	具体协同创新模式
协同创新边界	内部协同创新与外部协同创新
协同创新合作程度	技术转让、委托研究、联合攻关、内部一体化、共建基地与共建实地
协同创新服务	校办企业、科技园区、技术转让或成果转化、专项联合攻关、共建研究院和研发基地、校地合作基金、信息技术人才服务、国际科技合作联盟、海外知识交流中心等
协同创新参与形式	实体系统创新模式、虚拟系统创新模式、科技园协同创新模式、市场需求协同创新模式、科研平台协同创新模式

资料来源：参考于孔星和吕剑平（2019）、熊励等（2011）、曲洪建和拓中（2013）、张展和张洪娟（2015）、张振海和陈红喜（2010）、于天琪（2019）、鲁若愚等（2012）、刘桂峰等（2014）、李小妹和纪春明（2017）等相关学者的研究，由笔者整理所得。

依据组织的独立存在性、独特的运行机制以及预期的发展目标，通常情况下，我们认为组织均是有界的。此外，结合前文创新主体参与协同创新因素分析中的文化因素可知，组织文化不同，组织运行机制也会存在差异。因此，结合孔星和吕剑平（2019）、熊励等（2011）的研究，按照系统创新系统边界划分，可以将协同创新模式划分为内部协同创新模式和外部协同创新模式。

（1）内部协同创新模式是指同一组织，即同一创新主体内部资源的协同与整合。按照参与要素种类的不同，可以分为两要素协同创新模式、三要素协同创新模式和多要素协同创新模式①，具体如表6-3所示。分析可知，上述协同创新模式均以技术为核心要素，不同之处在于，协同要素的数量及种类的差异。实质上，协同创新要素的数量的多少与创新主体的实力有关，通常情况下，协同要素数量与创新主体实力呈正比②。马克思主义哲学强调内因是决定事物发展的根本原因，创新主体协同要素的多少及其协同效应如何，在很大程度上依赖于创新主体的实力。这也从侧面验证了前文分析农业知识产权协同创新的微观机理的必要性。

表 6-3　　　　　　　　　　内部协同创新模式

协同创新模式	具体类型	共同点
两要素协同创新	技术+组织、市场、战略或营销任一要素	以技术为核心要素
三要素协同创新	技术+战略、制度、组织、文化、知识、系统、管理、市场、工艺及产品中两种要素	
多要素协同创新	三要素基础上加入资源、信息、人力等要素	

资料来源：参考曲洪建、拓中《协同创新模式研究综述与展望》，《工业技术经济》2013年第32卷第7期，由笔者整理所得。

（2）外部协同创新模式是突破单个组织边界，寻求不同创新主体之间的协同效应。不同创新主体通过合作共享，实现创新要素的集聚及资源的无障碍流动。③ 按照参与主体的不同，外部协同创新可分为政府推动型、高校主导型、科研机构主导型、企业主导型、联建型和共建型六种模式④，具体如表6-4所示。表6-4详细地阐述了不同外部协同创新模式的定义、特点与适用区域条件。

---

① 曲洪建、拓中：《协同创新模式研究综述与展望》，《工业技术经济》2013年第32卷第7期。

② 孔星、吕剑平：《甘肃地域特色农业协同创新模式选择与实现路径》，《农业科技管理》2019年第38卷第5期。

③ 张展、张洪娟：《协同创新模式研究综述》，《沈阳大学学报》（社会科学版）2015年第17卷第6期。

④ 张振海、陈红喜：《江苏产学研合作模式选择研究》，《江苏高教》2010年第4期。

表 6-4　　　　　　　　　　　外部协同创新模式

具体模式	定义	特点	适用区域条件
政府推动型	政府通过规划与组织，不同创新主体结合起来，推进协同创新	政府起主导作用，通过政策调节吸引创新资源流入，以提高区域整体创新能力	区域创新要素缺乏，资源分散，经济、科技、人才一体化规模小，质量低
高校主导型	以高校人才和知识为核心，通过其他创新主体合作，进行创新成果的创造及推广应用	高校主导，高校既是人才和知识的创造者，又是创新成果的创造者和推广者	区域内要有实力较强的高校及科研机构、人才、知识及科技禀赋较好
科研机构主导型	以科研机构人才和资源为核心，通过与其他创新主体合作，开展创新活动	科研机构主导，其良好的人才、科技禀赋是参与协同创新的基础	区域内要有实力较强的科研机构，人才、知识及科技禀赋较好
企业主导型	企业以经济资源为基础，通过与其他主体合作，实现创新	企业主导，作为将创新成果转化为生产力的实践者，既是创新主体又是生产主体	区域内要有一定实力的企业，且企业的创新意愿较强，创新投资支出大
联建型	各独立主体通过优势互补、资源共享，以合作方式进行协同创新	以优势资源互补为基础，以项目合作为方式，以契约合同为约束，平等地开展协同创新	区域内创新资源较为丰富，创新主体多样，且具有协同创新的经验
共建型	各方提供资本、人才、技术、信息等创新要素，构建一个独立运作的利益共同体，推进协同创新	存在一个独立运作的利益共同体，各创新主体优势要素互补、分工明确	区域内市场条件完善，产业基础好，创新主体相对较为成熟

资料来源：参考张振海和陈红喜（2010）、孔星和吕剑平（2019）等相关学者的研究，由笔者整理所得。

基于协同理论、管理的系统与权变理论以及经济发展理论等相关理论，结合农业生产实际的发展与需要，基于不同创新主体的特征与逻辑关系，我国存在上述多种农业知识产权协同创新模式。从农业知识协同创新模式具体实践形式看，主要形成以企业为主导的农业科技园协同创新模式、以高校为主导的产学研协同创新模式、以政府为主导的政产学用三种协同创新模式。[①] 上述具体协

[①] 秦丽容：《农业协同创新联盟知识产权共享冲突及治理研究》，硕士学位论文，湖南农业大学，2016年。

同创新模式虽以不同创新主体为核心主体，但在实践中均取得了不错的协同效应，在实现创新主体利益的同时，带动了农业与区域经济的发展。

第二节 协同创新的冲突与治理

在国家相关政策机制引导与扶持下，不同农业知识产权协同创新模式依据自身优势，对协同创新系统管理机制、运营模式、绩效评估与资源配置等进行了一系列的优化与改革，我国农业知识产权协同创新取得了一定的成效，如解决了一些制约行业发展的技术难题、提高了农业科技技术含量、促进了农业科技成果转化与区域经济发展、培养了大批农业专业人才，并产生了大批农业知识产权成果等。[1]

然而，由于创新主体参与协同创新的动力驱动不同、创新目的、手段与方式的差异，农业知识产权协同创新成果共享具有明显的冲突性。比如，以高校为代表的教学机构，在农业知识产权协同创新过程中，主要参与理论与基础性研究，致力于研发项目的申请与相应经费的支持，以论文、专利、项目等形式体现创新成果，忽略了农业知识产权协同创新成果的转换与应用；企业作为市场经济的主体，善于依据市场需求展开相应的研发活动，注重创新成果的转化，但受制于市场竞争程度及其自身创新优势与利益的诉求，不愿意将相关创新成果在行业内推广。[2] 总之，创新主体创新目标与利益诉求不一致，是导致农业知识产权协同创新冲突的根本原因。

---

[1] 秦丽容：《农业协同创新联盟知识产权共享冲突及治理研究》，硕士学位论文，湖南农业大学，2016年。

[2] 同上。

一 协同创新的冲突

自 1950 年,美国经济学家鲍尔丁首次提出"组织生命周期"这一概念,之后涌现出大量研究成果,20 世纪 80 年代,对组织生命周期的研究达到鼎盛时期,学者们一致认为:组织存在生命周期,每个发展阶段具有不同特征,同时面临着不同风险,需要调整战略以适应发展的需要,并适时调整组织结构。[①] 类似地,农业知识产权协同创新系统是一个开放、复杂的系统,其良好的运行离不开创新主体的协作,也得益于相关政策、管理与运行机制的协调与保障。基于生命周期理论,许多学者对农业协同创新的发展阶段进行了划分,但受限于划分依据等因素的影响,划分结果存在一定的差异。深入分析发现,学者们均是把农业协同创新看成一个完整的动态过程,大致按照协同创新的时间与逻辑顺序进行划分。本书参考秦丽容(2016)对农业协同创新联盟的划分,按照协同关系形成的过程,将农业知识产权协同创新大致划分为形成阶段、运行阶段与结束阶段三个阶段。

第一阶段:农业知识产权协同创新形成阶段。此阶段重点是协同创新关系的建立及不同创新主体在协同创新系统中的定位及作用,即确定核心主体与协作主体的定位问题。创新主体定位及协同创新关系的确定是农业知识产权协同创新系统得以运行的基础,因此,该阶段工作展开的质量对后续农业知识产权协同创新机制的运行具有重要的影响。农业知识产权协同创新系统形成之初,必存在一个牵头单位,组织有意愿的创新主体通过契约、合同、联盟等形式参与协同创新。农业知识产权协同创新系统建立初期,基于不同创新主体的利益诉求,各创新主体积极参与协同创新,参与度较高。该阶段农业知识产权协同创新的冲突主要在于由创新主体目标价值不

---

① 陈传明主编:《管理学》,高等教育出版社 2019 年版,第 132 页。

一致而引致的知识产权价值评价冲突。①

受限于创新主体特征及其创新方式、手段、工具、目标及支撑机制等因素的影响，不同创新主体对农业知识产权的价值认知存在偏差。基于秦丽容（2016）、潘婷婷（2012）的研究，我们认为农业知识产权价值评价冲突主要是指协同创新主体对涉农专利、植物新品种权、农产品地理标志、农业商业秘密及传统知识等农业知识产权中的价值进行评估时，受制于知识产权的无形性、专有性、地域性、时间性以及农业知识产权的涉农性、生物性、广泛性、易受侵犯性、不确定性与风险性等特征，评估方法存在差异，直接套用有形财产评估方法所导致的冲突。②③

第二阶段：农业知识产权协同创新运行阶段。此阶段，专注于协同创新成果的研发。就协同创新主体参与创新的动机、创新主体特征及逻辑关系而言，高校与科研机构在理论研究与基础性研究方面充当核心主体的角色，企业则在应用性研究方面贡献较大。此外，随着农业知识产权协同创新系统的不断发展与成熟，相应的政策调节机制、管理运行机制以及利益分配机制在此阶段逐渐得以完善。良好、成熟的配套机制是确保协同创新效应最大化不可缺少的因素，有助于延长协同创新系统的生命周期。此阶段，农业知识产权协同创新的冲突在于背景知识产权共享冲突、知识外溢造成产权流失冲突以及创新主体退出协同创新产生的知识产权冲突等。④

其中，背景知识产权是指创新主体参与协同创新之前所拥有的

---

① 秦丽容：《农业协同创新联盟知识产权共享冲突及治理研究》，硕士学位论文，湖南农业大学，2016年。

② 同上。

③ 潘婷婷：《校企合作研发知识产权风险研究》，硕士学位论文，华中科技大学，2012年。

④ 秦丽容：《农业协同创新联盟知识产权共享冲突及治理研究》，硕士学位论文，湖南农业大学，2016年。

农业知识产权。背景知识产权共享包括协商共享和强制共享，协商共享是创新主体在协商基础上，通过协议或合同等形式共享知识产权，强制共享是指按照法律强制规定产生的知识产权的利益分配机制（秦丽容，2016；李玉璧、周永梅，2013）。针对背景知识产权共享的冲突主要表现在由于共享范围界定不清导致的共享过度或共享不足、背景知识产权共享权责不清问题以及背景知识产权的对外许可与转让冲突三个方面（秦丽容，2016）。

在知识产权共享造成的知识外溢方面，知识外溢是指在知识产权共享过程中，协同创新主体未在主观上索取相关权利人的知识，也会在某种程度上客观获得一部分知识（秦丽容，2016年）。农业知识产权协同创新系统运行中知识外溢涉及的主体既可以是研发创新的主体，又可以是知识共享的创新主体，主要涉及教学机构、科研机构、公司与个人等创新主体。从知识外溢的类型看，包括主动型和被动型两种（秦丽容，2016年），主动型外溢多是基于创新主体之间的共享以及无意识的溢出，被动型则往往是基于一定的利益诱导，创新主体有意识窃取其他创新主体的研发成果，会导致商业机密或农业核心技术的泄露。实质上，农业知识产权协同创新系统得以有效运行并最大化协同效应，就是基于农业知识产权的共享机制与溢出效应，但创新主体应树立良好的知识产权保护意识，防止主要创新成果被恶意窃取与模仿，影响农业知识产权协同创新的整体运行效应。

在创新主体退出协同创新产生的知识产权冲突方面，农业知识产权协同创新是一个复杂的、开放的、动态的系统。创新主体参与协同创新往往根植于自身的利益诉求，由于个体研发能力或成果转化与推广能力有限，便诉求于协同创新，继而可以实现创新主体利益共享与风险共担。然而，在农业知识产权协同创新系统实际运行过程中，由于创新主体价值观冲突、组织文化的差异以及创新目标与手段不同，相关政策协调机制、法律保障制度、管理运行机制的不健全等，部分创新主体会选择在中途退出协同创新。根据知识的外溢特征，创新主体的退出，必然会导致相关资源的流失，如人才、知识产权、技术等，进而影响整个农业知识产权协同创新的运行效果。

第三阶段：农业知识产权协同创新结束阶段。在农业知识产权协同创新系统解体前期，即前述运行阶段时期创新成果产生后，农业知识产权协同创新进入创新成果转化与推广阶段。此阶段，基于企业的市场经济主体地位，企业是该阶段的核心主体，不仅承担主要转化与推广的任务，而且承担相应的风险。此阶段农业知识产权协同创新的冲突在于前景知识产权所属与协同创新利益分配两个方面。[①]

基于前景知识产权的外溢与共享，农业知识产权协同创新系统得以产生新的协同创新成果，如涉农专利、植物新品种权、农产品地理标志以及农业商业秘密等。然而，由于农业知识产权协同创新系统的协同创新机理，许多创新成果均是由协同创新主体共同参与获得，即相关农业知识产权协同创新成果具有多个创新主体共享的特征。那么，当农业知识产权协同创新系统面临解体时，相关农业协同创新成果的归属就成了协同主体关注的焦点。

协同创新利益分配冲突主要是指利益分配不公平、不均衡的现象。利益是协同创新的出发点和落脚点。基于不同创新主体的利益诉求，寻求加入农业知识产权协同创新，通过协同与合作，实现既定创新目的与预期利益。然而，当农业知识产权协同创新系统面临解体时，不同创新主体的利益分配也是相关主体关注的重点与难点。利益冲突或不公平主要由知识产权共享渠道阻塞、研发风险导致预期收益不稳定、创新主体贡献大小界定模糊、知识产权权属不明四个方面导致。[②]

[①] 秦丽容：《农业协同创新联盟知识产权共享冲突及治理研究》，硕士学位论文，湖南农业大学，2016年。

[②] 同上。

二 协同创新冲突的原因及治理

由管理学组织变革理论可知，从组织运行的机制看，任何组织在寻求变革时均会受制于两种力量的影响，即推力与阻力。当推力大于阻力时，组织变革较为顺利；反之，组织变革将遭遇重重阻碍，面临变革的压力与冲突。类似的，农业知识产权创新由单个主体创新到多主体协同创新，由追求单个创新主体利益最大化到寻求整体协同效应最优，必然会受到影响协同创新的推力与阻力的影响。前文对农业知识产权协同创新冲突的分析也证实上述观点，农业知识产权协同创新在不同的发展阶段会面临不同的阻力，即受不同冲突类型的影响。究其原因主要在于农业知识产权协同创新相关法律保障机制、政策协调机制、中介服务机制、管理运营机制的缺失与不健全。因此，若想优化农业知识产权协同创新效应，必须弱化上述阻力的不利影响，放大推力的积极作用。

首先，应构建农业知识产权协同创新的法律保障机制。虽然目前我国具有涉及农业知识产权的法规与条例，但是针对农业知识产权协同的专用法律法规仍相对较为稀少。创新主体参与协同创新，多是基于自身利益诉求，参与协同的权责模糊，协同创新的退出机制也缺乏相应法律的制约与保障。然而，国外发达国家多是专门立法推进与保障协同创新，比如美国制定《专利和贸易修正案》与《联邦技术转移法》等相关法规[1]，极大地推动了其农业知识产权的协同创新。因此，应制定针对农业知识产权协同创新的专有法律与法规，实现相关法规从无到有的转变。与此同时，还应注重相关法律法规设置的可操作性与可协调性，针对农业知识产权协同创新的法律要切实保护协同创新主体利益，并注重引导实现协同创新整体效应，明晰不同创新主体的权力与责任。

---

[1] 秦丽容：《农业协同创新联盟知识产权共享冲突及治理研究》，硕士学位论文，湖南农业大学，2016年。

其次，应完善农业知识产权协同创新的政策调节机制。全面深化改革的新时期，我们强调市场在资源配置中起决定性作用。然而，"看得见的手"即政府政策对经济发展的影响仍然不容忽视。基于农业知识产权协同创新的发展阶段及其运行的规律，政府可以在发展理念和发展方式上引导创新主体参与协同创新，并注重营造协同创新的文化与价值观，比如，通过借用积极的财政政策和稳健的货币政策引导经济在合理区间运行，促进经济社会持续健康发展；提倡创新、协调、绿色、开放与共享的发展理念，坚持创新引领发展，培育壮大新动能等。此外，完善农业知识产权协同创新的政府调节机制还应包括稳定的投入机制、完善的创新配套机制、合理的协同效应评估与考核机制以及创新主体利益保障机制等。

再次，应发挥农业知识产权协同创新的中介调节与服务机制。农业知识产权协同创新系统涉及创新主体、创新客体、创新目的、创新方式与工具以及创新的运行机制，仅创新主体就涉及教学机构、科研机构、政府、企业、农户与中介机构等多个主体。不同的创新主体，如农户与政府、政府与企业、教学机构与企业等，由于主体地位与功能、创新驱动力、创新目的以及创新方式与手段的不同，主体之间的沟通较少且频度较低。因此，为确保农业知识产权协同创新的整体效应，农业知识产权协同创新的中介机构应运而生。事实上，中介机构主要是指依据一定业务规则或流程，为农业知识产权协同创新提供咨询、评估、认证、投资、代理、诉讼等服务的机构。中介机构不仅是创新主体沟通的桥梁，更是确保农业知识产权协同创新机制良好运行的调和剂，因此，应注重发挥农业知识产权协同创新的中介调节与服务机制。

最后，应完善农业知识产权协同创新的管理运营机制。良好的管理运行机制可以延长农业知识产权协同创新的生命周期，在确保创新主体利益的同时，提升整体协同效应与竞争力。一是根据创新主体特征、逻辑关系及实际需要，理性选择协同创新的合作对象，根据木桶效应，选择协同创新合作伙伴，一定要坚持优势互补、平等互惠的原则。二是根据协同目的或协同合同选择适宜的协同创新模式，并明确协同创新主体的权责，以避免因此而引起的冲突。三是注重塑造农业知识产权协同创新的良好的沟通机制，减少因创新主体个体、组织和文化障碍而降低沟通的有效性，引发因信息不对称而产生的冲突。四是完善协同创新成果的评估机制，充分考虑农业生产的特点及知识产权的特殊性，避免因评估不当而引发的利益分配不公的冲突。五是完善农业知识产权协同创新的激励机制，充分调动创新主体的积极性，当然，激励机制的完善必须与利益分配机制配合展开，更要厘清不同创新主体的需求，进行有针对性的激励。除此之外，良好的管理运营机制还应涉及塑造协同创新的组织文化、人才培养与选拔机制等。

第三节　协同创新机制优化的思路和原则

中国地域辽阔，不同区域社会经济发展水平存在差异、农业生产的自然资源禀赋不同，农业知识产权协同创新的政治与法律环境、经济环境、社会与文化环境、技术环境均存在明显的差异。此外，由于创新主体特征、逻辑关系与作用，协同创新目的、手段、方式与工具及其运行机制的不同，在优化现存农业知识产权协同创新机制时，要以马克思主义为基本指导，遵循理论联系实际、具体问题具体分析的原则，注重农业知识创新系统创新机制优化的科学性与艺术性。在充分实现创新主体优势互补的前提下，注重农业知识创新系统创新机制优化的科学性、适用性、有效性、分工与协作和柔性经济性等。

一　科学性原则

科学性原则是农业知识产权协同创新机制优化的基本原则。农业知识产权协同创新不是简单的不同创新主体的线性叠加，也不是对现有协同创新模式的简单修改。农业知识产权协同创新机制的优化依赖于相关的科学理论、手段、工具与方法，如科学理论方面的系统理论、协同理论、权变理论、技术创新理论以及相关的经济发展理论等，协同的手段与工具方面的量化区域及主体创新差异与变动趋势的分解的基尼系数与空间计量方法、量化主体逻辑关系的演化博弈论方法、模拟创新主体协同创新动力的系统动力学方法与计算机仿真，等等。上述理论与方法均属于农业知识产权协同创新机制优化的科学性范畴。

二 适用性原则

任何一种农业知识产权协同创新模式均与一般的宏观环境因素（政治与法律、经济、技术、社会与文化、自然因素）、具体的微观环境因素（区域或行业发展与竞争因素）以及协同创新模式内部运行机制相互联系。因此，在农业知识产权协同创新模式构建或机制优化时应强调其适用性原则，依据区域农业科技创新资源优势，立足于区域农业生产特色和经济发展特征，突出创新主体优势与特色，切合农业知识产权协同创新的实际需要，因地制宜，因人而动地构建适合区域发展及创新主体特色的农业知识产权协同创新模式。比如，在实际构建农业知识产权协同创新模式时，可以根据实际需求，选择两个或多个创新主体的协同，如校企协同、龙头企业+农户、科教推、产学研、政产学研等模式的实施。遵循适用性原则，因地制宜的设计农业知识产权协同创新模式有助于提升协同创新模式的可操作性和实践应用价值。

三 有效性原则

农业知识产权协同创新模式的有效性可以从三个方面来分析，一是农业知识产权协同创新模式的实用性，该原则不仅强调协同创新模式的理论科学，更强调协同创新模式设计的实践应用价值，即协同创新模式的设计既要符合自然、经济、社会、生态与文化建设的需要,又要考虑协同创新模式对创新主体或农户(创新成果应用者)的适宜性。二是农业知识产权协同创新模式应具有增值效应,农业知识产权协同创新涉及农业创新的研发、中试、转化与推广的全过程,创新主体参与协同创新目的是获得其价值链的增值,只有获取价值链的增值,创新主体才有意愿参与协同创新,这样农业知识产权协同创新模式才具有一定的稳定性。三是农业知识产权协同创新模式应体现可持续性原则,若农业知识产权协同创新模式在具备实用性和价值链增值的基础上,充分考虑模式的可持续发展问题,那么该协同创新模式稳定性较好且具有良好的复制效应。

四 分工与协作原则

区别于传统农业科技创新,多元主体协同是农业知识产权协同创新模式一个很明显的特征。由于创新主体特征、逻辑关系与作用,协同创新目的、手段、方式与工具及其运行机制的不同,在不同的农业知识产权协同创新模式或同一协同创新模式的不同发展阶段,创新主体的作用不同。如何充分发挥不同创新主体的特色,实现优势互补,最大化农业知识产权协同创新的整体效应一直是社会各界关注的焦点。不同创新主体的定位与作用,可依据分工与协作的原则进行设计,即在突显创新主体优势的同时,注重借助协同效应引导创新主体参与协同合作与优势互补。当然,在创新主体诉求个体利益的同时,若存在良好的政策协调机制、管理运行机制与法律保障机制,最终会增加协同创新模式的整体效应。

五 柔性经济原则

根据组织设计的柔性经济原则[①]可知,农业知识产权协同创新模

[①] 陈传明主编:《管理学》,高等教育出版社2019年版,第135页。

式的设计要保持一定的弹性，需要根据外部宏观环境的变化、相应政策机制的调整与法律法规的变动，协同创新主体实力与关系的变动，对农业知识产权协同创新模式进行一定的调整与完善，以优化协同运行机制，提高协同创新效应。柔性经济原则对农业知识产权协同创新模式的设计提出两方面要求：一是稳定性与适应性相结合，即在保持协同创新模式稳定的同时保持一定的灵活性；二是协同创新模式的管理运行机制要合理，避免因为不必要机制的设计而导致管理成本上升，缩减协同创新的利润空间。农业知识产权协同创新模式设计的柔性与经济性是相辅相成的。一个具有稳定性与适应性的协同创新模式，必须是精简的，符合经济原则的；一个具有经济柔性的协同创新模式必须保持适度的弹性，因为弹性缺失意味着协同创新模式重构管理成本的上升。

第四节　模式的设计与构建

农业知识产权协同创新模式的设计需要考虑很多因素，如外部宏观环境、区域经济发展特点及农业生产情况、创新主体特征及逻辑关系等。立足于不同的设计目的，考虑到不同的影响因素，即协同创新模式设计思考的角度不同，最终形成的农业知识产权协同创新模式也存在差异。前文在论述农业知识产权协同创新微观机理的基础上，已从国内、国外两个角度论述了现存农业知识产权协同创新模式。借鉴现有协同创新模式，结合创新主体参与协同创新的理论基础、科学内涵、主体特征、逻辑关系，考量创新主体格局演化的影响因素，我们试图构建"政产学研用+中介"的农业知识产权协同创新模式，具体如图6-1所示。实质上协同创新模式的构建只是促进农业知识产权协同创新的基础步骤，关键在于配套协同创新机制的协调、管理及运用。

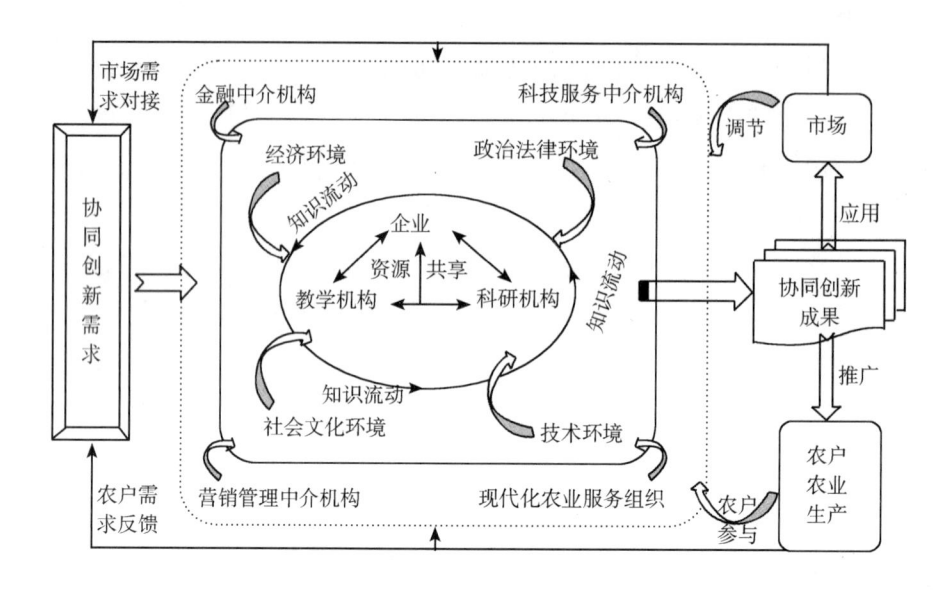

图 6-1　"政产学研用+中介"农业知识产权协同创新模式

产学研三螺旋结构模型是高科技产业产业化的最佳运行模式①，该模式同样适用于农业知识产权协同创新模式的构建。但农业知识产权协同创新模式的设计又明显不同于其他产业协同创新模式，需要考虑很多因素，比如农业生产的周期长、地域性、季节性等特点，农业科技研发周期长、投资回报周期长、风险大等特点，农业知识产权的公共产品属性和不确定性高等特点。因此，需要在产学研基本模式的基础上引入新的创新主体、政策调节与法律保障机制以及管理、金融、科技服务和现代化农业组织等中介服务机构。

具体而言，在以产学研为基础运行模式的基础上，引入政府的政策调节机制与法律保障机制，原因在于政府可以通过政策与法律法规的制定，提高创新主体参与协同创新的积极性，并引导与规范其具体协同创新行为。与此同时，从农业知识产权协同创新的整个

---

① 张雪：《我国农业知识产权产业化发展及对策研究》，博士学位论文，中国科学技术大学，2019年。

过程看，由于不同创新主体特点、关系与功能定位的不同，在实际进行协同创新时，应当充分发挥中介机构的管理、协同、沟通与服务的作用。比如，在进行协同创新成果评价与利益分配时，以中介评估或管理机构为主的第三方进行成果评价与利益分配，其评价结果可能更具客观性，利益分配更加公平，同时可以弱化创新主体因利益分配不均而导致的冲突。因此，应在上述协同创新模式的基础上引入管理运营、科技服务、金融服务和现代化农业服务等中介机构。此外，从农业知识产权协同创新成果的转化与推广看，农户是相关协同创新成果的直接使用者，农户实际的生产需要是协同创新的根本出发点，因此，应在农业知识产权协同创新模式构建中必须引入农户这一创新主体。

综上所述，在"政产研学用+中介"的农业知识产权协同创新模式中，创新主体由企业、科研机构、教学机构、政府、农户以及中介机构等主要创新主体构成，创新客体主要涉及农业知识产权协同创新中的新生产方法、新加工工艺与形式、新品种、新组织机制与形式的创新等，协同创新成果产出主要涉及涉农专利、植物新品种、地理标志、商标与商业秘密等，创新方式主要包括协同创新的手段与工具以及协同运行机制，其中，创新手段与工具主要是指基于一定的创新目的，创新主体作用于创新客体的技术或方法，也可指获取信息的计算机方法或技术；协同创新的运行机制主要指创新的任务与职责、程序与规则，即协同创新的政策协调机制、法律保障机制、利益分配机制、产权明晰制度与成果保护制度等。

因此，基于我国农业生产发展及农业知识产权协同创新现状，以系统理论、协同理论、技术扩散理论与经济发展理论为基础，构建"政产研学用+中介"的农业知识产权协同创新模式是理论逻辑、历史发展与现实需要的产物，也是农业科技创新发展到一定阶段的必然产物。

第七章

国外农业知识产权协同创新的经验与启示

前文定性与定量相结合的研究，一定程度上有利于明晰我国以植物新品种为例的农业知识产权创新的现状，了解其区域发展差异、总体差异来源、趋势变动规律与速度以及关键影响因素。然而，不容忽视的是，受制于我国农业生产发展的背景及现行农业科技创新的相关政策法规，现有农业科技创新体系确实存在一定的问题。一些经济较为发达的国家或地区，其农业科技创新发展较为成熟，积累了一定的可借鉴与传播的经验。因此，基于我国农业科技及知识产权创新现状，有选择地借鉴国外相关经验，对制定出针对性及可行性的农业科技创新政策，具有一定的参考价值及实践意义。

基于此，本章将以国外部分经济发达国家或地区为主要研究对象，探讨其在农业科技创新方面一些比较成熟的、可适用的经验与做法，阐述其成熟经验对我国农业知识产权协同创新的启示。本章内容分为两节：第一节为国外农业知识产权协同创新的支撑体系，将基于农业科研体系的发展，对农业知识产权保护及其相应的政策法规制度等进行简单的分析；第二节为国外发展经验对我国的启示，是对整章内容的归纳与提炼。

第一节　国外农业知识产权协同创新的支撑体系

随着知识经济的不断发展，人们逐渐认识到知识创新是科技发展的动力，是社会进步的源泉。三次科技革命极大地推进了工业的发展，促进了人类社会的进步；而农业作为工业发展的基础，其科技创新的重要性在现代农业发展进程中日益凸显。以美国、日本、欧洲等发达国家或地区为代表，农业生产已较为成熟，形成了各具特色的农业生产管理体系，相应地，得益于其较为成熟的农业科技创新管理体系，产生了丰富的农业知识产权创新成果，进而为农业生产积累了丰富的经验，学习、借鉴其经验对推动我国农业科技创新的发展大有裨益。因此，本节将基于农业科研体系，阐述国外典型国家或地区农业知识产权保护及衍生的政策法规制度方面的经验，以期为我国农业知识产权协同创新提供可行且具有价值的参考。

一　完善健全的农业科研管理体系

（一）美国的农业科研体系

美国作为当今世界第一的经济体，农业生产力发展水平较高，农业科技创新实力雄厚，农业科技贡献率已达 80%，农业科技成果推广率更高，已达 85%（汪飞杰，2006；杨建仓，2008；崔春晓等，2012）。实质上，美国农业的快速发展及其成就的取得，在很大程度上得益于国家对农业科研的投资与扶持，当然更依赖于其科学的农业科技创新模式与完善的农业科研体系。

美国的农业科研体系由政府主导的公共科研机构和私人企业共同构成，规模较大，布局合理，分工明确，各有侧重。其中，公共科研机构具有不可或缺的作用，由美国农业部下属农业研究局（以下简称"ARS"）的四大研究中心和 56 个州的公立农业学院及农业实验研究站构成（纪绍勤，2005；汪飞杰，2006；杨建仓，2008；

王建明，2009）。受农业部管辖的农业科研机构，如 ARS，主要承担一些理论性强且外部效应突出的基础性研究，主要原因在于，基础性研究具有两个明显的特征，其一，此类研究是其他农业科研项目的基础，对国家整体农业科技发展至关重要；其二，基础性研究具有研究周期长且直接经济效益低的特点，因此，私人部门不愿意承担此类项目。① 各州的农业试验站主要依托当地农学院，设置农业实验站，并在州政府许可下，负责当地农业科研与推广任务，其科研经费有很大一部分来自农业部的拨款资助。私人科研机构一般也拥有自己的农业科研机构和实验站，基于利益导向，多从事一些颇具应用价值且经济效益较高的农业科研项目。与此同时，私人科研部门会以合同制的形式展开与农业部、州立大学以及农业试验站的合作。

（二）日本的农业科研体系

日本利用第三次科技革命的发展机遇，实现了经济的高速发展和产业结构的优化。与之相适应，日本也逐渐形成了具有自身特色的农业科研体系。日本农业科研体系具有创新主体多元化，研究方向齐全，项目布局合理的特征。

具体而言，农业科研机构主要由国立与公立科研机构、大学、企业（民间）等构成。② 其中，隶属于日本农林水产省的农林水产技术会议具有直接领导和协调农业科研机构的权力③，在整个农业科研系统中居于主导地位。类似于韩国的农村振兴厅、印度的农业研究理事会，农林水产技术会议是日本国家级的农业科学研究机构，主要进行基础研究和应用性技术研究，具有科研水平高，研究手段

---

① 胡艳丽：《新疆扶贫开发中的农业科技创新问题研究》，博士学位论文，新疆大学，2012 年。

② 王建明：《国外农业科研投资管理制度及对我国的启示》，《科技进步与对策》2009 年第 26 卷第 6 期。

③ 纪绍勤：《我国农业科技创新体系研究》，博士学位论文，中国农业科学院，2005 年。

先进等特点。[1] 地方公立农业科研机构的建立多是为了满足区域农业生产发展的需求，其职能主要是向其所在区域传播先进技术、推广新的科研成果及承担相关的科研服务工作。[2] 大学则在培养农业科研人员的同时，主要从事农业基础理论及应用的研究，技术推广作用相对较弱。此外，随着民间企业农业科技人员与科研经费的增长，企业在日本农业科技创新体系中的作用不容小觑。

(三) 欧洲的农业科研体系

欧洲是世界上经济和科技较为发达的地区。其中，法国由于其得天独厚的农业生产自然条件，其农业总产量与总产值均居欧洲首位，占欧盟总产量的20%以上。[3] 加之法国人口与国土面积比较低，(2014年平均每平方公里居住105人)，因此，法国成为仅次于美国的世界第二大农产品出口国，其发达的农业发展水平在很大程度上得益于其完善的农业科技创新体系的支撑。

类似于美、日农业科研体系的构成，法国农业科研体系由公立部门和私立部门构成（王建明，2009）。其中，政府主导的国立农业研究院（INRA）与企业研究机构均属于较为重要的农业科技创新主体，但政府主导的科研机构创新主体地位更加突出[4]。比如，INRA几乎主导法国全部的农业研发活动，就其机构设置而言，由行政管理和科学研究两部分构成，下设27个研究中心和87个试验站，其研究范围涉及农业科技研发的整个过程。此外，近年来，随着

---

[1] 纪绍勤：《我国农业科技创新体系研究》，博士学位论文，中国农业科学院，2005年；杨建仓：《我国小麦生产发展及其科技支撑研究》，博士学位论文，中国农业科学院，2008年。

[2] 王建明：《国外农业科研投资管理制度及对我国的启示》，《科技进步与对策》2009年第26卷第6期。

[3] 纪绍勤：《我国农业科技创新体系研究》，博士学位论文，中国农业科学院，2005年。

[4] 杜金沛：《农业科技创新主体的国际比较及其发展的主流趋势》，《科技进步与对策》2011年第28卷第11期。

跨国农业企业竞争压力的增大，农业企业更加注重农业科技的研发及应用，其占农业研发经费的比重不断增加，大有超过公共科研机构的趋势，因此，企业在农业科技创新中的作用不容小觑。就大学在农业科研体系中的作用而言，其在整个国家创新体系中属于从属地位。

二 与时俱进的政策法规保障机制

（一）美国的农业知识产权保护制度

美国是世界上最早将植物新品种纳入知识产权范围并给予保护的国家，因而已形成了较为成熟的保护制度。关于农业专利，美国目前采用的是《专利法》与《植物专利法》的双重保护模式。其法规也不断完善，1930年颁布了《美国植物专利法》，首次提出了对无性繁殖的植物进行专利保护，并将该法列入美国《专利法》中。[①] 1953年颁布了《实用专利法》，对植物保护不再区分其繁殖的有性与无性，拓展了专利保护范围。1970年《植物新品种保护法》的颁布，标志着美国开始明确以法律形式保护有性繁殖方法培育的植物新品种。同年，美国加入UPOV，之后《植物新品种保护法》得到两次修正，增加了新的保护品种，延长了专利的保护年限，与《国际植物新品种保护公约》1991文本的内容更加一致，甚至更为细致和严格[②]。1980年美国开始实施《植物新品种修正案》，与此同时，Chakrabarty案的判决，标志着美国植物新品种将同时受到《植物专利法》《植物新品种保护法》与《实用专利法》的三重保护（李玲玲，2015）。20世纪90年代后，美国农业知识产权领域的立法主要围绕农民权利问题展开。

因此，目前美国形成了以保护无性繁殖的植物品种的植物专利、

[①] 崔雨：《转基因植物的专利保护》，硕士学位论文，华东政法大学，2011年。

[②] 李玲玲：《中国农业知识产权绩效研究》，博士学位论文，华中农业大学，2015年。

保护有性繁殖的植物品种的专门立法以及用普通专利保护植物发明三种方式并存的植物新品种知识产权保护制度。① 此外，就植物新品种申请而言，美国采用三重保护+仅书面审查的植物新品种特异性（Distinctness）、一致性（uniformity）和稳定性（stability）检测（简称 DUS）结合的制度。书面审查的 DUS 测试是指对植物新品种的三大特征进行审查时，仅采取书面审查，植物新品种办公室不再组织实施相关的 DUS 测试（李玲玲，2014；张肖娟，2011）。书面审查的 DUS 测试是美国独有的特征，其大大简化了植物新品种申请流程，有利于提高植物新品种申请与授权的工作效率。

（二）日本的农业知识产权保护制度

日本是亚洲地区最早实行新品种保护制度的国家，其植物新品种保护及管理的法规已较为成熟。然而，日本并未以单独立法的形式对包含植物新品种在内的农业知识产权进行保护，而是在已有相关法律中明晰了对农业知识产权的保护。比如，对于农业专利权的申请与保护，可以参考《日本专利法》中的相关规定；对于农产品技术应用及其方案的保护则可以查阅《日本实用新型法》；涉及农业商品商标、服务商标的知识产权保护，特别是对区域商标和驰名商标的保护，可以查询《日本商标法》的内容；对具体农业植物新品种的保护制度囊括在《农业种子和种苗法》（以下简称《种苗法》）中；对于农产品包装、设计方案的保护制度则可以查阅《日本外观设计法》。此外，随着知识经济发展对农业的影响及国家间知识产权侵权案件数量的增加，日本的《不正当竞争防止法》《商法》和《海关法》等其他法律制度也从不同角度对日本农业知识产权进行保护。② 综上所述，虽然日本对农业知识产权保护的法规较为分散，但

---

① 朱汉明：《基于农民权益的植物新品种保护法律问题研究——以湖北省植物新品种保护为例》，博士学位论文，华中农业大学，2010 年。
② 王志刚、高利敏：《农业知识产权与综合竞争力的关联：对日本做法的借鉴》，《改革》2010 年第 4 期。

其涉及内容较为广泛，整体看，其法律保护体系比较完善。

日本对植物新品种的保护以对实质性条件的把握为基础或前提，主要依据《农业种子和种苗法》与《主要农作物种子法》的相关规定进行植物新品种的管理与保护；前者主要对一般性农作物进行保护，后者则更加强调对日本主要农作物的保护，由此可见，日本特别注重植物新品种的保护与管理。与《欧洲专利公约》不同的是，日本植物新品种，受其《专利法》的保护，即同一植物品种权在日本既可以依据《日本专利法》申请保护，又可以选择《农业种子和种苗法》进行保护，在保护对象和具体要求上侧重点不同，《日本专利法》的保护对象为植物新品种获取的技术构思，而《农业种子和种苗法》则是对植物新品种种质资源的保护（李玲玲，2015）。

此外，由于日本是 UPOV 成员国之一，其关于植物新品种的保护制度也实时更新，以确保与国际公约保持一致。尤其是修订之后的《农业种子和种苗法》，其保护对象和内容基本与《国际植物新品种保护公约》1991 文本保持一致。① 21 世纪初期，随着知识经济的发展，知识产权的重要性日益显现，因此，日本对植物新品种保护制度进行了相应的修改与完善，强化了知识产权的保护措施。2003 年，日本开始实施修订后的《农业种子和种苗法》，明确规定侵权行为的处罚措施，以保护产权人的权益，进而调动其植物新品种创新的积极性。② 与此同时，基于保护培育者权利的品种登记制度也在修订后的《农业种子和种苗法》中得以完善，并实行差异化的植物新品种保护年限。

（三）欧洲的农业知识产权保护制度

类似于美国和日本，欧洲国家也采用法律武器确保品种权人的

---

① 李玲玲：《中国农业知识产权绩效研究》，博士学位论文，华中农业大学，2015 年。

② 张肖娟：《植物新品种保护与 DUS 测试的发展现状》，《林业科学研究》2011 年第 24 卷第 4 期。

利益，欧盟是 UPOV 的重要成员，其保护植物新品种的法规与《国际植物新品种保护公约》保持一致。具体而言，欧洲早期基本实行的是一种非交叉的模式，即《欧洲专利公约》明文规定专利权的保护范围不包括对植物新品种的保护（李玲玲，2015）。因此，欧洲植物新品种的认定和保护与相应的专利保护具有不可兼容的特征。实质上，上述现象的产生也是由欧盟植物新品种保护制度及体系导致，即其植物新品种保护的权威依据为《共同体植物品种保护规则》EU-CE2100/94 和《欧盟植物新品种权条约》（李玲玲，2015）。此外，欧盟设有植物品种局，专门接受欧盟植物新品种权的申请。需要特别解释的是，在此之前，植物新品种的认定需得到欧盟各国的批文，然而，欧盟植物品种局成立后，新品种的认定只需得到品种局的审批即可，因此向品种局申请的制度在很大程度上缩短了植物新品种保护的申请周期，提高了植物新品种获权的效率。[①]

从欧盟植物品种保护法规的具体内容看，《共同体植物品种保护规制》EU-CE2100/94 和《欧盟植物新品种权条约》均对农民免责进行了严格的限制，前者规定，只有符合条件的农民（种植面积未超过生产 92 吨禾谷类植物所需面积的农民），也只能在规定的 21 种重要农作物（9 种禾谷类植物品种、8 种饲用植物品种、3 种油料和纤维植物品种）以及马铃薯范围内享有自行留种的权利[②]。实质上，上述法规对农民留种的限制是鼓励或保护创新主体培育或繁殖新的植物品种。然而，随着转基因技术的发展，人们对转基因动植物关注度持续增高，欧洲有关植物新品种保护的法规开始出现相应的调整。具体而言，主要利用概念细化区分普通植物新品种和转基因植物品种，间接利用专利法案保护转基因植物等。总之，欧盟关于植物新品种的知识产权保护制度主要由《欧共体植物新品种保护条例》

[①] 李玲玲：《中国农业知识产权绩效研究》，博士学位论文，华中农业大学，2015 年。

[②] 同上。

《欧洲专利公约》以及欧盟第 98/44 号《关于生物技术发明的法律保护指令》构成，且上述法规分别对植物品种、专利法及转基因作物形成了专门的保护范围。

三　行之有效的农业科技成果转化机制

（一）美国农业科技成果认定流程与规定

美国的农业科技成果具有所属权明确且流动性强的特点。邹学校（2002）、鲁柏祥（2007）以及张熠（2008）等学者的研究表明，就公共科研机构而言，无论其进行申请的研发成果是由政府资助支持，还是由私人和公司资助完成，科研成果的所有权均属于公共科研机构，但当公共科研机构有意愿将其科研成果进行转让时，资助人或公司享有优先获取权；科研人员和公共科研机构以发表科技论文或出版专著的形式公开其科技创新成果时，应充分考虑赞助人（尤其是以企业为主的私人部门）的利益，双方协商公开科技创新成果的时间及内容等。实质上，上述农业科技成果认定的相关规则将公共科研机构与政府、私人部门纳入一个互动的农业科研体系。政府在作为科技研发的引导者和监督者的同时，还是公共科研机构从事科技研发的投资人；企业通过提供资金寻求与公共科研机构的合作，并获得较为丰富的农业科技研发成果带来的经济利润。美国农业科技成果的相关规定在调动创新主体积极性的基础上，推动了农业科技成果转化的进程。

美国植物新品种权制度的实施，在一定程度上调动了育种者的研发热情，进而促进了有利于农业发展和社会进步的农业生物技术的发展，提升了农业核心竞争力，推动了农业的生产发展。纵观 70 多年美国对植物新品种进行保护的历程可知，国家对农业生物技术方面的投资明显增加，加之美国本身农业生物技术研发基础雄厚，因此，农业生物技术专利逐年增加，且私人部门专利突增现象更为明显。在植物新品种申请、授权及累计有效授权三个方面，在国际植物新品种保护联盟排名前 20 位的国家中，美国植物新品种创新质量较高，维持年限较长。具体而言，1999—2014 年美国植物新品种申请总量居第八位，植物新品种授权总量居第四位；植物新品种当年累计有效授权排名较为靠前，列第三位，年均增长率达 4.97%，呈两阶段的增长趋势，其中，1999—2012 年为缓慢增长阶段，植物新品种当年累计有效授权由 1999 年的 3302 件增至 2012 年的 5077 件，年均增长率为 3.37%；2012—2014 年为快速增长阶段，年均增长率高达 16.02%。

(二) 日本农业科技知识创新成果发展现状

20 世纪 90 年代以后，日本特别注重对农业生物技术的研发，如为提高作物抗虫、抗病能力对杂交水稻、花卉进行转基因育种，对蔬菜采用细胞融合技术的研究，因此，其农业生物技术在研究、开发与应用方面均取得较为显著的成绩。日本是亚洲地区最早加入 UPOV 的国家，同时也是较早实行植物新品种保护的国家，农业科技知识创新的发展较为完善，对育种者相关知识产权的保护，极大地促进了研究人员知识创新的热情与动力，推动了农业科技创新的发展。

在 UPOV 成员国排名前 20 位的国家或地区中，1999—2014 年，日本在植物新品种申请量、授权量、当年累计有效授权等方面均居首位。其中，日本植物新品种申请总量为 18340 件，年均增长率为 1.91%；其植物新品种授权数量整体呈上升趋势，由 1993 年的 604 件，增至 2014 年的 863 件，年均增长率为 2.41%；其植物新品种当年累计有效授权整体呈直线型增长趋势，仅在 2004 年、2013 年略有降幅，当年累计有效授权数由 1999 年的 4349 件增至 2014 年的 8274 件，年均增长率高达 4.38%。上述数据充分证明，日本植物新品种保护意识和植物新品种获权能力较强，其植物新品种质量及维持年限较高。

(三) 法国农业科技成果转化机制

为充分发挥科研机构、高等学校和企业在农业科技开发体系中的作用，法国根据其科研体系的设置特点，以合同制形式，建立了一个覆盖全国的新技术传播与推广的网络体系。通过建立院校、科研机构与企业合作的研究开发机构，高校与地方企业技术研发合作的实验中心，科研机构与区域企业合作的科技园区等提高农业科技的研发效率，扩大其成果应用及推广范围。就法国的植物新品种保护情况而言，1999—2014年，其植物新品种申请总量达3781件，居UPOV成员国第十一位；其植物新品种授权总量为2174件，居第十四位；其当年累计有效授权数为38594件，居第五位。总之，虽然法国植物新品种申请量不占优势，但是其获权的植物新品种质量较高，且维持年限较长，即将科技创新成果转化为实际生产力的能力较强。

第二节　国外农业知识产权协同创新的启示

近年来，随着经济的快速发展，我国成为世界第二大经济体。然而，作为传统的农业大国，中国农业生产发展却相对滞后，这与国家的现代化发展极为不符。舒尔茨（2010）认为，农业是国民经济发展中的一个重要产业，广大发展中国家的农业面临着从传统阶段走向现代阶段的主要任务。由于农业生产资源约束力的不断增加，在农业现代化进程中，充分发挥农业科技创新作用就显得尤为重要。事实上，我国政府每年的一号文件和相关中长期规划均将农业科技创新放在突出的位置，提出要加强农业科技创新，积极调动创新主体积极性，突出企业创新主体地位，深化产学研高度融合的协同创新机制等。得益于此，我国农业产量取得连续增产，农民收入有所提高。但是，相对于一些发达国家，我国农业科技贡献率及农业科技成果转化率仍然偏低。在全球经济一体化与知识经济发展背景下，如何在当前农业科技发展相对滞后的基础上，应对知识经济与跨国农业企业对我国农业生产发展的冲击，是我们当前急需解决的问题之一。鉴于此，我们将立足本国国情，借鉴国外一些经济发达国家农业科技创新及其农业知识产权保护的相关经验，以此推进知识经济时代我国农业科技协同创新的发展。结合前文的相关分析，具体得出以下三点启示。

第一，构建多元化的农业科技创新协调机制。

农业科技创新是一项复杂的工作，需要多方的协调配合与共同努力。以美国、日本、欧盟为代表的国家或地区，其农业科技创新主体虽各有侧重，但基本呈多元化发展，且相互协调配合。目前，相对于公共科研机构，国外企业对有效农业专利的拥有量占比较高。然而，我国一直实行以国家为主导的农业科研创新机制，1999—2010年科研机构植物新品种创新能力一直高于教学机构、公司与个人，即有效的农业专利、植物新品种权主要掌握在以政府为主的农业科研机构中，私人企业在农业科研中所占的份额相对较小。但是，在政府政策的引导与推动下，公司与个人植物新品种创新能力持续增强，并于2011年超过农业科研机构，成为植物新品种创新的主力军，至2014年，二者之间的差距仍呈不断扩大趋势。

鉴于此，在借鉴国外有利经验与做法的基础上，结合我国农业科技发展的实际情况，从以下三个方面着手，不断提升我国农业科技创新能力。一是逐步调整农业科技研发主体的结构①，突出企业在农业科技创新中的主体地位，并构建教学机构、科研机构与私人企业等创新主体之间的互动协调机制。政府应通过资金扶持或政策优惠引导农业企业从事科技创新活动，改变我国以农业科研机构为主的科研创新体系，充分发挥私人部门在农业科研体系中的协调与服务作用。应引导创新主体之间的分工与协作，比如，科研机构在承担外部性较强的基础性项目研发的同时，可以和企业合作，进行应用型技术的研究与推广工作，教学机构在培养相关农业科技人才的同时，有规划地进行一些基础性和应用型技术研究。二是加强农业

---

① 胡艳丽：《新疆扶贫开发中的农业科技创新问题研究》，博士学位论文，新疆大学，2012年。

技术成果的转化、应用与扩散。在农业科技创新过程中，动态的扩散、转化以及协调、管理均是制度绩效的增效剂，农业科技成果的转化与应用是将其潜在价值转化为现实生产力、促进农业经济增长的关键步骤。三是充分利用电视、网络、手机等媒介的宣传作用，培养并树立创新主体农业科技创新成果的保护意识。随着知识经济的发展以及农业跨国公司的崛起，知识侵权事件不断发生，以常用的通信工具、媒体为介质，便于培养创新主体的知识产权意识。

第二，完善相关政策与法规，为农业知识产权创新营造良好的制度保障。

品种权和专利权保护是农业知识产权保护制度的两大重要组成部分。美国、日本、欧盟等农业科技创新能力较发达的国家或地区有一系列较为完善的农业知识产权保护法规。与上述国家或地区相比，我国在农业知识产权保护法规的建设上仍具有一定的差距，目前，仅初步形成以《中华人民共和国专利法》《中华人民共和国商标法》以及《中华人民共和国植物新品种保护条例》为主的农业知识产权保护体系，关于农业生物技术的专利保护仍尚未完善，因此不能充分发挥知识产权保护对品种权人应有的激励效果。目前我国基本上以《中华人民共和国专利法》中规定的有关农业专利、农业科技著作权、农业产品地理标识以及农业商业秘密四个方面的内容为主，而关于转基因技术的保护、农业技术的输出、向国外授权技术以及技术和品种的引进等方面缺乏完整的知识产权管理制度。此外，就植物新品种保护制度而言，我国依然停留在保护条例层面，法律效力有待进一步提高。

鉴于此，应在借鉴国外农业科技发达国家经验的同时，完善农业知识产权制度。以植物新品种保护为例，可以从以下两个方面进行，一是完善现有《中华人民共和国植物新品种保护条例》，逐渐提高其法律效力。比如，可以通过扩展品种权权能、增加新品种名录、简化申报程序等提高植物新品种创新产出；与此同时，充分挖掘其他相关知识产权保护制度的利用程度，如《中华人民共和国专利法》

《中华人民共和国商标法》以及《反不正当竞争法》等。二是密切关注国际形势以及最新法律法规的研究动态，实时更新现有政策。对最新国际形势和政策制度进行深入了解和分析，将我国法规制度的标准与国际社会接轨，比如可以根据 UPOV 的文本标准，更新《中华人民共和国植物新品种保护条例》；积极参与国际相关法规的制定，加强国际交流与合作，以便在国外申请相关的农业知识产权保护，增强我国农产品的国际竞争力。总之，在促进农业科技创新成果转化的过程中，要加强对农业技术知识产权的保护以及对植物新品种权的维护，并保持与国际标准的接轨；在具体的制度规定中，根据实际情况，制定特色的产权保护制度。

第三，构建农业科技创新成果的有序化交易平台，实现其科技创新的经济价值。

研发人农业科技创新的最终目的是实现利益最大化，知识产权人可以通过许可转让或自行生产销售实现农业科技创新成果的转化（朱汉明，2010）。国外已有部分国家具备技术成果交易的相关机制，但从目前我国的情况来看，品种权尚未充分进入市场交易范围，因此，在一定程度上制约着新品种的推广和使用。[1] 鉴于此，应尽快建立健全农业科技创新成果的市场交易制度[2]，以植物新品种权交易为例，具体可从以下三个方面开展。

一是明晰申请权和品种权的归属问题，明确品种所属权是进行品种权交易的基础和前提。二是构建植物新品种权交易平台，及时发布植物新品种申请与授权情况，减少信息不对称；培训专门的品种代理人并加强对代理机构的管理，确保品种权代理机构认证的有效性；设置专门的评估机构，评估品种权的市场价值，为品种权交

---

[1] 朱汉明：《基于农民权益的植物新品种保护法律问题研究——以湖北省植物新品种保护为例》，博士学位论文，华中农业大学，2010 年。

[2] 胡艳丽：《新疆扶贫开发中的农业科技创新问题研究》，博士学位论文，新疆大学，2012 年。

易奠定基础①；设置监管机构，督促品种权市场交易过程。三是规范关于农业科技创新成果交易的合同文本，使品种权交易有法可依。比如，对植物新品种权进行交易时，易涉及品种研发过程、许可使用、权能转让、技术支持等诸多内容②，且其研发和推广均存在一定的风险性；此外，市场交易对品种权的真实有效性及其技术成果的实用完整性具有较高的要求，因此，需要标准化和规范化的合同文本对交易双方的权利和义务进行明确的规定，以保证交易的顺利进行。

总之，虽然政府调节有助于机制优化，营造创新氛围，但政府调节并不能完全代替市场机制在农业科技创新中的作用，农业科技创新成果的交易需要充分发挥市场调控机制，以提高资源的优化配置效率，促使科技创新成果得到深层次的开发与利用，进而转化为现实的农业生产力，促进我国农业持续健康的发展。

---

① 孙炜林、王瑞波：《对提高植物新品种保护制度运行效率的思考》，《科学管理研究》2009 年第 27 卷第 1 期。

② 朱汉明：《基于农民权益的植物新品种保护法律问题研究——以湖北省植物新品种保护为例》，博士学位论文，华中农业大学，2010 年。

第八章

推进中国农业知识产权协同创新的对策设计

2015年中央一号文件明确指出,随着经济发展速度的减缓,我国经济发展进入新常态。与此同时,农业生产受自然与资源的约束更加凸显,单纯地依赖土地、劳动力、资金等农业生产要素的增加来提高农业产量和竞争力,已经不能满足当前农业生产发展的需要。此外,由于受到国内农业生产成本快速攀升、大宗农产品价格高于国际市场价格的双重挤压,加之农产品供给后劲略显乏力,农业生产发展更加依赖于农业科技的发展。然而,随着全球经济一体化的发展,知识经济时代悄然到来,国外跨国农业企业为我国农业生产发展带来先进技术与经验的同时,也冲击着国内农业企业及其他科技创新主体的发展。

鉴于此,如何在知识经济背景下,充分发挥我国农业科技协同创新对农业发展的作用就显得尤为重要。因此,本书以植物新品种为例,探讨了知识产权视角下我国农业科技协同创新的时序演进动态与空间分布格局、区域差异、收敛性、影响因素及微观机理,等等。本章主要从政策保障体系、财政调控机制、产权协调机制、市场经济调节机制及主体协同机制五个方面论述如何构建我国农业知识产权协同创新的提升策略及政策保障机制。

第一节　完善并更新现有政策法规，构建农业知识产权协同创新的政策保障机制

一　完善现有农业知识产权创新的法规，实现农业知识产权协同创新政策保障体系从无到有的质变

完善的政策保障体系是农业科技创新能力得以提升的必要条件之一。国外一些经济较为发达的国家或地区很早以前就认识到保护农业科技创新成果的重要性，因此相应政策法规较为完善。比如，自 20 世纪 30 年代开始，美国便陆续颁布了一系列保护农业科技创新成果的法令；日本的法规也从不同的角度对其农业创新成果进行保护；欧盟也有一系列保护农业创新成果的法令。相对而言，我国农业科技创新成果的保护法规起步较晚，未形成单独的保护农业科技创新成果的法令。鉴于目前农业科技，尤其是农业知识产权对增强农业竞争力的作用，有必要形成以保护农业科技创新成果为目的的专有法令，实现农业科技创新成果政策保障体系从无到有的质变，完善并扩充我国农业知识产权相关法令。

二　实时更新现有农业知识产权创新成果的保护法规，使其与时俱进达到国际标准

实时关注国际相关组织对农业科技创新成果保护法规的变动，并据此更新国内已有法规的内容，有助于以国际标准督促农业科技创新成果的产生，提升我国农业科技创新的国际竞争力。以植物新品种为例，国际植物新品种保护联盟（UPOV）具有一系列不同版本的有关植物新品种申请、确权、保护的公约。作为 UPOV 的成员国，美国依据《国际植物新品种保护公约》1991 文本对其《植物新品种保护法》进行修正，使其与公约文本一致，甚至更为细致、严格；日本作为亚洲地区最早加入 UPOV 的国家，根据公约 1991 文本

修改其《农业种子和种苗法》；欧盟自 2005 年加入 UPOV 后，也根据公约 1991 文本对其相关法规进行修正。1999 年我国成为 UPOV 的成员国，至 2014 年我国植物新品种申请总量仅次于日本，居 UPOV 成员国第二位，但授权与当年累计有效授权总量均未进入前三，其中授权总量居第五位，累计有效授权总量更加靠后，居第十一位。上述数据表明我国植物新品种创新意识较高，但植物新品种获权能力、质量及维持年限均较低。当然上述现象的产生与我国当前植物新品种保护法规不完善，农业科技创新不足等有一定的关系，因此，必须实时更新现有农业知识产权创新成果保护的法规，以国际标准提升农业科技创新成果的质量，进而提升我国农业科技创新能力。

三 将现有农业知识产权创新成果保护的法规上升到法律层面，增加其法律约束效应

如前文所述，美国和日本的农业科技创新成果保护法令，均是以正式的法律形式呈现。相对而言，以植物新品种为例，虽然我国的《中华人民共和国植物新品种保护条例》于 1997 年开始实施，并于 2013 年修改完善，但该条例并未完全上升至法律层面，因而其法律约束力相对较弱。俗话说"不以规矩，不能成方圆"，将农业科技创新成果保护的相关法规上升至法律层面，有助于明确创新成果的认定标准、创新主体的权利与义务；与此同时，应明确相关不法行为的惩罚措施，比如，对农业科技创新过程中投机取巧，为谋取自身利益而研发伪劣产品、技术或剽窃他人创新成果的企业、个人等相关主体进行罚款，责令其补偿农业知识产权人或品种权人的损失，并督促其销毁虚假产品和技术，对于情节严重者，可对其行政拘留，以示惩戒。

四 组织宣传农业知识产权创新成果保护的重要性，培养创新主体的维权意识

以植物新品种为例，我国创新主体具有较强的创新意识，但其

实际获权能力，即将创新成果转换为现实生产力的能力较弱，原因在于，其一，我国农业科技创新的相关政策保障体系较不完善，法律约束力较低；其二，我国农业科技创新主体对科技创新成果的重要性认识不足。关于第一点，前文已做了充足的阐述，并有针对性地提出了相关的政策设计。针对创新主体对科技创新成果的重要性认识不足的问题需要政府充分发挥电视、网络、手机等媒介的宣传作用，培养并树立创新主体对科技创新成果的保护意识。此外，随着知识经济的发展及跨国农业公司的崛起与渗透，知识侵权事件屡见不鲜，以常用的通信工具、媒体为介质，便于培养创新主体的农业知识产权维权意识。当然，若有必要，可以组织相关的创新主体参与研讨会，以具体的或影响力较大的侵权案件为例，探讨如何规避侵权事件及展开相应的维权措施。

第二节　构建并发挥农业知识产权协同创新的财政调控机制，缩小区域差异

一　稳定当前经济发展速度，确保农业科研经费的投入强度

区域经济发展水平对以植物新品种为例的农业知识产权创新具有不同的影响。随着经济发展水平的提高，中西部经济发展水平相对较低地区的农业知识产权科技创新得到提升；东部地区农业知识产权创新增长速度减缓，区域内部省份差异趋于收敛。从全国层面看，经济发展水平的提高，有助于农业知识产权创新区域差异的缩小，即新古典经济增长理论中关于技术是创新能力发展的关键因素的理论得到了验证。因此，应确保当前经济的发展速度，与此同时，为确保经济发展水平偏低的中西部地区农业知识产权创新能力的提升，经济发展的速度不宜过低。上述分析证实了当前我国经济由高速增长转向中高速增长，即经济发展进入新常态的必要性。就科研经费投入而言，1999—2014年我国R&D经费投入占GDP比重呈持

续增长趋势，年均增幅6.84%，但2014年其比重仅为2.05%，占比仍较低，农业科研机构R&D经费投入占比更低。实证分析证实，农业科研机构R&D经费投入强度的增加，虽对区域影响不一，但整体上仍有助于我国农业知识产权创新能力的提升。因此，应在稳定当前经济发展速度的前提下，确保农业科研经费的投入强度。

二　调整优化科研经费支出结构，缩小区域差异

高强度的农业科研经费投入对我国农业知识产权科技创新的提升具有微弱的正向作用，但对区域创新能力的作用不同。由于我国农业科研经费投入强度是稳定增长的，所以上述现象可能是由当前我国农业科研经费支出结构不合理所致。具体而言，主要体现在三个方面。其一，主体经费投入不均。我国农业科研经费资金多用于支撑农业科研机构的发展，对企业等创新主体投入不足，且农业科研机构经费收入仍以政府资金为主，非政府资金占比较低。其二，行业分布不均。我国农业科研经费，尤其是农业科研机构的科技活动经费多用于扶持与促进种植业农业科研机构科技活动，且2014年种植业科技活动经费支出占全国科技活动支出比重高达66.89%，远高于畜牧业、渔业、农垦与农机化相应比重。其三，隶属机构经费支出差异。省属农业科研机构科技活动支出占全国科技活动支出的比重达53.71%，远高于农业部属与地市属相应比重。

因此，为了充分发挥农业科研经费对我国农业知识产权创新的正向影响，应对其现有结构进行调整，以减少其行业及隶属机构经费支出的不均衡性。以植物新品种为例，2011年公司与个人植物新品种创新能力已超过科研机构成为最强的创新主体，所以，政府在科研经费投入时，应增加对企业的投资与支持力度，以充分激发其科技创新的积极性。此外，由于技术差距理论在本书回归模型中得到证实，所以，在科研经费投入时，应有选择地向经济发展水平相对落后地区（中西部）倾斜，以促进科技人员、外商投资等资源在区域间的流动，进而基于技术的扩散与溢出效应，充分发挥农业知

识产权创新能力低值地区与高值地区的追赶效应，缩小区域差异，从整体上提升我国农业知识产权创新能力。

第三节 明晰农业科技创新成果的产权机制，激励创新主体的积极性

由政府宏观调控手段之间的关系可知，行政管理手段大多处于辅助地位，一般情况下政府不对经济体发展进行直接的行政干预，而是以经济手段和法律手段为主。然而，结合农业知识产权的特殊性（涉农性、易受侵犯性、生物性、广泛性、不确定风险性等），有必要通过行政管理手段的创新对其确权过程进行干预，以构建较为完善的农业知识产权创新成果的产权机制。具体而言，主要包括以下三个方面。

一 简化农业科技创新成果的申请流程

以植物新品种为例，依据《中华人民共和国植物新品种保护条例》可知，品种权的申请需经历审批机关的初步审查和实质审查，若有必要还要测试或考察品种试验成果。总之，获权过程较为复杂，且周期较长；因此，可借鉴美国的 DUS 测试制度，在对育种者提供的申请信息进行审查时，植物新品种办公室不再进行相应的品种性能测试及检验，借助书面审核的形式简化申请程序及流程（李玲玲，2014；张肖娟，2011）。上述做法大大简化了植物新品种申请流程，有利于提高植物新品种申请与授权的工作效率。

二 降低农业科技创新成果申请或获权管理费用

以植物新品种为例，自申请人申请至品种保护期满，申请人需在申请期缴纳申请费与审查费，品种保护期限内缴纳管理年费，且当不符合授权条件或者后期测试失败时，授权机关不退还已缴

纳费用。因此，可通过降低申请或授权管理费用，调动创新主体的积极性。

三 延长部分农业科技创新成果的保护年限

我国规定植物新品种的品种权人对藤本植物、果树、林木和观赏植物等品种权享有的保护期为 20 年，其他植物类保护期为 15 年。日本利用品种登记制度，在保护申请者权利的同时，又基于植物新品种的不同生物属性，赋予其不同的保护年限。因此，我国应借鉴学习日本的成果确权登记制度，适当延长相关成果的保护年限，以充分确保知识产权人或品种产权人的利益，发挥其对农业生产发展的作用。

第四节 构建农业知识产权创新成果的有序化交易平台，实现创新的经济价值

通常情况下，市场调控被比喻为"看不见的手"，随着市场经济的发展，计划经济退出了历史的舞台，"看不见的手"逐渐在资源配置与优化中起着决定性作用。当然，由于市场调节无法解决某些具有外部性与公共物品性的经济问题，且其调节多属于事后自发的调节，并对利润具有驱逐性，故其自身有一定的滞后性、自发性等特征。鉴于此，对经济进行调控，优化资源配置，需要"看得见的手"，即政府宏观调控，来调节经济发展的大方向，以弥补市场调控的不足。就提升农业知识产权创新能力的策略而言，我们已基于政府宏观调控的法律手段，构建了其制度保障机制；基于经济调节手段，构建了其财政调控机制；基于行政手段，构建了其成果的产权机制。因此，本节将基于市场调控的视角，阐述构建农业知识产权创新成果有序交易平台的必要性及其相应的经济价值。

构建农业科技创新成果的有序化交易平台，实现其科技创新的

经济价值。创新主体从事农业科技创新的最终目的是实现其自身利益最大化,农业知识产权人或品种权人可以通过许可转让或自行生产销售实现农业科技知识创新成果的转化(朱汉明,2010)。国外已有部分国家具备技术成果交易的相关机制,但从目前我国的实际情况来看,产权或品种权尚未充分进入市场交易范围,因此,在一定程度上制约着农业知识产权创新成果的推广和使用①。鉴于此,应尽快建立健全农业知识产权创新成果的市场交易制度②,以植物新品种权交易为例,具体可从以下三个方面开展。

一 明晰申请权和品种权的归属问题

品种所属权明确是进行品种权交易的基础和前提。由于前文已基于政府行政管理手段,构建农业知识产权创新成果的产权机制,在此不再展开论述。

二 构建植物新品种权交易平台

及时发布植物新品种申请与授权情况,减少信息的不对称;培训专门的品种代理人并加强对代理机构的管理,确保品种权代理机构认证的有效性;设置专门的评估机构,评估品种权的市场价值,为品种权交易奠定基础③;设置监管机构,督促品种权市场交易的过程。

三 规范农业知识产权创新成果交易的合同文本

由于在对植物新品种权进行交易时,会涉及品种研发过程、许

---

① 朱汉明:《基于农民权益的植物新品种保护法律问题研究——以湖北省植物新品种保护为例》,博士学位论文,华中农业大学,2010年。

② 胡艳丽:《新疆扶贫开发中的农业科技创新问题研究》,博士学位论文,新疆大学,2012年。

③ 孙炜林、王瑞波:《对提高植物新品种保护制度运行效率的思考》,《科学管理研究》2009年第27卷第1期。

可使用、权能转让、技术支持等诸多内容①，且其研发和推广均存在一定的风险性，加之市场交易对品种权的真实有效性及其技术成果的实用完整性具有较高的要求，因而，需要标准化和规范化的合同文本对交易双方的权利和义务进行明确的规定，使科技成果交易有法可依，进而保证交易的顺利进行。

总之，政府调节并不能完全代替市场机制的作用，农业知识产权创新成果的交易需要充分发挥市场机制的调节作用，以提高资源的优化配置效率，促使成果得到深层次开发与利用，进而转化为现实的农业生产力，促进我国农业持续健康的发展。

第五节 优化多元主体协同创新机制，提升农业科技协同创新实力

一 基于不同创新主体的关系及作用，强化其创新特色与优势

研究发现，不同主体在农业知识产权协同创新中的地位不同，可根据各自发展现状、特点、作用及相互关系，凸显主体自身优势。比如，在基础性研究与理论研究方面，突出教学机构和科研机构的优势，并注重发挥教学机构培养农业专业人才的作用；在开发与实验环节，由于不同创新主体的特征，基于前期不同的研究属性与目的，创新主体均会参与中试环节；在应用研究中，应突显公司与个人的核心主体地位，根据市场与农业生产的需求进行协同创新。同时，应注重发挥政府的政策调节与法律保障等软环境对创新主体的引导与保障，并注重发挥管理、金融与科技服务等中介机构的调节作用。总之，各农业知识产权协同创新主体应各司其职，相互协作。

---

① 朱汉明：《基于农民权益的植物新品种保护法律问题研究——以湖北省植物新品种保护为例》，博士学位论文，华中农业大学，2010年。

二 基于创新主体格局的演化趋势,优化协同创新机制

研究发现,以植物新品种为例,2011年公司与个人农业知识产权创新已经超越高校与科研机构,逐渐凸显公司与个人在农业知识产权协同创新中的核心主体地位。不同创新主体参与协同创新的影响因素不同,但均诉求于协同效应最优,即农业知识产权协同创新价值链的增值。因此,可以从政策协调机制、法律保障机制、中介调节与服务机制及管理运行机制等方面优化农业知识产权协同创新机制。

三 基于创新主体协同创新的冲突与治理,构建"政产学研用+中介"的农业知识产权协同创新模式

我国农业知识产权协同创新模式构建需遵循科学性、适用性、有效性和柔性经济性等原则,以协同、技术扩散与创新等理论为基础,基于农业生产现实的需要,考量到创新主体特征、逻辑关系及其协同创新的冲突及原因,构建"政产学研用+中介"的农业知识产权协同创新模式,并优化该模式的运行机制。

结束语

　　基于理论研究与实证分析相统一的原则，本书利用定性分析与定量分析相结合的方法，在充分考虑当前我国农业生产发展的背景下，以植物新品种为例，深入探讨我国农业知识产权协同创新问题。具体而言，基于整体研究的设计与框架，在梳理我国农业科技发展历程的基础上，以农业科研机构为例，从投入、产出两个角度探讨了我国农业科技资源的变动趋势及分布特征，并从国内外两个视角出发，剖析了植物新品种创新产出的现状，识别了植物新品种创新与农业经济发展的关系，并量化了植物新品种创新能力变动对农业经济发展的影响。在对我国及不同创新主体、不同区域植物新品种创新的时序演进特征及空间分布格局进行分析的基础上，利用Dagum 分解的基尼系数量化了我国植物新品种创新的总体差异，并基于区域内、区域外两个视角对其进行分解，找出影响植物新品种创新整体差异的源泉。基于经济收敛理论，识别我国不同时段及不同区域植物新品种创新的收敛性及收敛速度，并对其影响因素进行比较分析。从创新主体关系、影响因素、格局演化等方面论述了农业知识产权协同创新的微观机理。在梳理现有农业知识产权协同创新模式基础上，提出协同创新机制优化的思路及原则，并论述了协同创新中的冲突及治理。在借鉴国外相关经验的基础上，针对研究结论，探寻提升我国农业知识产权协同创新的路径，并构建了相应的政策机制。

整体看,本书主要获得以下六个方面的研究结论。

1. 中国农业科研机构数量以及人力资源投入数量均呈下降趋势,农业科技经费投入、课题数、发表科技论文数、出版著作数以及相关的农业知识创新成果均呈增长趋势,但上述农业科技投入与产出资源在行业与空间分布上均具有明显的不均衡性。

在对我国农业科技发展历程进行梳理的基础上,以农业科研机构为例,从投入与产出两个视角出发,探讨了1993—2014年我国农业科技资源的趋势变动规律与空间分布格局。

(1) 研究期内,中国农业科研机构数量呈下降趋势,年均降幅0.37%,且存在明显的行业及区域分布差异。就行业而言,种植业农业科研机构独占鳌头,其占比远高于畜牧业、渔业、农垦、农机化农业科研机构所占比重;从区域分布看,2014年中国区域农业科研机构数量按照由高到低的排序为:中南区、华东区、华北区、西北区、东北区与西南区。

(2) 就农业科技投入资源而言,研究期内,农业科技人力资源与经费投入变动趋势不同,但均具有明显的区域或行业不均衡性。就人力资源而言,中国农业科研机构从事科技活动人员数量年均降幅0.38%,但科技人员占从业人员的比重总体呈上升趋势;就其分布而言,东部沿海及经济发达地区,如华东与中南区科技人员数量略高于西北与西南区。在农业科技经费结构方面,中国农业科研机构经费收入与支出均呈增长趋势,但农业科技经费收入仍以政府资金投入为主,非政府资金占比较少,且科技活动支出多用于扶持与促进种植业农业科研机构科技活动,畜牧业、渔业、农垦、农机化科技支出费用略低。

(3) 从科技产出成果看,研究期内中国农业科研机构课题数、发表科技论文数、出版著作数以及相关的农业知识创新成果均呈总体上升趋势,但差异性明显。就2014年科技成果产出而言,课题类型以试验发展为主,基础研究型课题最少,课题执行者以省属农业科研机构为主，占比高达62.11%；种植业农业科研机构课题数占比达71.50%，远高于其他行业。类似于课题分布的特征，无论从隶属关系或管理系统分析，中国农业科研机构在发表科技论文与出版著作这两项科技成果产出上存在明显的不均衡性。就知识创新成果而言，中国农业知识创新呈现出良好的发展潜力及发展态势，2014年中国农业知识产权创造指数为109.54%，申请指数为111.97%，授权量指数为113.13%，维持年限指数为1.3075%，较2013年同期均有所增长。

2. 我国植物新品种创新呈现出良好的发展态势，创新主体与作物类型格局均呈多元化发展，但省域及区域植物新品种创新产出存在明显的差异；植物新品种创新与农业经济发展存在因果关系，植物新品种创新对农业经济发展具有正向影响。

在梳理UPOV成员国植物新品种创新产出现状的基础上，本书深入分析了我国植物新品种创新产出的时序变动趋势，并对其品种类型、申请与授权人类型及区域布局进行分析，识别了植物新品种创新与农业经济发展的关系，量化了其对农业经济发展的影响。

（1）1999—2014年UPOV成员国植物新品种申请数与授权数总体均呈增长趋势，且每年累计有效植物新品种授权数呈稳定增长趋势，申请数年均增长率达3.01%，授权数年均增长3.93%，累计有效授权数年均增长率高达5.26%。但排名前20位的国家在植物新品种申请、授权与累计有效授权方面存在一定的差异性，即在植物新品种创新成果保护意识、将植物新品种创新转换为知识财富的获权能力等方面存在明显的差异。

（2）1999—2014年中国植物新品种创新呈现出良好的发展趋势，其申请量与授权量均呈增长趋势，时呈波动状，不同作物品种、不同创新主体的申请量与授权量均呈增长趋势。公司与个人植物新品种的申请量与授权量开始超过科研机构，我国育种研发投资主体将逐渐改变科研机构一家独大的局面，呈多元化发展格局。在植物新品种申请与授权类型方面，目前我国植物新品种申请与授权类型仍以大田作物为主，但蔬菜、花卉、果树等品种申请量的增速较快，且时序波动性较小，植物新品种申请与授权类型整体格局将逐渐趋于合理。就区域空间分布而言，我国省域及区域植物新品种申请量远高于授权量，即整体具有较强的农业植物新品种创新意识，但将其转化为实际生产力的能力有待提升。其中，东部地区具有较好的创新意识，知识产权的获权能力较强，且知识产权的质量略高，维持年限较长；中部地区次之，西部地区略显不足。然而，结合申请量与授权量的变动趋势看，东部授权量增长速度高于中西部地区，但中部地区申请量增幅最大，东部略低，西部最小，我国植物新品种创新的空间布局将呈合理化发展趋势。

（3）植物新品种创新与农业生产总值的原始序列均属于平稳序列，二者存在长期均衡及短期动态关系。当植物新品种创新能力增加1%时，农业生产总值约增加0.35%；短期内，当植物新品种创新与农业经济发展偏离均衡关系时，存在一定的协调机制，使二者均衡发展。经检验，当滞后阶段为1阶时，植物新品种创新能力与农业经济发展互为格兰杰因果关系且植物新品种创新能力当期及滞后1—3期均对农业经济发展产生正向影响，其对应弹性系数依次为0.2215、0.1435、0.0955、0.0776。

3. 我国植物新品种创新具有良好的发展态势，创新主体的格局趋于合理，且伴有创新能力低值地区增长幅度较大，而高值地区增长幅度偏小的特征，植物新品种创新能力落后地区与创新能力高值地区间具有明显的追赶效应；不同区域及创新主体植物新品种创新仍存在明显的差异，且总体差异主要来自于区域间总体差距。

在对关于区域差异及经济发展不平衡的理论进行简单梳理与分析的前提下，本书从全国层面，不同创新主体及不同区域的视角，归纳总结了2002—2014年我国植物新品种创新能力的时序演进特征，分析了我国省域植物新品种创新能力的空间分布格局。基于Dagum分解的基尼系数，量化了我国植物新品种创新的总体差异，并基于区域内、区域间两个视角对其进行分解。

（1）我国植物新品种创新具有良好的发展态势，不同创新主体及区域植物新品种创新整体均呈增长趋势，且创新主体格局趋于合理，但不同创新主体及区域植物新品种创新仍存在明显的差异。就创新主体而言，公司与个人植物新品种创新增幅最快，年均增长率高达22.71%，教学机构年均增幅为11.58%，科研机构年均增幅11.07%，相较于公司与个人、科研机构，教学机构创新能力的时序变化趋势较为平稳；2011年公司与个人植物新品种创新开始超越科研机构，成为新的植物新品种创新最强主体，且二者之间的差距呈不断扩大趋势。就区域植物新品种创新而言，西北区植物新品种创新的时序波动性较小，且增速最低，西南、华北、华东、中南及东北五个区域的波动性较大，但增速快。

（2）省域植物新品种创新整体呈增长趋势，时呈波动状，但增幅差异明显，且伴有创新能力低值地区增长幅度较大，而高值地区增长幅度偏小的特征。除西藏、甘肃、青海及宁夏四个省区外，省域植物新品种创新呈现明显的增长趋势，浙江省创新的年均增幅较大，高达45.22%。从持续增长情况，省份植物新品种创新均未保持逐年增长，存在明显的时序波动性。相较于2002年，2014年省域植物新品种创新较高的地区增加了湖北、安徽、江苏、浙江以及云南五个省份，且主要集中于东部沿海地区及中部的河南、湖南，西部的四川和云南。就植物新品种创新的增幅而言，可将我国省域划分为高速增长区、快速增长区、中速增长区、低速增长区与缓慢增长区五个区域，研究期内我国植物新品种创新年均增幅较大的省份主要集中在华东及华北地区，东北区的黑龙江植物新品种创新的增幅也呈现明显涨幅。

（3）中国植物新品种创新落后地区与创新能力高值地区间具有明显的追赶效应，创新能力整体差异较为悬殊。其基尼系数由2012年的0.6118减少到2014年的0.5118，减少幅度达到了16.35%；但其基尼系数的取值范围为0.4588—0.6118，平均值达到了0.5106，高于国际基尼系数的警戒线，即我国植物新品种创新总体差异悬殊。

我国植物新品种创新变动趋势呈现出三个（2002—2006年、2006—2011年以及2011—2014年）明显的 V 形变动趋势，其中 2005—2006 年、2008—2011 年及 2012—2014 年是我国植物新品种创新整体差异呈扩大趋势的年份。

（4）中国区域内、区域间植物新品种创新差异明显，植物新品种创新的总体差异主要来自区域间的差异。除华北区域植物新品种创新整体差异略微增加外，其余五个区域内植物新品种创新差异均呈缩小趋势，但其创新差异的年均降幅不同且时序波动程度存在差异。西南—华北、华东—东北两个区域间创新差异存在轻微的增大趋势，其他 13 个区域组合创新差异虽呈缩小趋势，但缩小的程度与速度不同，即东中部地区植物新品种创新差距缩小的速度远大于西部地区，尤其是西北地区。我国植物新品种创新总体差距主要来自区域间植物新品种创新的总差距，尤其是地区间净差距，且地区间净差距及超变密度差距无论从贡献值还是贡献率看均大于地区内差距，地区间总差距的贡献率更是地区内差距贡献率的 5.65—7.07 倍。

（5）针对上述研究结论，本书从三个方面提出相关的政策建议，即健全完善相关政策法规，并逐步使之上升到法律层面，为植物新品种创新提供良好的软环境；稳步增加对植物新品种创新的投入，为创新主体提供育种研发的资金保障；建立区域间的帮扶机制，充分利用植物新品种创新的溢出效应，形成 "1+1>2" 的共赢局面；以减小地区间差异提升我国植物新品种创新能力，进而带动农业科技创新能力的提升。

4. 我国植物新品种创新存在明显的 σ 收敛趋势，但东中西三大地区及六大区域变动趋势存在明显的差异；我国植物新品种创新在时序和空间上均存在显著的绝对 β 收敛特征；全国、东中西三大地区以及六大区域条件收敛因素存在明显差异性。

基于经济收敛理论，本书对 2002—2014 年全国、东中西三大地区以及西北、西南、华东、华北、中南和东北六大区域植物新品种

创新的 σ 收敛进行检验,继而基于不同时序与空间维度,对其进行 β 收敛检验,并对其影响因素进行分析。

(1) 我国植物新品种创新呈明显的 σ 收敛,但区域创新变动趋势不一,存在明显的差异。具体而言,我国植物新品种创新存在 σ 收敛,且呈波动下降期、持续下降期和波动上升期三阶段特征。就东中西三大地区而言,东部和中部地区均存在明显的 σ 收敛,但二者变动幅度存在差异,西部地区整体不具有明显的 σ 收敛。就六大区域而言,华北地区整体变动较为频繁且整体不存在收敛迹象;西南地区也未出现明显的收缩趋势,且其变动趋势较为频繁和剧烈;其他四个区域存在明显的 σ 收敛,但变动幅度不同。

(2) 我国植物新品种创新在时序和空间上均存在显著的绝对 β 收敛,但其收敛速度存在差异,2002—2006年、2006—2010年及2002—2014年其相应收敛速度分别为10.17%、6.17%、5.12%与2.99%。就东中西三大地区而言,存在绝对 β 收敛,但西部收敛速度最快,达4.18%,中部居中为3.69%,东部最慢为2.27%;地区之间存在植物新品种创新能力低值地区与高值地区的追赶效应。就六大区域而言,存在绝对 β 收敛,但收敛速度存在明显的差异,华东、东北、西北、中南、西南和华北的收敛速度分别为5.47%、4.95%、4.56%、3.95%、3.89%和1.63%。

(3) 对全国而言,植物新品种创新能力增长率的具体影响因素不同,新古典经济增长理论与技术差距理论在模型中得到了强有力的验证。经济发展水平并不总是植物新品种创新提升的充分条件,前期创新能力基础并不能保证后期创新能力的持续提升,技术吸收能力有助于缩小创新能力的总体差异,出口有助于创新能力的提升,但不利于区域差异的缩小,科研经费支出强度、农业科研经费支出强度、城镇化程度以及FDI对植物新品种的影响不明显。从区域角度看,由于其经济发展水平及增长速度、技术吸收能力、FDI和出口等指标的区域差异导致模型结果存在明显的差异。

(4) 研究主要获得三个方面的政策启示,其一,应在稳定当前经济发展速度的前提下，持续增加农业科研经费支出的强度，注重经费支出结构的调整，在确保充分发挥农业科研机构作用的基础上，利用相关的财政手段调动企业科技创新的积极性，推动其成为农业科技创新的主体。其二，应充分挖掘前期创新能力基础，并结合区域特色，提高其有效利用率，此外，应注重调整城镇化的推进模式，完善相应的基础设施建设，充分发挥技术扩散效应[①]以及植物新品种创新能力低值与高值地区的追赶效应。其三，在科研经费投入和基础设施建设方面，应有选择地向中西部地区倾斜，促进科技人员、外商投资等在区域间的流动，并注重发挥出口对植物新品种创新能力的作用，以减少区域创新能力的差异。

5. 我国农业知识产权创新主体的创新格局呈演化变动趋势，以公司与个人为核心主体是理论逻辑、历史发展与现实需求的统一；不同创新主体参与协同创新的关键因素存在差异，但也具有一定的共性；基于现存协同创新模式，提出农业知识产权协同创新机制优化的思路与原则，并构建了"政产学研用+中介"的农业知识产权协同创新模式。

首先，农业知识产权协同创新是一个复杂、动态与开放的系统，该系统主要由创新主体、创新客体、创新目标、创新方式四大部分构成，系统有序且有效的运行得益于上述各个要素的协同与合作。

其次，农业知识产权协同创新主体的科学内涵、特征、作用与逻辑关系不同。公司与个人作为核心主体、教学机构和科研机构作为重要的参与主体、政府作为引导主体、中介结构作为连接主体。各个创新主体在整个农业知识产权协同创新系统中各司其职，相互协作，缺一不可。创新主体主要由教学机构、科研机构、公司与个人、政府、中介机构与农户等构成。在基础性研究方面，教学机构和科研机构可能会参与更多；在应用研究中，会凸显公司与个人的

[①] 魏守华、禚金吉、何嫄：《区域创新能力的空间分布与变化趋势》，《科研管理》2011年第32卷第4期。

核心主体地位；在中间开发与实验环节，由于不同创新主体的特征，基于前期不同的研究属性与目的，创新主体均会参与中试环节。

再次，创新主体格局演化，形成以公司与个人（企业）为核心主体的主体格局是理论逻辑、历史发展与现实需求的统一。创新主体参与协同创新的影响因素不同，但可以从政策协调机制、法律保障机制、中介调节与服务机制及管理运行机制等方面优化农业知识产权协同创新机制。

最后，基于国内、国外协同创新模式，提出我国农业知识产权协同创新模式构建需遵循科学性、适用性、有效性和柔性经济性等原则，基于协同、技术扩散与创新等理论以及农业生产现实的需要，本书构建了"政产学研用+中介"的农业知识产权协同创新模式。

6. 从政策保障机制、财政调控机制、产权调节机制、市场经济调节以及主体协同创新机制五个方面构建我国农业知识产权协同创新的提升策略。

（1）应完善并更新现有政策法规，构建农业知识产权创新成果的政策保障机制。具体做法包括，其一，完善现有农业知识产权创新成果的保护法规，实现农业知识产权创新成果政策保障体系从无到有的质变；其二，实时更新现有农业知识产权创新成果的保护法规，使其与时俱进，达到国际标准；其三，将现有农业知识产权创新成果保护的相关法规上升到法律层面，增加其法律约束效力；其四，组织宣传农业知识产权创新成果保护的重要性，培养创新主体的维权意识。

（2）应构建并发挥农业知识产权创新的财政调控机制，缩小区域差异。主要涉及两个方面，一是稳定当前经济发展速度，确保农业科研经费的投入强度；二是调整优化科研经费支出结构，缩小区域差异。

（3）应明晰农业知识产权创新成果的产权机制，调动创新主体的积极性。可从三个方面着手，其一，借鉴发达国家经验，简化农业知识产权创新成果的申请流程；其二，降低农业知识产权创新成果申请或获权管理费用；其三，延长部分农业知识产权创新成果的保护年限。

（4）应构建农业知识产权创新成果的有序化交易平台，实现其科技创新的经济价值。主要从三个方面展开论述，一是明晰农业知识产权创新成果的所属权；二是构建农业知识产权创新成果交易平台；三是规范关于农业知识产权创新成果交易的合同文本，使交易有法可依。

（5）构建主体多元化协同创新机制，提升整体农业知识产权协同创新实力。具体包括三个方面，一是基于不同创新主体的关系及作用，强化立体创新特色与优势；二是基于不同创新主体格局演化的趋势及协同创新的冲突，构建协同创新的政策协调机制、法律保障机制与管理运行机制；三是构建"政产学研用+中介"的农业知识产权协同创新模式，优化与完善辅助性政策调节机制。

依据研究思路与框架，按照研究内容的设计，我们获得上述研究结论，但研究整体还是以宏观研究为主，微观研究略少，尤其是针对不同创新主体的微观研究略显单薄。当然，基于现有研究结论发现，在教学机构、科研机构、公司与个人三大农业科技创新主体中，公司与个人已经超越科研机构，跃居第一位，逐渐成为最为主要的创新主体，也是农业知识产权协同创新的核心主体。前文已证实，公司与个人（企业）在农业知识产权协同创新中的核心主体地位是理论逻辑、历史发展与现实需求的统一。因此，在以后的研究中，应增加不同创新主体逻辑关系的博弈分析，分析不同创新主体参与协同创新的动力及影响因素，并量化作用力的大小。

需要特别强调的是，深入研究企业与普通农户的农业知识产权创新行为及其影响因素，对研究农业知识产权协同创新问题尤为重要。当然，在此之前，需要进行大量的准备工作，比如，研究者必须对企业组织经营学、农户认知、意愿及行为等相关理论有所了解；结合研究设计，针对企业或农户的特点，设计出相关的调查问卷，并深入企业内部或者相关农村地区展开一手数据的调查与搜集工作，为研究企业或农户的农业科技相关问题奠定基础。因此，在未来的研究中，将有大量的工作与时间投入上述研究中，以深入探讨企业或农户农业科技创新行为的深层机理，识别影响其行为的关键因素，进而完善现有农业知识产权协同创新问题的研究框架。

参考文献

曹克浩、卢向阳：《新专利法对农业生物技术专利申请的影响》，《湖南农业大学学报》（社会科学报）2010年第11卷第3期。

陈超、林祥明：《论植物新品种保护制度对中国农业发展的影响》，《农业科技管理》2004年第23卷第2期。

陈传明主编：《管理学》，高等教育出版社2019年版。

陈凡：《技术图景中人主体性的缺失与重构》，《科学与社会（STS）研究学术年会论文集》，2007年。

陈会英、步春敏、周衍平：《植物新品种权交易实施的动机、行为、绩效——基于14省份的197份问卷调查与深度访谈》，《农业经济问题》2011年第5期。

陈会英、周衍平：《中国农业技术创新问题研究》，《农业经济问题》2002年第23卷第8期。

陈建伟：《新农村建设需民生科技支撑》，《经济日报》2012年2月1日第13版。

陈亮、虞富莲、姚明哲、吕波、杨坤、堵苑苑：《国际植物新品种保护联盟茶树新品种特异性、一致性、稳定性测试指南的制订》，《中国农业科学》2008年第41卷第8期。

陈其荣：《技术创新的哲学视野》，《复旦学报》（社会科学版）2000年第1期。

陈祺琪、张俊飚:《农业科技人力资源与农业经济发展关系分析》,《科技管理研究》2015年第35卷第13期。

陈祺琪、张俊飚、程琳琳、李兆亮:《农业科技资源配置能力区域差异分析及驱动因子分解》,《科研管理》2016年第37卷第3期。

陈琴苓:《农业科研院所知识产权战略分析》,硕士学位论文,暨南大学,2006年。

陈思、杨敬华、侯丽薇、任爱胜:《欧盟农产品地理标志登记保护制度分析》,《经济研究参考》2012年第11期。

陈晓妮、田源:《林业植物新品种保护管见》,《甘肃林业科技》2002年第27卷第2期。

陈晓萍:《跨文化管理》(第二版),载陈传明主编《管理学》,高等教育出版社2019年版。

陈燕娟:《基于知识产权视角的中国种子企业发展战略研究》,博士学位论文,华中农业大学,2012年。

陈燕娟:《种子企业知识产权战略:理论、实证与协同发展》,武汉大学出版社2013年版。

陈燕娟、邓岩:《知识产权与种子企业发展战略协同机制研究》,《中国种业》2011年第11期。

陈杨:《传统知识的地理标志法律保护》,《上海财经大学学报》2015年第17卷第1期。

陈志建:《中国区域碳排放收敛性及碳经济政策效用的动态随机一般均衡模拟》,博士学位论文,华东师范大学,2013年。

崔春晓、李建民、邹松岐:《美国农业科技推广体系的组织框架、运行机制及对中国的启示》,《农村经济与科技》2012年第23卷第8期。

崔雨:《转基因植物的专利保护》,硕士学位论文,华东政法大学,2011年。

邓宏光:《我国农业知识产权战略》,《改革与战略》2005年第11期。

邓武红：《国际农业植物新品种知识产权保护格局探析及启示——基于 WTO-TRIPS/UPOV 模式的分析》，《中国农业大学学报》（社会科学版）2007 年第 24 卷第 1 期。

丁国卿：《论我国农业知识产权的法律保护》，《中小企业管理与科技》（上旬刊）2011 年第 8 期。

杜金沛：《农业科技创新主体的国际比较及其发展的主流趋势》，《科技进步与对策》2011 年第 28 卷第 11 期。

杜丽珍：《农业知识产权产业化模式研究》，硕士学位论文，西北农林科技大学，2010 年。

杜琼：《公益类科研机构农业知识产权战略与种业科技竞争力提升》，《农业科研经济管理》2012 年第 3 期。

方丰、唐龙：《科技创新的内涵、新动态及对经济发展方式转变的支撑机制》，《生态经济》2014 年第 30 卷第 6 期。

傅新红、马文彬、杨锦秀：《试论农业技术创新的内涵和特征》，《山地农业生物学报》2003 年第 22 卷第 4 期。

高启杰：《农业技术创新若干理论问题研究》，《南方经济》2004 年第 7 期。

高映：《论我国农业知识产权的保护——以农业植物新品种保护为视角》，《农业经济》2008 年第 1 期。

高志英：《农业知识产权价值评估方法探讨》，硕士学位论文，河北农业大学，2010 年。

耿邦：《美、日、欧植物新品种权限制的立法与借鉴》，《河南师范大学学报》（哲学社会科学版）2015 年第 42 卷第 1 期。

关永红：《论知识产权权利体系的解构与重构》，《学习与探索》2012 年第 2 期。

郭文宝、马青：《农业科技创新体系存在的问题对策》，《安徽农业科学》2011 年第 39 卷第 32 期。

郭文驰：《晋城市农业科技创新中企业主体地位研究》，硕士学位论文，太原科技大学，2017 年。

郭新和:《中原经济区建设背景下的科技创新体系研究》,《地域研究与开发》2012年第31卷第2期。

杭冬婷:《基于农产品地理标志的农业产业集群发展探析》,《中国经贸导刊》2011年第6期。

郝东升、王晓漫、王晓红:《知识产权的涵义及其法律特征》,《青年与社会:中外教育研究》2009年第12期。

贺骁勇:《农业知识产权保护与新农村建设研究》,《西北农林科技大学》(社会科学版)2008年第2期。

侯春生、刘嘉、杨小平:《新形势下广东农业知识产权发展现状与对策建议》,《广东农业科学》2011年第17期。

胡炳志:《罗默的内生经济增长理论论述》,《经济学动态》1996年第5期。

胡瑞法、黄季焜、罗斯高:《科研体制改革的再思考:市场经济条件下农业科研人员的科研行为分析》,《中国农村观察》1999年第6期。

胡瑞法、黄颉、P. Carl、黄季焜:《中国植物新品种保护制度的经济影响研究》,《中国软科学》2006年第1期。

胡艳丽:《新疆扶贫开发中的农业科技创新问题研究》,博士学位论文,新疆大学,2012年。

黄季焜:《农业科技投资体制与模式:现状及国际比较》,《管理世界》2000年第3期。

黄季焜:《农业技术推广系统改革:体制与制度保障》,载《农业经济与科技发展研究》,中国农业出版社2000年版。

黄颉、胡瑞法、Pray Carl、黄季焜:《中国植物新品种保护申请及其决定因素》,《中国农村经济》2005年第5期。

黄文准:《农业科技创新对农村经济影响的实证研究》,《科技管理研究》2011年第31卷第12期。

黄武、林祥明:《植物新品种保护对育种者研发行为影响的实证研究》,《中国农村经济》2007年第4期。

纪传如：《农业科技创新的研究进展》，《贵州农业科学》2012 年第 40 卷第 7 期。

纪绍勤：《我国农业科技创新体系研究》，博士学位论文，中国农业科学院，2005 年。

蒋和平：《日本的植物新品种》，《世界农业》2002 年第 6 期。

蒋和平、刘学瑜：《我国农业科技创新体系研究评述》，《中国农业科技导报》2014 年第 16 卷第 4 期。

蒋和平、孙炜琳：《国外实施植物新品种保护的管理规则及对我国的借鉴》，《知识产权》2002 年第 3 期。

揭水利、陈恩：《西方经济增长与发展理论视角下发展我国经济的战略抉择》，《经济问题探索》2010 年第 1 期。

靖飞：《水稻育种科研人员的科研行为分析——基于江苏省的实证研究》，《技术经济》2007 年第 26 卷第 9 期。

孔星、吕剑平：《甘肃地域特色农业协同创新模式选择与实现路径》，《农业科技管理》2019 年第 38 卷第 5 期。

雷雨：《地理标志与经济发展的实证分析》，《河套大学学报》2012 年第 9 卷第 1 期。

李波：《日本大学产学研合作现状及启示》，《河西学院学报》2004 年第 4 期。

李长萍、尤完、刘春：《中外高校产学研协同创新模式比较研究》，《中国高校科技》2017 年第 8 期。

李柏洲、郭韬：《组织创新在企业创新系统中的作用机理》，《贵州社会科学》2008 年第 220 卷第 4 期。

李道国、谭涛：《植物新品种保护制度对发展中国家育种者创新行为的作用研究》，《世界农业》2006 年第 8 期。

李谷成：《中国农业生产率增长的地区差距与收敛性分析》，《产业经济研究》2009 年第 2 期。

李惠安：《关于农业产业化龙头企业科技创新相关问题的认识》，"2008 中国农业产业化年会暨中国农业企业家高峰论坛"，

2008年。

李洪文、黎东升:《农业科技创新能力评价研究——以湖北省为例》,《农业技术经济》2013年第10期。

李景、李秀丽:《基于系统动力学的种业公司科技创新能力研究》,《黑龙江八一农垦大学学报》2014年第26卷第6期。

李军、朱先奇、张琰:《基于两阶段博弈的中小企业集群协同创新机制研究》,《经济问题》2018年第2期。

李玲玲:《中国农业知识产权绩效研究》,博士学位论文,华中农业大学,2015年。

李平:《现代农业产业技术体系运行绩效及提升策略研究》,博士学位论文,华中农业大学,2012年。

李飒:《农业技术创新对美国农业发展的贡献研究》,《世界农业》2014年第4期。

黎世民、苏磊、赵博:《试论我国农业科技的创新主体》,《农业科技管理》2008年第12卷第6期。

李松年:《植物新品种的司法与行政保护》,《农业科技管理》2001年第6期。

李习保:《中国区域创新能力变迁的实证分析:基于创新系统的观点》,《管理世界》2007年第12期。

李晓慧、贺德方、彭洁:《美、日、德产学研合作模式及启示》,《科技导报》2017年第35卷第19期。

李校堃:《国外产学研合作模式概述及其对我国高校教学的启示》,《现代企业教育》2014年第10期。

李小妹、纪春明:《产学研合作协同创新视域下的评价问题研究——基于高校作为创新主体的视角》,《河北工业大学学报》(社会科学版)2017年第3期。

李寅秋、陈超、唐力:《品种权保护制度对我国种业集中度影响的实证研究》,《南京农业大学学报》(社会科学版)2010年第10卷第2期。

李依麦：《湖南首例侵犯植物新品种权纠纷案受到审理》，《林业与生态》2012年第1期。

李玉璧、周永梅：《协同创新战略中的知识产权共享及利益分配问题研究》，《开发研究》2013年第4期。

李子奈、潘文卿：《计量经济学》（第二版），高等教育出版社2005年版。

廖秀健、谢丹：《UPOV91文本及78文本的区别及其对我国的影响》，《湖南科技大学学报》（社会科学版）2010年第13卷第2期。

林伯德：《农业科技创新能力评价的理论模型探讨》，《福建农林大学学报》（哲学社会科学版）2010年第13卷第3期。

林伯强、黄光晓：《梯度发展模式下中国区域碳排放的演化趋势——基于空间分析的视角》，《金融研究》2011年第12卷第12期。

林祥明：《亚洲和太平洋地区植物新品种保护的特点及立法经验借鉴》，《农业科技管理》2005年第24卷第6期。

林祥明：《植物新品种保护对我国种业发展的影响研究》，博士学位论文，中国农业科学院，2006年。

凌远云：《农业科技成果转化机制的研究》，硕士学位论文，华中农业大学，1995年。

刘桂峰、刘琼、孙华平：《高校产学研协同创新服务模式研究》，《图书馆学研究》2014年第15期。

刘洪银：《农业科技创新中人才约束与破解》，《浙江农业学报》2013年第25卷第2期。

刘华军：《地理标志的空间分布特征与品牌溢出效应——基于中国三部门地理标志数据的实证研究》，《财经研究》2011年第37卷第10期。

刘辉、许慧：《知识产权保护与我国农业技术进步的经济分析》，《科技进步与对策》2010年第6期。

刘辉、曾福生、许慧：《植物新品种保护制度对农业技术创新主体投入行为影响的实证分析》,《科学学与科学技术管理》2010年第2期。

刘丽军、宋敏:《中国农业专利的质量:基于不同申请时期、申请主体和技术领域的比较》,《中国农业科学》2012年第45卷第17期。

刘圣民:《论农业知识产权现状及对策》,《科学管理研究》1995年第1期。

刘夏明、魏英琪、李国平:《收敛还是发散?——中国区域经济发展争论的文献综述》,《经济研究》2004年第7期。

刘洋、熊国富、闫殿海:《浅论植物新品种保护的制度效应对我省现代农业发展的作用》,《青海农林科技》2012年第3期。

刘志华:《区域科技协同创新绩效的评价及提升途径研究》,博士学位论文,湖南大学,2014年。

楼洪兴、端木斌、郑纪慈、骆少嘉、冯水英:《农业科研知识产权战略的目标与对策》,《中国农学通报》2006年第7期。

鲁柏祥:《基于知识的国家农业技术创新体系研究——宏观理论与微观实践》,博士学位论文,浙江大学,2007年。

鲁若愚、张鹏、张红琪:《产学研合作创新模式研究——基于广东省部合作创新实践研究》,《科学学研究》2012年第2期。

罗红杰、平章起:《马克思精神生产思想的生成逻辑、理论要旨及其当代启示》,《中共福建省党校学报》2019年第6期。

罗忠玲、凌远云、罗霞:《UPOV植物新品种保护基本格局及对我国的影响》,《中国软科学》2005年第4期。

罗忠玲、邹彩芬、王雅鹏:《美国农业生物技术研发投资与专利保护》,《生态经济》2006年第8期。

吕业清:《中国农业科研、推广投资与农业经济增长的关系》,博士学位论文,新疆农业大学,2009年。

马红霞、刘琪:《我国农业科技创新发展的问题及其对策研究》,《吉林师范大学学报》(人文社会科学版)2010年第5期。

马兆:《我国农业专利申请的影响因素研究》,硕士学位论文,南京农业大学,2009年。

牟萍:《印度植物新品种保护对亚太地区其他发展中国家的示范效应》,《农业科技管理》2008年第6期。

聂洪涛:《论植物新品种国际保护的发展趋势——兼评我国相关法律的完善》,《江西社会科学》2011年第10期。

农业部植物新品种保护办公室农业部科技教育司:《农业知识产权论丛2007》,中国农业出版社2008年版。

《农业科技进步贡献率已超五成》人民网,http://politics.people.com.cn/n1/2015/1227/ c1001-27980641.html,2016年1月28日。

潘婷婷:《校企合作研发知识产权风险研究》,硕士学位论文,华中科技大学,2012年。

庞洁、韩梦杰、胡宝贵:《农业企业协同创新的政策研究》,《农业经济》2015年第2期。

钱虎君、杨镒铭、施超、杜文丽、宋云攀:《我国种子企业技术自主创新的制约因素与对策分析》,《农业科技通讯》2010年第10期。

秦丽容:《农业协同创新联盟知识产权共享冲突及治理研究》,硕士学位论文,湖南农业大学,2016年。

邱密、李建军:《荷兰Rondeel协同创新主体及机制研究》,《科技进步与对策》2014年第31卷第15期。

曲洪建、拓中:《协同创新模式研究综述与展望》,《工业技术经济》2013年第32卷第7期。

全永波、奚安娜、熊良敏:《海水产品地理标志保护的制度模式与对策思考》,《改革与战略》2009年第25卷第5期。

邵长勇、唐欣、梁凤臣、张晓明、孙伟光:《基于粮食安全视角下的中国种子产业发展战略》,《中国种业》2010年第4期。

邵建成:《中国农业技术创新体系建设研究》,博士学位论文,西北农林科技大学,2002年。

石肖琳:《黑龙江农业科技合作共建:农业推广体系的创新》,《学术交流》2008 年第 11 期。

宋敏:《农业知识产权》,中国农业出版社 2010 年版。

宋晓琪:《种子企业自然风险控制及管理研究——以水稻小穗头病害防治措施为例》,硕士学位论文,中国农业科学院,2008 年。

孙景翠:《中国农业技术创新资源配置研究》,博士学位论文,东北林业大学,2011 年。

孙庆忠:《地理标志产品与县域经济发展》,《南京农业大学学报》(社会科学版) 2012 年第 12 卷第 1 期。

孙炜林、王瑞波:《对提高植物新品种保护制度运行效率的思考》,《科学管理研究》2009 年第 27 卷第 1 期。

孙亚楠、胡浩:《我国地理标志农产品发展对策》,《经济地理》2014 年第 34 卷第 4 期。

孙韵云、李克歌:《资本积累与技术扩散——基于增长收敛角度的分析》,《理论界》2015 年第 6 期。

孙志国、王树婷、黄莉敏、熊晚珍、钟学斌:《武陵山民族地区茶叶地理标志与茶文化遗产保护》,《陕西农业科学》2012 年第 2 期。

孙志国、王树婷、钟学斌、张敏:《湖南茶类的地理标志知识产权与非物质文化遗产研究》,《湖南农业科学》2011 年第 5 期。

孙志国、熊晚珍、王树婷、钟学斌:《江西茶类的地理标志与农业文化遗产保护》,《江西农业学报》2011 年第 23 卷第 4 期。

涂玉琴、熊小文:《种业新政对农业科研单位知识产权保护的影响》,《农业科技管理》2012 年第 31 卷第 2 期。

万宝瑞:《实现农业科技创新的关键要抓好五大转变》,《农业经济问题》2012 年第 10 期。

王晨雁:《对知识产权概念的质疑与反思》,《福建论坛》(人文社会科学版) 2005 年第 9 期。

王冬冬、王文昌:《农业知识产权的定位及界定标准》,《山西农业大学学报》(社会科学版) 2012 年第 11 卷第 11 期。

汪飞杰:《美国农业科研体系研究及启示》,《农业科研经济管理》

2006年第2期。

王海峰：《我国农业科研单位科技成果的知识产权保护机制研究》，硕士学位论文，中国农业科学院，2007年。

王海峰、张明军：《农业科研单位离职人员科技成果的知识产权保护》，《农业科技管理》2007年第2期。

王寒、陈通：《我国农产品地理标志发展现状分析》，《西安电子科技大学学报》（社会科学版）2008年第18卷第4期。

王农、周莉、王跃华：《农业科研协同创新动力机制研究探讨》，《科学管理研究》2016年第34卷第1期。

王建明：《国外农业科研投资管理制度及对我国的启示》，《科技进步与对策》2009年第26卷第6期。

王磊、赵瑞莹：《农户申请使用地理标志行为决策的影响因素分析》，《农业技术经济》2012年第1期。

王孟欣、王俊霞：《河北省R&D经费投入分析》，《中国统计》2008年第3期。

王明琴：《入世后我国种业的法制化管理》，《农业经济问题》2003年第2期。

王缨、陈建民、曾玉荣：《我国植物新品种保护对育种科研的影响及对策》，《福建农业学报》2015年第30卷第4期。

王宇新、姚梅：《我国省域间技术创新能力的不均衡：2006—2008》，《中国科技论坛》2011年第7期。

王志刚、高利敏：《农业知识产权与综合竞争力的关联：对日本做法的借鉴》，《改革》2010年第4期。

魏守华、禚金吉、何嫄：《区域创新能力的空间分布与变化趋势》，《科研管理》2011年第32卷第4期。

温裕峰：《高校带动型产学研协同创新模式研究》，硕士学位论文，广西师范大学，2015年。

吴彬、刘珊：《法国地理标志法律保护制度对中国的启示》，《华中农业大学学报》（社会科学版）2013年第6期。

吴春梅:《论知识产权的双重性与公益性农技推广中的双性协调机制》,《农业现代化研究》2003年第2期。

吴立增、刘伟平、黄秀娟:《植物新品种保护对品种权人的经济效益影响分析》,《农业技术经济》2005年第3期。

吴林海:《我国农业科技创新供给的影响因素及对策探讨》,《上海经济研究》2009年第1期。

伍莺莺:《农业知识产权法律保护对策探析——以农业知识产权在生产实际中的应用为视角》,《农业科技管理》2010年第29卷第2期。

武忠远:《关于农业科技人才分类的探讨》,《农业经济》2006年第6期。

[美]西奥多·W.舒尔茨:《改造传统农业》,梁小民译,商务印书馆2010年版。

谢向英:《福建白茶地理标志品牌结盟研究》,《农业经济问题》2011年第1期。

解学梅、左蕾蕾、刘丝雨:《中小企业协同创新模式对协同创新效应的影响——协同机制和协同环境的双调节效应模型》,《科学学与科学技术管理》2014年第35卷第5期。

谢雨鸣、邵云飞:《后发企业技术发展与其协同创新模式的演化》,《研究与发展管理》2013年第6期。

邢广智、李建军:《农业科技创新体系低效运行的深层次原因》,《农业科技管理》2006年第25卷第5期。

熊彼特:《经济发展理论》,何畏译,商务印书馆1991年版。

熊励、孙友霞、蒋定福等:《协同创新研究综述——基于实现途径视角》,《科技管理研究》2011年第14期。

许从建:《我国农业植物新品种保护现状及对策》,《安徽农学通报》2014年第20卷第16期。

徐建国、吴贵生:《国家科技计划与地方科技计划关系研究》,《中国科技论坛》2004年第5期。

徐金海、蒋乃华、秦伟伟：《农民农业科技培训服务需求意愿及绩效的实证研究：以江苏省为例》，《农业经济问题》2011年第12期。

许朗：《中国农业科研机构科技创新研究——能力、效率与模式》，博士学位论文，南京农业大学，2009年。

许朗、袁文华：《加快我国农业科技成果转化的对策建议》，《2003年海峡两岸生态学学术研讨会论文集》，2003年。

徐士元、何宽、樊在虎：《对科技进步贡献率测算索洛模型的重新审视》，《统计与决策》2014年第4期。

徐卫、郭顺堂、孙利辉、李志宏：《我国农业知识产权保护存在的问题及对策研究》，《农业科技管理》2013年第32卷第4期。

徐盈之、金乃丽：《高校官产学合作创新对区域经济增长影响的研究》，《科研管理》2010年第1期。

薛爱红：《农业生物技术专利信息管理分析》，《中国科技论坛》2010年第4期。

杨波：《基于TRIZ的科技型小微企业管理创新研究》，《科研管理》2014年第35卷第8期。

杨晨露：《构建以企业为主体的产学研协同创新模式研究》，硕士学位论文，江西师范大学，2014年。

杨传喜、黄珊、徐顽强：《中国农业科研机构的科技运行效率分析》，《科技管理研究》2013年第4期。

杨传喜、张俊飚、赵可：《农业科技资源与农业经济发展关系实证》，《中国人口·资源与环境》2011年第21卷第3期。

杨德桥：《论我国知识产权保护的不足之处与推进措施——以过去十年的农业实践为考察对象》，《科技管理研究》2013年第24期。

杨佳斯、葛敬豪：《浅析西方经济增长理论四个历史时期主要代表思想》，《商》2011年第5期。

杨建仓：《我国小麦生产发展及其科技支撑研究》，博士学位论文，中国农业科学院，2008年。

杨桔、万青、康愿愿：《农业知识产权保护对中国农业竞争力的贡献检验（1985—2011）》，《中国农学通报》2014 年第 17 期。

杨旭红：《澳大利亚〈植物育种者权利〉的特点及与我国〈植物新品种保护条例〉的异同》，《知识产权法研究》2005 年第 2 卷第 1 期。

杨依山：《哈罗德—多马模型的重新解读》，《山东财经学院学报》2010 年第 6 期。

杨中楷、刘则渊：《论知识产权的资源属性》，《科技管理研究》2005 年第 8 期。

易丹辉：《数据分析与 Eviews 应用》，中国人民大学出版社 2011 年版。

尹艳、康艺之、张禄祥、方伟、梅盈洁：《广东农业科技创新体系建设的战略构想》，《广东农业科学》2010 年第 1 期。

于俊年：《计量经济学软件——Eviews 的使用》，对外经济贸易大学出版社 2009 年版。

俞立平、蔡绍洪、储望煜：《协同创新下产业创新速度的要素门槛效应——基于高技术产业的研究》，《科技管理研究》2018 年第 1 期。

俞培果、蒋葵：《经济收敛理论与检验方法研究综述》，《管理学报》2006 年第 3 卷第 4 期。

于天琪：《产学研协同创新模式研究——文献综述》，《工业技术经济》2019 年第 7 期。

袁宇、张嵩、周海霞：《山东省农业科技协同创新模式研究》，《农业科技管理》2018 年第 37 卷第 1 期。

负苗苗：《完善我国植物新品种保护制度的研究》，硕士学位论文，吉林财经政法大学，2014 年。

曾维忠、陈秀兰：《科研人员农业技术推广参与度的影响因素分析——来自四川省的实证》，《农业技术经济》2010 年第 4 期。

［日］斋藤优：《技术开发论——日本的技术开发机制与政策》，王月辉译，科学技术文献出版社 1996 年版。

占辉斌、俞杰龙：《农户生产地地理标志产品经济效益分析》，《农业技术经济》2015年第2期。

展进涛、黄武、陈超：《植物新品种保护制度对育种投资结构的影响分析》，《南京农业大学学报》（社会科学版）2005年第6卷第3期。

张波、朱帅：《试论我国农业科技的创新主体》，《延边大学学报》（社会科学版）2019年第52卷第1期。

张成亮、吴爽、赵杨、孙瑀琪、刘琦：《黑龙江省农业科学院专利保护现状及发展建议》，《黑龙江农业科学》2015年第4期。

张钢仁：《基于利益相关者视角的种子企业社会责任研究——以锦绣华农种业公司为例》，硕士学位论文，华中农业大学，2013年。

张红云：《浅谈农业科研院所创新文化的建设》，《湖南农业科学》2007年第4期。

张静：《我国农业科技创新能力与效率研究》，博士学位论文，西北农林科技大学，2011年。

张俊飚：《生态产业链与生态价值链整合中的循环农业发展研究》，中国农业出版社2010年版。

张蕾、陈超、赵艳艳：《我国农业专利申请的影响因素研究》，《科技管理研究》2009年第1期。

张勤：《论知识产权之财产权的经济学基础》，《知识产权》2010年第20卷第4期。

张淑辉：《山西省农业科技创新的动力机制研究》，博士学位论文，北京林业大学，2014年。

张守萍、张憬：《知识产权与农业企业竞争力》，《种子科技》2010年第1期。

张文：《加快农业科技创新，推进农业科技革命》，《农业科技管理》2001年第20卷第1期。

张文珠、李加旺：《中国农业知识产权保护的现状与对策》，《中国农学通报》2003年第19卷第3期。

张肖娟:《植物新品种保护与 DUS 测试的发展现状》,《林业科学研究》2011 年第 24 卷第 4 期。

张晓妮:《我国农业知识产权保护制度的问题及原因分析》,《中国集体经济》2011 年第 4 期。

张熠:《中国农业公共科研体系专利问题研究》,博士学位论文,中国农业科学院,2008 年。

张玉敏:《知识产权的概念和法律特征》,《现代法学》2001 年第 5 期。

张展、张洪娟:《协同创新模式研究综述》,《沈阳大学学报》(社会科学版) 2015 年第 17 卷第 6 期。

张振海、陈红喜:《江苏产学研合作模式选择研究》,《江苏高教》2010 年第 4 期。

张卓元:《中国经济四十年市场化改革的回顾》,《经济与管理研究》2018 年第 39 卷第 3 期。

张雪:《我国农业知识产权产业化发展及对策研究》,博士学位论文,中国科技技术大学,2019 年。

赵桂民、封娟:《我国植物新品种知识产权刑事保护研究》,《2008 第二届中国法治论坛会议论文》,2008 年。

赵辉:《新古典经济增长理论的发展脉络及评述》,《生产力研究》2010 年第 12 期。

赵金丽、张落成、陈肖飞:《江苏省农产品地理标志空间格局及其影响因素研究》,《农业现代化研究》2015 年第 36 卷第 4 期。

赵鹏:《知识产权保护与农业技术创新的二律背反——基于梳理模型的分析》,《学习与探索》2012 年第 5 期。

赵喜仓、单兰倩:《我国农业知识产权综合评价指标体系研究》,《科技管理研究》2013 年第 33 卷第 4 期。

赵永辉、高金岭:《我国中等职业教育经费支出的统计与分析》,《教育与职业》2009 年第 5 期。

郑思成:《知识产权法教程》,北京法律出版社 1993 年版。

郑翔峰：《科学技术与先进文化关系的理性思考》，硕士学位论文，福建师范大学，2006年。

郑予洪：《关于经济增长理论的简明述评》，《商业经济》2013年第2期。

钟甫宁：《农业政策学》，中国农业大学出版社2000年版。

钟甫宁、孙江明：《农业科技示范园区评价指标体系的设立》，《现代农业》2007年第1期。

中国农业科学院农业知识产权研究中心：《中国农业知识产权创造指数报告（2015）》，智农361http：//www.tpa361.com/2020年3月18日。

周安平、陈庆：《论知识产权的二阶性与知识产权请求权——基于"Idea—IP—IPRs"框架的分析》，《知识产权》2012年第8期。

周宏、陈超：《植物新品种保护制度对农业技术创新的影响》，《南京农业大学学报》（社会科学版）2004年第4卷第1期。

周密：《技术空间扩散理论的发展及对我国的启示》，《科技进步与对策》2010年第27卷第6期。

周曙东、张西涛：《地理标志对陕西苹果经济效益影响的实证分析》，《农业技术经济》2007年第6期。

周小丁、罗骏、黄群：《德国高校与国立研究机构协同创新模式研究》，《科研管理》2014年第5期。

朱汉明：《基于农民权益的植物新品种保护法律问题研究——以湖北省植物新品种保护为例》，博士学位论文，华中农业大学，2010年。

祝宏辉、高晶晶：《新疆农业专利申请现状、存在的问题及对策》，《农业科学管理》2013年第32卷第6期。

祝宏辉、连旭：《新疆兵团农业知识产权保护现状及问题分析进展》，《中国农学通报》2013年第29卷第2期。

朱希刚：《我国农业科技进步贡献率测算方法》，中国农业出版社1997年版。

朱烨、吴贤荣、张俊飚：《基层农技人员对农业科技入户工程的价值认同及其影响因素分析》，《科技管理研究》2014年第18期。

邹学校：《美国农业科研体系及成果产业化》，《湖南农业科学》2002年第4期。

祖冬琦、李一兵、李莹：《加强农技推广服务体系建设，促进农业产业化发展》，《中国农业资源与区划学会学术年会论文集》，2012年。

Abramovitz, M.,"Catching up, Forging ahead, and Falling Behind", *Journal of Economy History*, Vol.46, No.2, 1986.

Abramovitz, M.,"Dynamics of Inter-firm Linkages in Indian Auto Component Industry: a Social Network Analysis", *The Druid Winter Conference*, 2005.

Acs, Z.J, Anselin L., Varga A.,"Patents and Innovation Counts as Measures of Regional Production of New Knowledge", *Research Policy*, Vol.31, No.7, 2002.

Adam, B.J.,"Reinventing Public R&D: Patent Policy and the Commercialization of National Laboratory Technologies", *The Rand Journal of Economic*, Vol.32, No.1, 2001.

Adam, B.J., Manuel T., Rebecca H.,"Geographic Localization of Knowledge Spillovers as Evidenced by Patent Citations", *Quarterly Journal of Economics*, No.108, 1993.

Alston, J.M., Norton G.W., Pardey P.G., *Science under Scarcity: Principles and Practice for Agricultural Research Evaluation and Priority Setting*, Cornell University Press, Ithaca, NY, 1995.

Amede, T., Descheemaeker K., Peden D., Andre V.R.,"Harnessing Benefits from Improved Livestock Water Productivity in Crop-livestock Systems of Sub-Saharan Africa: Synthesis", *Rangeland Journal*, Vol.31, No.2, 2009.

Anselin, L.,"Spatial Dependence and Spatial Structural Instability in Applied Regression Analysis", *Journal of Regional Science*, No. 30, 1990.

Arrow, K.J., *Economic Welfare and the Allocation of Resource for Innovation. In: Universities National Bureau Ed. The Rate and Direction of Inventive Activity: Economic and Social Factors*, New York: UMI Press, 1962a.

Arrow, K.J., "The Economic Implications of Learning by Doing", *The Review of Economics studies*, Vol.29, No.3, 1962b.

Baldwin, C., et al, "Modeling a Paradigm Shift: from Producer Innovation to User and Open Collaborative Innovation", *Organization Science*, Vol.22, No.6, 2011.

Barro, R., Gregory, M., "Capital Mobility in Neoclassical Models of Growth", *The American Economic Review*, Vol.85, No.1, 1995.

Barro, R., Sala-i-Martion, X., "Convergence", *Journal of Political Economy*, Vol.100, No.2, 1992.

Barro, R., Sala-i-Martion, X., "Convergence across States and Regions", *Brookings Papers on Economic Activity*, No.1, 1991.

Barzel, Y., "Optimal Timing of Innovations", *The Review of Economics and Statistics*, Vol.50, No.3, 1968.

Basu, S., Leeuwis, C., "Understanding the Rapid Spread of System of Rice Intensification (SRI) in Andhra Pradesh: Exploring the Building of Support Networks and Media Representation", *Agricultural systems*, No.111, 2012.

Baumol, W.J., "Productivity Growth, Convergence, and Welfare", *American Economic Review*, Vol.76, No.5, 1986.

Baumol, W.J., Wolff, N., "Productivity Growth, Convergence, and Welfare: Reply", *American Economic Review*, Vol.78, No.5, 1988.

Blakeney, M., "The Role of Intellectual Property Law in Regional Commercial Unions", *The Journal of Word Intellectual Property*, Vol.1,

No.4, 1998.

Bode, E., "The Spatial Pattern of Localized R&D Spillovers: An Empirical Investigation for Germany", *Journal of Economic Geography*, Vol.4, No.1, 2004.

Brian, C., "Regional Innovation Potential in the United States: Evidence of Spatial Transformation", *Regional Science*, No.80, 2001.

Calatrava, J., Agustin, F.J., "Using Pruning Residues as Mulch: Analysis of Its Adoption and Process of Diffusion in Southern Spain Olive Orchards", *Journal of Environment Management*, Vol.92, No.3, 2011.

Carletto, C., Kirk, A., Winters, P.C., Davis B., "Globalization and Smallholders: the Adoption, Diffusion, and Welfare Impact of Non-Traditional Export Crops in Guatemala", *World Development*, Vol.38, No.6, 2010.

Chen, C.M., "Citespace II Detecting and Visualizing Emerging Trends and Transient Patterns in Scientific Literature", *Journal of the American Society for Information Science and Technology*, Vol.57, No.3, 2006.

Chen, C.M., Ibekwe-SanJuan, F., Hou, J., "The Structure and Dynamics of Co-citation Clusters: a Multiple-perspective Co-citation Analysis", *Journal of the American Society for Information Science and Technology*, Vol.61, No.7, 2010.

Chen, Q.Q., Zhang, J.B., Zhang, L., "Risk Assessment, Partition and Economic Loss Estimation of Rice Production in China", *Sustainability*, Vol.7, No.1, 2015.

Chen, S.H., et al, "Driving Factors of External Funding and Funding Effects on Academic Innovation Performance in University-industry-government Linkages", *Scientometrics*, Vol.94, No.03, 2013.

Conley, T.G., Udry, C.R., "Learning about a New Technology: Pineapple in Ghana", *American Economic Review*, Vol.100, No.1, 2010.

Dagum, C.,"A New Approach to the Decomposition of the Gini Income Inequality Ration", *Empirical Economics*, No.22, 1997.

David, F.T.,"Employment-Based Analysis: an Alternative Methodology for Project Evaluation in Developing Regions, with an Application to Agriculture in Yucatan", *Ecological Economics*, Vol. 36, No. 2, 2001.

David, M., Scott, R.Templeton, M.K.,"Agriculture and the Environment: an Economic Perspective with Implications for Nutrition", *Food Policy*, Vol.24, No.2, 1999.

D'Este P., et al,"Shaping the Formation of University Industry Research Collaborations: What Type of Proximity Does Really Matter?" *Journal of Economic Geography*, Vol.13, No.04, 2013.

Domar, E.D.,"Capital Expansion, Rate of Growth, and Employment", *Econometric*, Vol.14, No.2, 1946.

Dosi, G.,"Technological Paradigms and Technological Trajectories: a Suggested Interpretation of the Determinant and Directions of Technical Change", *Research Policy*, Vol.11, No.3, 1982.

Eaton, D.,"TRIPS and Plant Varietal Protection: Economic Analysis and Policy Choices", *The Hague Agricultural Economics Research Institute Report*, 2002.

Ehrlich, P.R., Raven, P.H.,"Butterflies and Plantsa Study Incoevolution", *Evolution*, No.8, 1964.

Evans, P., Karras G.,"Convergence Revisited", *Journal of Monetary Economics*, No.37, 1996.

Feder, G., Just, R..E, Zilberman D.,"Adoption of Agricultural Innovations in Developing Countries", *Econ. Dev. Cult. Change*, No. 33, 1985.

Feder, G., Umali, D.L.,"The Adoption of Agricultural Innovations—a Review", *Techno.Forecast Soc.Change*, Vol.43, No.3-4, 1993.

Foley, J.A., Ramankutty, N., Brauman, K.A., Cassidy, E.S., Gerber, J.S., Johnston, M., Mueller, N.D., Connell, C.O., Ray, D.K, West, P.C., Balzer, C., Bennett, E.M., Carpenter, S.R., Hill, J., Monfreda, C., Polasky, S., Rockstrom, J., Sheehan, J., Siebert, S., Tilman, D., et al,"Solutions for a Cultivated Planet", *Nature*, No.478, 2011.

Foster, A.D., Rosenzweig, M.R., "Learning by Doing and Learning from Others: Human Capital and Technical Change in Agriculture", *J Polit Econ*, Vol.103, No.6, 1995.

Freeman, C., *The Economics of Industrial Innovation*, The MIT Press, 1982.

Friedman, M.,"Do Old Fallacies Ever Die?", *Journal of Economic Literature*, Vol.30, No.4, 1992.

Furman, J..L, Porter, M.E., Stern, S.,"The Determinants of National Innovative Capability", *Research Policy*, Vol.31, No.6, 2002.

Gini, C.,"Memorie di Metodologia Stafistica, Variabilita e Concentrazione", *Libreria Eredi Virgilio Veschi*, Rome, No.1, 1912.

Hagerstrand, T., *Innovation Diffusion as a Space Process*, Chicago University Press, 1953.

Harvey, M., Pilgrim, S.,"The New Competition for Land: Food, Energy, and Climate Change", *Food Policy*, Vol.36, No.1, 2011.

Harrod, R.F.,"An Essay in Dynamic Theory", *The Economic Journal*, Vol.193, No.49, 1939.

Harrod, R.F., *towards a Dynamic Economics Some Recent Developments of Economic Theory and Their Applications to Policy*, Macmillan, London, 1948.

Hemmert, M.et al,"Bridging the Cultural Divide: Trust Formation in University – industry Research Collaborations in the US, Japan, and South Korea", *Technovation*, Vol.34, No.10, 2014.

Hounkonnou, D., Kossou, D., Kuyper, T. W., Leeuwis, C., Nederlof, E.S., Roling, N., Sakyi-Dawson, O., Traore, M., Huis, A.V.,"An Innovation Systems Approach to Institutional Change: Smallholder Development in West Africa", *Agricultural Systems*, No. 108, 2012.

Ito, J.,"Inter-regional Difference of Agricultural Productivity in China: Distinction between Biochemical and Machinery Technology", *China Economic Review*, Vol.21, No.3, 2010.

Ivanova, I. A., et al, "A Simulation Model of the Triple Helix of University-industry-government Relations and the Decomposition of the Redundancy", *Scientometrics*, Vol.9, No.03, 2014.

Jaffe, A.B., "Real Effect of Academic Research", *American Economic Review*, No.79, 1989.

Jaffe, A.B.,"Reinventing Public R & D: Patent Policy and the Commercialization of National Laboratory Technologies", *The Rand Journal of Economics*, Vol.32, No.1, 2001.

Jaffe, A.B., Trajtenberg, M., Henderson, R,"Geographic Localization of Knowledge Spillovers as Evidenced by Patent Citations", *The Quarterly Journal of Economics*, Vol.63, No.3, 1993.

Jobert, T., Karan, F., Tykhonenko, A., "Convergence of Per Capita Carbon Dioxide Emissions in the Eu: Legend or Reality?" *Energy Economics*, No.32, 2010.

Jonathan, E., Samuel, K.,"International Patenting and Technology Diffusion: Theory and Measurement", *International Economic Review*, No.40, 1999.

Jones, C.J.,"R&D-based Models of Economic Growth", *The Journal of Political Economy*, Vol.103, No.4, 1995.

Kaldor, N.,"Economic Growth and the Verdoorn Law——a Comment on Mr Rowthorn's article", *The Economic Journal*, Vol. 85, No.

340, 1975.

Klerkx, L., Aarts, N., Leeuwis, C., "Adaptive Management in Agricultural Innovation Systems: the Interactions between Innovation Networks and Their Environment", *Agricultural System*, Vol.103, No.6, 2010.

Klerkx, L., Leeuwis, C., "Establishment and Embedding of Innovation Brokers at Different Innovation System Levels: Insights from the Dutch Agricultural Sector", *Technological Forecasting and Social Change*, Vol.76, No.6, 2009.

Korterlainen, M., "Dynamic Environment Performance Analysis: a Malmquist Index Approach", *Ecological Economics*, Vol.64, No.4, 2008.

Koundouri, P., Nauges, C., Tzouvelekas, V., "Technology Adoption under Production Uncertainty: Theory and Application to Irrigation Technology", *American Journal of Agricultural Economics*, Vol.88, No.3, 2006.

Lee, SM., et al., "Co-innovation: Convergenomics, Collaboration, and Co-creation for Organization Values", Management Decision, Vol.50, No.05, 2012.

Leeuwis, C., Van den Ban, A. (eds), *Knowledge and Perception, in Communication for Rural Innovation: Rethinking Agricultural Extension*, Third Edition, Blackwell Science Lid.Oxford, UK, 2004.

Lele, U.J., Lesser, W., Wessler, G.H., *Intellectual Property Rights in Agriculture: The World Bank's Role in Assisting Borrower and Member Counties*, World Bank Press, 1999.

Lucas, R.E., "On the Mechanics of Economic Development", *Journal of Monetary Economics*, Vol.22, No.1, 1988.

Lundvall, B., *National Systems of Innovation: Towards a Theory of Innovation and Interactive Learning*, Pinter, London, 1992.

Maddison, A., *Phases of Capitalist Development*, Oxford, New York, Oxford University Press, 1982.

Mansfield, E.,"Inter-firm Rate of Diffusion of an Innovation", *The Review of Economic and Statistics*, No.45, 1963.

Maskus, K.E., Smith, P.J.,"International Economics of Intellectual Property Rights and the Biotechnology Industry", *International Agricultural Trade Research Consortium Conference*, Tuscon, 2001.

Mckelvey, B., "Quasi - natural Organization Science", *Organization Science*, Vol.8, No.4, 1997.

Meijer, S.S., Catacutan, D., Ajayi, O.C., Sileshi, G.W., Nieuwenhuis, M.,"The Role of Knowledge, Attitudes and Perceptions in the Uptake of Agricultural and Agro-forestry Innovations among Smallholder Farmers in Sub-Saharan Africa", *International Journal of Agricultural Sustainability*, Vol.13, No.1, 2015.

Moore, J.F., *The Death of Competition: Leadership and Strategy in the Age of Business Ecosystems*, New York: Harper Business, 1996.

Mowery, D., Rosenberg, N.,"The Influence of Market Demand upon Innovation: a Critical Reviews of Some Recent Empirical Studies", *Research Policy*, Vol.8, No.2, 1979.

Naseem, A., Spielman, D.J., Omamo, S.W.,"Private-Sector Investment in R&D: a Review of Policy Options to Promote its Growth in Developing-Country Agriculture", *Agribusiness*, Vol.26, No.1, 2010.

Norgaard, R.B., *Development Betrayed: the End of Progress and a Co-evolutionary Re-visioning of the Future*, London: Rout ledge, 1994.

Pederson, P.O.,"Innovation Diffusion with and Between National Urban Systems", *Geographical Analysis*, No.2, 1970.

Rogers, E.M., *Diffusion of Innovation*, 4th Edition, The Free Press, New York, 1995.

Rogers, E.M., *Diffusion of Innovation*, 5th Edition, The Free Press,

New York, 2003.

Roling, N.G., Hounkonnou, D., Offei, S.K., Tossou, R.C., Huis, A.V., "Linking Science and Farmers' Innovative Capacity: Diagnostic Studies from Ghana and Benin", *NJAS-Wageingen Journal of Life Sciences*, Vol.52, No.3, 2004.

Romer, P., "Endogenous Technological Change", *Journal of Political Economy*, No.98, 1990.

Rothwell, R., "Industrial Innovation: Success, Strategy, Trends", *The handbook of industrial innovation*, 1994.

Roy, R., Walter, Z., *Re-industrialization and Technology*, Longman Group Limited, 1985.

Scherer, F.M., "Research and Development Resource Allocation under Rivalry", *Quarterly Journal of Economics*, No.81, 1967.

Schumpete, J.A., *Business Cycles: a Theoretical Historical and Statistical Analysis of the Capitalist Process*, New York: Mcgraw-Hill, P87, 1939.

Schumpete, J.A., *Capitalism, Socialism and Democracy*, New York: Harper&Row, 1942.

Schumpete, J.A., *The Theory of Economic Development*, Cambridge, Harvard University Press, 1934.

Scotchmer, S., "Standing on the Shoulders of Giants: Cumulative Research and the Patent Law", *The Journal of Economic Perspective*, Vol.5, No.1, 1991.

Seyoum, B., "Patent Protection and Foreign Direct Investment", *Thunderbird International Business Reviews*, Vol.48, No.3, 2006.

Siebert, H., "Regional Economic Growth: Theory and Policy", Scranton, Pennsylvania: *International Textbook Company*, 1969.

Solow, R.W., "A Contribution to the Theory of Economic Growth", *The Quarterly Journal of Economics*, Vol.70, No.1, 1956.

Solow, R.M., "Technical Change and the Aggregate Production

Function", *The Review of Economics and Statistic*, Vol. 39, No. 3, 1957.

Srinivasan, C.S.,"The International Trends in Plant Variety Protection", *Electronic Journal of Agricultural and Development Economics*, Vol.2, No.2, 2005.

Sulaiman, V.R., Hall, A.," Beyond Technology Dissemination: Reinventing Agricultural Extension", *Outlook on Agriculture*, Vol.31, No. 4, 2002.

Takalo, T., Kanniainen, V., " Do Patent Slow Down Technology Progress? Real Options in Research, Patenting, and Market Introduction", *International Journal of Industrial Organiz-ation*, Vol.18, No. 7, 2000.

Tilman, D., Cassman, K.G., Matson, P.A., Naylor, R., Polasky, S.," Agricultural Sustainability and Intensive Production Practices", *Nature*, No.418, 2002.

Uzawa, H.,"Neutral Inventions and the Stability of Growth Equilibrium", *The Review of Economics studies*, Vol.28, No.2, 1961.

Uzawa, H.,"Optimum Technical Change in an Aggregative Model of Economic Growth", *International Economic Review*, Vol.6, No.1, 1965.

Patto, M.C.V., Amarowicz, R., Aryee, A.N.A., Domoney, C., "Achievements and Challenges in Improving the Nutritional Quality of Food Legumes", *Critical Reviews in Plant Sciences*, Vol.34, No.SI, 2015.

Wolfgang, K.,"Geographic Localization of International Technology Diffusion", *American Economic Review*, No.92, 2002.

索　引

阿尔蒙(Almon)多项式法 33,34,62

财政调控机制 32,235,241,253

产学研 1,2,26,71,178,192,193,199,200,202,203,205,206,215,218,230

创新产出 45,60,61,67-69,89,90,92,96,98,99,101,104,121,148,164,165,232,245,247

创新成果 1,27,39,40,42,43,45,46,53,60,80,81,86-89,102-104,178,181,183,186-189,200,206,207,210,211,216,228-230,234,236-238,242,246,247

创新成果的保护年限 241,254

创新成果的产权机制 240,242,253

创新成果的申请流程 240,254

创新成果申请 240

创新投入 44,121

创新主体 1,3,4,13,16,20,25,26,31,32,34,35,39,42-44,46,47,69-71,95,101,103,105,107,110-113,123,124,138,139,141,142,144,150,171,177-200,202-219,222,223,227,228,230-232,235,237-245,247-250,252-254

创新主体格局演化 177,197,199,217,253,254

Dagum 分解的基尼系数 31,33,35,105,108,109,129,132,135,138,245,248

东中西三大地区 31,32,100,104,148,153-155,159,160,163,164,166-168,170,173-175,250,251

多元主体协同创新机制 243

分工与协作原则 216

公平性 3,4,16,31,35,105,

107-109,111,113,115,117,
119,121,123,125,127,129,
131,133,135,137,139,
141,143

公司与个人 32,34,92-96,104,
107,110,112,113,124,138,
139,141,142,166,171,177,
185-187,190,197,203,210,
231,239,243,244,247,249,
252-254

贡献度分析 132

贡献率 8,9,19,31,34,54,132,
133,135-139,141,143,194,
196,221,230,250

贡献值 132-135,138,250

国际植物新品种保护联盟 33,
82,103,147,152,228,236

混合驱动模式 46,47

计划驱动模式 45-47

技术创新体系 1,12,178

技术环境 191,196,214

教学机构 34,92-95,104,107,
110,112,113,124,138,139,
141,142,185-188,190,198,
200,202,203,207,210,213,
219,231,243,249,252,254

经济环境 42,191,193,214

经济收敛 15,16,27,31,34,
145-147,173,245,250

俱乐部收敛 15,16,146,
148,163

绝对 β 收敛 16,146-148,158,
159,161,174,250,251

绝对收敛检验 162

科学性原则 214

科研机构 23,25,34,42-44,46,
48,51,71-75,77-80,82,92-
96,101,102,104,107,110,
112-114,124,138,139,141,
142,150,152,164,166,171,
175-177,179-181,185-188,
197,199,200,202,203,205,
206,209,210,213,219,221-
224,228-231,239,243-247,
249,252,254

科研经费支出结构 166,170,
239,253

空间分布特征 26,99,117

理论逻辑基础 197

联合攻关 1,178,204

粮食作物 1,178

六大区域 31,32,73,74,99,
104,108,114,115,139,144,
155,156,161,162,168-171,
173-175,190,250,251

逻辑关系 32,177,183,186-
188,190,197,200,206,209,
213-217,244,252,254

内部协同创新模式 204,205
农业关键核心技术 1,178
农业科技 1,3-5,17-20,26-29,31,33-46,48,53,54,70-76,78,79,81,82,90,99,102,104,106,107,123,124,141,152,178-180,185,187,188,190,192-194,199,205-207,218,220-224,228-232,235,236,240-242,246,255
农业科技产出 78
农业科技创新 1-5,13,14,16-20,23,27-29,31-34,36,38-48,52-54,60,69-72,81,82,87,92,95,96,99-101,103,104,113,120,124,141,167,176-178,180,183,186-188,190,192,196-199,215,216,219-224,229-234,236-238,241,242,250,252,254,255
农业科技发展历程 70,245,246
农业科技经费 75,76,102,246
农业科技人力资源 61,64,74,102,108,129,246
农业科技资源 1,31,39,40,71,72,78,82,101,106-108,121,135,178,245,246
农业现代化 1,3,20,70,178,179,196,230

农业知识产权 3-5,21-24,27,28,31,33,35,36,48-55,58,60,64,68,71,80-83,92,95,101-103,141,142,183-185,191,193,199,207,209,210,212,218,220,221,224-227,231-233,235-240,242,247,253,254
农业知识产权创新 3-5,16,29,31-37,39,41,43,45,47-49,51,53,55,57,59-61,63,65,67,69-71,73,75,77,79-83,85,87,89,91,93,95,97,99,101,103,105-107,109-111,113,115,117,119,121,123,125,127,129,131,133,135,137-139,141-145,147,149,151,153,155,157,159,161,163,165,167-169,171,173,175-177,179-182,185,191,197,200,203,212,220,221,232,236-244,252-254
农业知识产权协同创新 2-4,6,8,10,12,14,16,18,20,22,24,26,28-32,34,35,38,40,42,44,46,48,50,52,54,56,58,60,62,64,66,68,70-72,74,76,78,80,82,84,86,88,90,92,94,96,98,100,102,104,

106,108,110,112,114,116,
118,120,122,124,126,128,
130,132,134,136,138,140,
142,145,146,148,150,152,
154,156,158,160,162,164,
166,168,170,172,174,176-
246,248,250,252-255,258,
260,262,264,266,268,270,
272,274,276,278,280,282

农业知识产权协同创新模式
32,197,201,203,205-207,
209,211,213,215-219,244,
245,252-254

农业知识产权协同创新系统
182-184,187,190,191,196,
197,203,208-211,213,252

农业知识产权综合评价指标体
系 24,51

农业知识创新系统创新机制优
化 214

品种权人 25,28,60,92,94,95,
104,192,226,232,237,
241,242

平稳性检验 61,63

企业 1,2,12-14,20-22,26-28,
32,42-49,51,54,55,57,70,
71,82,92,111,113,166,176,
178-181,183,185-187,189,
192,193,197-200,202-207,
209,211,213,215,219,221-
224,228-231,235,237,239,
252-255

区域差异趋同 106,163

区域差异趋异 106

社会与文化环境 191,194,214

申请人 58,69,92-95,103,240

时空差异 3,4,16,31,35,42,
107,109,111,113,115,117,
119,121,123,125,127,129,
131,133,135,137,139,
141,143

时序演进特征 4,29,31,40,41,
89,105,110,112,114,121,
123,138,141,142,245,248

《世界知识产权组织公约》49

市场驱动模式 46,47

适用性原则 215

σ 收敛 16,145-148,153,155,
173,176,250,251

收敛趋势 106,154,157-162,
165,166,170,172,175

收敛性 16,29,35,62,106,144-
146,148,149,153,160,161,
235,245

外部协同创新模式 204-206

微观机理 32,35,177-179,181,
183,185,187,189,191,193,
195,197,199,201,205,217,

235,245

误差修正 64,65

现实需求 199,252-254

协同创新 3-5,26-29,31,33-35,43,71,177-179,181,182,184-186,189-192,195-197,199,201-219,230,231,235,236,243-245,252-254

协同创新的冲突与治理 201,207,244

协同创新机制优化 35,214,245

协同创新模式 26-28,32,185-190,197,201-206,214-219,252,253

协同创新效应 191,194,200,209,217

协整分析 33,34,63

畜禽良种 1,178

因果关系判定 65

因子分解 1,106,124,135,178

有效性原则 215

有序化交易平台 233,241,254

《与贸易有关的知识产权协议》49

政策保障机制 16,235,236,253

政产学研用 32,217,218,244,252-254

政治与法律环境 191,214

知识产权 1-4,21-25,27-30,33-35,39,41,45,48-52,54-58,69,71,80,82,90,91,93-95,97,98,100-104,107,111,113,114,118,120,123,125,130,133,136,141,142,152,154,156,159,160,163,164,169,178,180,191-193,200,206,207,209-212,214,220,224-227,229,232,233,235,236,241,248

植物新品种 3,4,24,25,28-31,33-36,40,45,49,50,52,55-71,80,82-101,103-105,107-177,181,185,191,192,197,209,211,219,220,224-245,247-252

制约因素 3,4,16,20,21,31,144,145,147,149,151,153,155,157,159,161,163,165,167,169,171,173,175,190

中国农业科研机构 72-81,101,102,246,247

中介结构 252

中介组织 71,189

总体差距 108,132,133,135-137,141,142,248,250